现代秘书学重点建设教材系列

广西师范大学文学院/新闻与传播学院中国语言文学一流学科建设经费资助

职场口才实训教程

主编　张建强

编者　（按拼音顺序排列）

冯　熙　黄梅红　黄耀铭　李菲菲

李燕林　刘云婷　王　迪　韦　敏

许欣然　杨悦艺　杨真宝　余东东

张竹沁

苏州大学出版社
Soochow University Press

图书在版编目(CIP)数据

职场口才实训教程/张建强主编. —苏州：苏州大学出版社，2023.9(2025.1重印)
现代秘书学重点建设教材系列
ISBN 978-7-5672-4500-6

Ⅰ.①职…　Ⅱ.①张…　Ⅲ.①口才学-教材　Ⅳ.①H019

中国国家版本馆 CIP 数据核字(2023)第 169699 号

Zhichang Koucai Shixun Jiaocheng

书　　　名：	职场口才实训教程
主　　　编：	张建强
责任编辑：	杨　华
装帧设计：	刘　俊

出版发行：苏州大学出版社(Soochow University Press)
社　　址：苏州市十梓街1号　邮编：215006
印　　装：广东虎彩云印刷有限公司
网　　址：www.sudapress.com
邮　　箱：sdcbs@suda.edu.cn
邮购热线：0512-67480030
销售热线：0512-67481020
开　　本：787 mm×1 092 mm　1/16　印张：17.25　字数：378 千
版　　次：2023 年 9 月第 1 版
印　　次：2025 年 1 月第 4 次印刷
书　　号：ISBN 978-7-5672-4500-6
定　　价：49.00 元

凡购本社图书发现印装错误，请与本社联系调换。服务热线：0512-67481020

前言

本书先对口才进行了概述,再分为口才基础训练、通用口才训练、职业口才训练3大模块论述。口才基础训练包括有声语言和态势语言2项口才训练;通用口才训练包括演讲、辩论、交际、面试4项口才训练;职业口才训练包括主持人、教师、导游、秘书、律师、公关、营销、医护、带货主播9项职业口才训练。全书共计15项训练内容。

本书突破传统演讲与口才类教材的编写模式,采用"基础技能训练、通用技能训练、职业技能训练"的新颖体例,坚持理论联系实际的原则,注重教材的科学性、通用性、实践性和职业性,结合作者多年从事"职场口才"课程、"职业语言艺术"课程教学的实践与研究编写,旨在帮助学生了解口才学的基本理论,掌握职场口才的技巧,提高职场口才水平,进而具备被人力资源和社会保障部誉为8种职业核心能力之首的"交流表达能力",为学生全面发展和可持续发展夯实基础。

本书主要有以下特点。1. 实训性。口才是一种能力,本书采用精讲多练的方式,强调先仿后练,具有参与性、交互性、可操作性,让学生接受有效训练,掌握各种口才技巧,进而通过富有针对性的实训活动提高口语表达能力。2. 现实性。本书从目前各种媒体尤其是热门的新媒体中选取大量经典的音频、视频资料,供学生模仿和自主学习。3. 人文性。教材所选名人演讲、精彩辩词、典型案例等都具有丰富的人文性,能潜移默化地对学生进行人文教育。

本书的创新点是职业性。根据应用型人才培养的目标,教学上要体现人才培养目标的职业性,因此,教学内容的实用性和针对性、教学方法的实践性、现实的学业与未来就业均要紧密结合。学校要针对职业需要实施教学,不仅要传授专业技能和知识,还要根据不同职业的口语表达要求,模拟职场情境,注重培养学生的职场口才技能和职业语言能力，培养学生的职业口语风格，为进入职场进行流畅、得体的交流打好基础。

全书由广西师范大学张建强副教授负责拟定体例、提纲，并进行统稿。第一章由张建强副教授和广西国际商务职业技术学院杨悦艺老师共同编写，第二章、第七章由张建强副教授编写，第三章、第十六章由梧州医学高等专科学校黄梅红老师编写，第四章由桂林理工大学余东东老师编写，第五章由广西机电工程学校黄耀铭老师编写，第六章由刘云婷编写，第八章由许欣然编写，第九章由桂林信息科技学院李菲菲老师编写，第十章由广西师范大学李燕林副教授编写，第十一章由北部湾大学冯熙老师编写，第十二章由广西师范大学杨真宝老师编写，第十三章由王迪编写，第十四章由广西师范大学张竹沁老师编写，第十五章由中南大学湘雅二医院桂林医院韦敏副主任医师编写。

本书的出版得到了广西师范大学文学院/新闻与传播学院中国语言文学一流学科建设、广西师范大学教育教学改革项目"新媒体时代高校应用型人才职业语言能力培养的研究与实践"（2023JGA07）、广西师范大学文学院/新闻与传播学院本科教育教学改革项目"新媒体时代高校秘书学专业学生职业语言能力培养的研究与实践"（WJG23003）经费的资助，在此一并致谢！

目录

第一章 口才概述 / 1
  第一节　口才的含义和特点 / 1
  第二节　口才的基础 / 3
  第三节　口才艺术的发展 / 6
  第四节　口才的作用 / 13

口才基础训练

第二章 有声语言 / 18
  第一节　有声语言概述 / 18
  第二节　有声语言表达技巧 / 19

第三章 态势语言 / 33
  第一节　态势语言概述 / 33
  第二节　态势语言表达技巧 / 35
  第三节　态势语言表达方法 / 39

通用口才训练

第四章 演讲口才 / 56
  第一节　演讲概述 / 56
  第二节　命题演讲的含义和特点 / 61
  第三节　命题演讲技巧 / 63

第四节　即兴演讲的含义和特点 / 73
　　第五节　即兴演讲技巧 / 74

第五章　辩论口才 / 84
　　第一节　辩论的含义和特点 / 84
　　第二节　辩论的类型 / 86
　　第三节　竞赛式辩论 / 87
　　第四节　辩论技巧 / 91

第六章　交际口才 / 102
　　第一节　交际口才概述 / 102
　　第二节　交际口才技巧 / 104

第七章　面试口才 / 115
　　第一节　面试概述 / 115
　　第二节　结构化面试技巧 / 116
　　第三节　无领导小组讨论面试技巧 / 122

职业口才训练

第八章　主持人口才 / 148
　　第一节　主持人口才概述 / 148
　　第二节　主持人语言特点 / 149
　　第三节　主持人口才技巧 / 150

第九章　教师口才 / 158
　　第一节　教师口才概述 / 158
　　第二节　教学口才技巧 / 160
　　第三节　育人口才技巧 / 165

第十章　导游口才 / 170
　　第一节　导游口才概述 / 170
　　第二节　导游语言的特性和艺术性原则 / 171
　　第三节　导游口才技巧 / 178

第十一章　秘书口才 / 193
　　第一节　秘书口才概述 / 193

第二节　秘书语言特点和要求　/ 195
　　第三节　秘书口才技巧　/ 197

第十二章　律师口才　/ 204
　　第一节　律师口才概述　/ 204
　　第二节　律师口才特点　/ 205
　　第三节　律师法庭辩论技巧　/ 206

第十三章　公关口才　/ 216
　　第一节　公关口才概述　/ 216
　　第二节　公关语言特点　/ 221
　　第三节　公关口才技巧　/ 224

第十四章　营销口才　/ 233
　　第一节　营销口才概述　/ 233
　　第二节　营销语言特点　/ 235
　　第三节　营销口才技巧　/ 237

第十五章　医护口才　/ 248
　　第一节　医护口才概述　/ 248
　　第二节　医护语言特点　/ 252
　　第三节　医患沟通技巧　/ 253

第十六章　带货主播口才　/ 258
　　第一节　带货主播口才概述　/ 258
　　第二节　带货主播语言特点　/ 259
　　第三节　带货主播口才技巧　/ 261

主要参考文献　/ 267

第一章 口才概述

第一节 口才的含义和特点

一、口才的含义

语言是人类在漫长的繁衍生息和进化过程中产生的,并伴随着社会的发展而发展。语言是传情达意的载体和媒介,语言运用能力的提高是人类文明进步的标志。语言包括口语和书面语。语言是人们表达思想感情和进行交流的最广泛、最简便的方式和手段。"言为心声",人们的思想、品德、情操、志趣、文化素养,以至人生观、世界观等,都可以通过语言得到一定的表现。

"口才"一词,远在2000多年前的周朝就已经出现。据孔子门人所撰《孔子家语·七十二弟子解第三十八》称:"宰予,字子我,鲁人,有口才著名。"《辞海》中对"口才"的解释是"说话的才能"。口才是在交谈、演讲、辩论等口语交际活动中,表达者根据特定的交际目的和任务,结合特定的言语交际环境,准确、得体、生动地运用连贯、标准的有声语言,并辅之以适当的体态、表情达意以取得圆满交际效果的口语表达能力,是一个人的素养、能力和智慧全面而综合的反映。简单地说,口才即口语表达的才能,是在语言交际中有效运用口头语言的才能。

二、口才的特点

口语交际是具有特定目的的人,在特定的环境里,选择适当的话语内容和表达方式来进行思想交流和信息传递的一种语言活动,其主要特点有以下几个方面。

1. 明确的目的性

所谓目的性,即说话者的主观意图。任何行为都是有目的的,口语表达是在人的思维支配下的行为方式。它是一种有意识的交际活动，无论涉及什么内容、采用什么方式，都是为了实现特定的交际目的而进行的。口头表达的发挥离不开明确的意图及说话动机。任何人在开口说话前，都要进行思维活动，能不能说，为什么要说，说给谁听，将起什么作用，产生什么效果，自己将怎样应对，都要考虑成熟才能开口。如果目的不明确，就无法自觉控制说话流程和把握说话中心，陷入无的放矢的紊乱，其效果之糟是可想而知的。

2. 能力的综合性

口才作为一种口语交际，处在不断变化的语境中，运用语言因素和非语言因素以达到交际的目的。它综合了语言才能和非语言才能，所以它具有明显的综合性。

首先，口才是敏捷的思维能力、高度的判断能力和机智缜密的语言表达能力的共同结晶。口才具有随想随说的特点，这个想的过程就是思维的过程。话讲得好，在于思维的准确。口才特别要求思维敏捷，反应迅速，判断力高，应变能力强，并借助语言进行准确快速的表达。

其次，口才是一个人德、学、才、识的综合体现，是其知识与能力的集中反映。口语表达离不开说话人的生活阅历、知识积累、思想水平、语言技巧和天赋禀性。

口才仿佛是一把标尺，准确而全面地检测出说话人各方面的修养与能力。尽管每个人的思想水平、修养、知识结构、能力会有所不同，但在口语表达时，深有深的结合，浅有浅的反映。这种差异性也显示了口语表达综合性的特点。

3. 情感的直接性

说话是为了交流思想，衡量一段话说得好不好，有没有感染力、说服力、号召力和战斗力，不仅在于说话者本人能否准确、流畅地表述自己的思想，而且在于他所表达的思想、传递的信息能否为对方所接受进而产生共鸣，还在于他所说的话是否真情流露、扣人心弦。闻一多的《最后一次讲演》之所以振聋发聩，就是因为他以中国知识分子的浩然正气，拍案而起，将自己的生命安危置之度外，面对着国民党特务黑森森的枪口，愤怒地谴责了国民党反动派特务政治的黑暗与血腥，视死如归，决不退缩。

在口语交际中，交际双方的情感交流最为直接。情感交流一方面可以直接通过目光、面部表情、手势、点头、摇头、耸肩、沉默等态势语来表达，另一方面必须直接借助语言的抑扬顿挫、节奏的快慢、语调的升降、连读或停顿等来表达各种不同的情绪与情感色彩，从而影响听者情感的起伏，产生共鸣，所以在口语表达时说话者的思想感情更直接、更丰富、更强烈。

4. 明显的个性化

个性是在一定社会历史条件和教育的影响下形成的一个比较固定的特性，每个人说的话都反映其个性特征，都符合他的性别、年龄、身份、地位、职业、经历、教养、气质、习惯、情趣，让人听其言而知其性格特征。即便同一职业的人，因其个性的差异，表达同一事物时也会采用不同的、富有个性化的语言。

个性化的口才，既显现在所表达的内容上，也流露在口语所选择的句式、词汇、语调及感情色彩上。鲁迅的小说《孔乙己》中落魄的读书人孔乙己开口说话，满口之乎者也，让人似懂非懂，足见其迂腐而不可救药。

5. 复杂的多变性

口语交际一般具有临时性，它不可能也没有时间让你像书面语言那样字斟句酌。不同的场合与听众使具体的口语交际如同不可控制的黑箱，令交谈者双方都难以把握。如果想要取得较好的交际效果，使交谈在和谐融洽的气氛中进行，这就需要交谈双方随时留意对方的言谈，随机应变，及时调整各自谈话的内容。

口语这种复杂的多变性还表现在表达者的话语转向上，会起到令人始料不及的效果。例如，一位演讲家以"男人和女人"为话题进行演讲。他说道："女士们，先生们，关于男人和女人，我这里有一个很好的比喻。男人就像大拇指，女人就像小拇指。"话音刚落，全场哗然，女性更是嘘声四起。演说家抬手往下压了压说："大家不要激动，听我往下解释。女士们，人们的大拇指粗壮有力，而小拇指纤细苗条、灵巧可爱，不知诸位女士们哪一位愿意颠倒过来？"

这个例子中，听众原以为演说家用大拇指表示"顶呱呱"，用小拇指表示"差劲"，以此来贬低女性，谁知演说家的解释出人意料，化干戈为玉帛，使"愤怒"的女听众顿生笑意，演讲产生了较好的效果。

第二节 口才的基础

口才是现代人才的基本素质，是事业成功的保证，也是沟通人际情感的桥梁、维系协调人际关系的纽带。良好的口才不仅能满足生活、学习和工作的需要，而且还能够帮助人们实现人生理想，体现人生价值。随着时代的发展，思想文化领域空前活跃，信息交流和人际合作日益广泛和频繁，口才运用显得越发重要。

每个人都希望自己拥有优秀的口才，渴望能展示超凡脱俗的说话魅力。然而，一个人的口才并不是与生俱来的，它是在生活实践中依靠不断锻炼和积累才能获得的。

一、丰富的人生阅历、广博的知识储备

战国时期，纵横家苏秦劝说燕文侯联合赵国时的那段话语势磅礴，语义中肯，谈吐自然。除此之外，其丰富的内容、深刻的分析也是令人倾倒的。其中有地理位置、地理形势的描述，有经济实力、军事力量的说明，有当时局势的概括分析，有战略决策的建议。正是这段话打动了燕文侯，苏秦也因此得到了重用。这充分说明了广博的知识素养

对口才的意义。

语言是思想的直接表现，而口才是一个人的思想道德、文化修养、心理素质等的综合表现。没有丰富的人生阅历，没有广博的知识储备，与人交往时就会失去交谈的内容，答非所问，让人不知所云，即使勉强应付，也只能是意兴阑珊，无法深入下去。正如三国时期刘备所讲："手长衣袖短，不敢下东吴。"有一家美发店，生意非常兴隆。有人向美发店的店主请教经验，店主说："我的美发师都很会和顾客沟通。"那么他的美发师是怎样做到这一点的呢？原来，店里有个不成文的规矩，每天上班前的半小时，美发师们都会集中到店里阅读报纸和杂志，在手机、电脑上浏览时事等内容，这样他们总是会有新的话题和顾客交流，容易拉近和顾客之间的距离，自然会受到顾客的欢迎。因此，要想使自己的口才得以展现，必须多接触社会，经常关注家事国事，吸收对我们有用的东西，同时，要注意多学习知识，做到世事洞明和人情练达，以不变应万变。

另外，要积累知识，可以从以下方面努力。

1. 关注生活，增加生活阅历

缺乏生活积累和阅历的人，对社会和现实的了解也会十分肤浅。如果生活在封闭的圈子当中，就会孤陋寡闻，与世界隔绝。一个没有生活积累的人和别人交谈的时候，往往会因为所谈话题与社会现实脱节而让人感到枯燥无味，使人对他的谈话失去兴趣。

2. 多阅读，增加知识含量

从很大程度上来讲，口才好是满腹经纶、博古通今等词语的另一种称谓。拥有了丰富的知识，在和别人的谈话中就不会因为无知而自卑，谈吐间就会很自然地引经据典，旁征博引，所表达的内容也会十分高雅。假如胸无点墨，在陌生人或者朋友面前闷头静听，就会让自己的分量显得很轻，也就无法得到别人的关注。因此，在日常生活中，要注意多阅读，注重知识的积累，阅读一些关于历史、哲学、文学、政治、美学之类的书籍，提高个人修养，让自己达到"腹有诗书气自华"的境界。当你有了充足的知识储备之后，就会有底气在别人面前进行较高层次的谈论了。

3. 关注前沿信息，紧跟时尚潮流

一个不懂时尚的人在和别人交谈过程中，他所谈论的内容会十分乏味，他所受到的关注程度也必然降低。我们要想成为不被别人冷落的人就要关注前沿信息，紧跟时尚，比如了解近期流行的服装款式、电影电视剧、社会生活热门话题等。这样就能够走在时代的前沿，不被社会大潮抛在后面，感受到特定时期的文化气息，并在交际场合中处于主动的位置，同时为拥有一个良好的交际圈子打下基础。

4. 关心政治，了解时事

我们处在一个与世界交流越来越频繁的时代里，报刊、电视、互联网传递着世界各地的政治事件和时事新闻。如果连续几天不上网、不看报、不看电视，就会有一种被世界抛弃了的感觉。当别人谈及时政热点的时候，你只能在一边稀里糊涂地听着。在和别人说话的时候，你所说的内容就会显得空洞乏味，那么你就会被贴上一个空洞乏味的标

签。政治和时事与我们息息相关,如果一个人紧闭房门,两耳不闻窗外事的话,就会显得既缺少知识又没有趣味,就不会引起别人的共鸣。

二、敏锐的思维

从心理学角度来看,思维与语言是紧密联系的,语言所表达的是思维活动的结果。思维如果不敏捷、不清晰、不严密,语言的表达也就不可能流畅清楚。

比如,有位演讲者一上台就被话筒线绊了一跤,摔倒了,引得台下听众哄堂大笑。演讲者站起来,马上走到话筒前说:"朋友们,你们的掌声让我倾倒了,谢谢大家。"演讲者的话立刻赢得了观众的掌声。平时我们说话,谁也不能保证句句都准确无误,这个时候就需要应变能力了。

思维既影响口语的内容,又制约话语的形式。因此,思维训练是培养口才的关键和重点。思考问题,一方面应当正确,符合客观实际;另一方面要有科学性,广泛而不片面,深刻而不肤浅,这是思维的基本要求。只有严密、深刻、快捷、灵敏的思维,在口语交流和处事时,才能做到应对自如。

三、超凡的自信

自信是口才的基础。一个人有自信心,会对口才起着关键性的作用。人们讲话时的恐惧和胆怯,是一种缺乏自信,企图保护自己避免陷入困境的本能表现,这虽然是对讲话不熟悉的一种正常反应,但也是口语交流的大忌。只有自信,才有胆略,才能从容不迫,敢于在大庭广众之下,镇定自若地表达自己的思想和情感。当人们对这种场面习以为常,而且能够自信地驾驭它的时候,恐惧和胆怯就将烟消云散,并会转而成为喜欢这类演说场面。

自信表现在说话前情绪饱满、意气风发、精力旺盛,说话时情绪镇定、神情自若、思维敏捷、言语流利,并能准确把握自己要讲的内容,很好地控制自己的风度。这需要我们去培养超凡的自信,消除自卑心理,克服胆小怯懦的心理障碍,不怕当众出丑。增强自信心,可以多做一些自己喜欢或者擅长的事情,提高自己的自我认知和自我价值感。同时,也可以通过锻炼身体、改变自己的形象、学习新知识、培养兴趣爱好等方式来提升自信心。

四、科学、系统的口才训练

口语表达,不同于书面语可以通过反复阅读来实现理解,它要随着谈话方式、时间、内容等而适时调整,在人际交往中,这比书面语表达更难。要知道,没有深厚的功底,往往会出现词不达意的现象,或造成尴尬局面,或贻笑大方。因此,我们必须加强口语表达准确性、规范性和科学性的培养。

1. 讲好普通话，学好语法、逻辑知识

标准的普通话有着固定的规则，依据《汉语拼音方案》，学会声母、韵母、声调及拼写规则，并通过查字典、阅读注音读物，或者通过听电视、电台播音员的播音，加强对方音与标准音的差别特点的认识，摸索纠正错误的规律，从而找到快捷而有效的途径。

要想练就一副好口才，除了具备一定的语音基础之外，还应懂得一定的语法和逻辑知识，掌握较为丰富的词汇。如下面的对话。甲："你这个人真有点那个，他这个人就不那个！"乙："我这个人又哪个了？"甲："你这个人就是有点那个！"甲、乙二人说了半天，乙也没听明白。那谁又能听得明白呢？与人谈话，如果不遵守语法和逻辑规则，或者词汇贫乏，就会造成语义晦涩甚至混乱。因此，我们应该向经典著作学习，向优秀的文学作品学习，向广大人民群众的口头语言学习，规范语法和逻辑，真正充实个人的语言词汇，以词达意，方能提高口语表达能力。

2. 加强口语表达技巧训练

提高口语表达的丰富性，还需要借助良好的表达方式、方法和手段等口语技巧。有人这样比喻：语言可以唱歌跳舞，也可以咆哮怒号；可以小心翼翼地踮着脚尖走路，也可以雄赳赳气昂昂地阔步前进。只要作为指挥官的表述者战术指挥得当，就能实现有机的配合与和谐的统一。说话者口语表达技巧运用得当，妙语连珠，诙谐幽默，强烈而充沛的感情就能体现出来。巧妙的口语表达需要我们下大功夫，向语言学家学习，向演讲家学习，向善辩者学习，吸取前人的经验，摸索口语表达的规律，多说多练，不断总结。

第三节 口才艺术的发展

一、中国历史上的口才艺术

1. 远古时期的口才艺术

作为文明古国，中国有着悠久的口才艺术历史。据《尚书》记载，远在夏、商、周时期，我国的口才艺术已经达到相当高的水平。在《尚书》中记载的24篇中，保存了夏、商、周的口才发展史实。最早的一篇是《甘誓》，记载了公元前21世纪夏启在与有扈氏大战于甘之前做的战前动员令，表明了我国在4000多年前口语表达就已经达到了很高的水平。

2. 春秋战国时期的口才艺术

春秋战国时期是我国社会从奴隶制向封建制过渡的时期。社会的发展、生产力水平的提高和社会关系的急剧变化，促进了思想的活跃和文化的繁荣，形成了百家争鸣的局面。这一时期论辩、游说成为时尚，无论从口才实践还是从口才艺术理论上说，春秋战国时期都是口才艺术空前繁盛的时期。

首先，这一时期养士盛行，论辩成风。春秋战国时期群雄争霸，各地诸侯都千方百计寻找安邦立国之人，以便称雄争霸，统一天下。他们求贤若渴，礼贤下士，养士招贤，唯才是举。于是"士"这个知识分子阶层应运而生。名士们凭三寸不烂之舌，周游列国，游说诸侯，宣传自己治国平天下之策。当时的诸侯如魏文侯、齐威王、齐宣王、燕昭王等，无不礼贤下士，广揽人才。世称"四公子"的孟尝君、信陵君、平原君和春申君，以及秦丞相吕不韦等，门下食客号称三千。许多名士因善说或成为诸侯的得力谋臣，或得富贵卿相。如主张合纵的苏秦，能言善辩，曾佩带六国相印，穿梭外交，往来游说，抗击强秦，使"天下不交兵者二十有九年"。主张连横的张仪，帮助秦国出谋划策，采取远交近攻的策略，最终秦国吞并了六国，统一了天下。百家争鸣的氛围为口才艺术的发展创造了良好的条件。

其次，诸子百家，能言善辩。春秋战国时期，思想界特别活跃，诸子百家，三教九流，不仅各有政治主张和思想体系，而且各家都有不少能言善辩之人。在诸子百家中，比较著名的当数儒家、道家、法家、墨家，其他如纵横家、农家、名家、阴阳家等，亦各有千秋。先秦诸子几乎个个能言善辩。一方面，他们周游列国，宣扬自己的主张；另一方面，他们在不同的学派之间展开论辩，并聚徒讲学，传道授业。

儒家始祖孔子，先是周游列国四处宣传自己的政治主张，后来聚徒讲学，以雅言授课。雅言就是当时的普通话。孔子把教学内容分为德行、政事、文学和言语四科，其中言语就是口才训练课。孔子有弟子3000，贤人72，其中不乏口才优秀之人。孔子自己就很能言善辩，《论语》中记载了孔子和他的弟子们生动形象的日常言论，留下了许多经典名言。

孟子是著名的雄辩家。他常用生动的比拟说服对方，比如有名的典故"王顾左右而言他"就是通过高超的语言艺术巧妙地达到自己的目的的。

此外，春秋战国时期还有些不属于诸子百家的口才家，比如，郑国有"持两可之说，设无穷之辞"的邓析、"子产有术，诸侯赖之"的子产，齐国有使楚而不辱使命的晏子，等等。

最后，春秋战国时期在对口才艺术的总结和论述上也有很多精辟的见解。这个时期丰富的口才实践为口才理论的形成提供了现实基础，言语表达规律已经有了理性的自觉。言语表达理论散见于诸多经、史、子、集中。韩非子还著有《说难》《问辩》等语言表达专著。关于口才的功用，孔子提出一言可以兴邦、一言可以丧邦，把言语修辞看作立德、修业、治国的大事。墨子认为论辩的作用在于明辨是非的界限，审度治乱的纲纪，分清异同，明辨形式和内容，以便决断利害，澄清嫌疑。在口才的技巧问题上，孔子提出"情欲信，辞欲巧"，言之不文，行而不远，充分说明了语言技巧和语言文采的重要性。孟子主张语言表达应当"言近而旨远"。邓析主张说话要针对不同的对象和不同的情况，采取不同的对策，做到因人而异，区别对待。

春秋战国时期是我国口才艺术发展水平较高的时期之一，对后世产生了十分深远的影响，也为我们留下了一笔值得继承和研究的宝贵遗产。

3. 封建社会时期的口才艺术

秦始皇统一天下，结束了战国纷争的局面，中国从此进入了中央集权的封建社会。封建社会的高度集权和专制独裁，学术上的"罢黜百家，独尊儒术"，以及"君为臣纲，父为子纲，夫为妻纲"等封建等级制度，限制了人们自由地表达思想。人们信奉"病从口入，祸从口出"和"言多必失"，百家争鸣、自由论辩的风气受到严重压抑。封建社会束缚人们的思想，也束缚人们的自由表达。

在封建社会，口头表达受到限制，书面文字表达却有了长足的发展。其中有两方面原因。一方面，士大夫要走入仕途，就必须以文章入仕，于是形成了"以写代说"的社会风尚；另一方面，与这个时期的社会生产力发展水平和口头表达、书面表达的不同特点有关。汉代以后的社会生产力水平有了较大的提高，笔、墨、纸、砚相继发明，取代了龟甲、兽骨、竹简、木牍和布帛。新的书写工具十分方便，而且经济、实用，加速了书写的发展，促进了书面表达水平的提高。同时，社会的发展变化对信息存储提出了要求。当时，口头语言存在着传播不远、言过即逝的明显缺陷，而书面文字可以保存久远，代代相传。

但是，表达总是需要的。在封建社会，口才艺术的发展并没有完全停止。在中国2000多年的封建社会历史中，仍然出现了很多口才家、演说家和雄辩家。汉代的东方朔，出语幽默，机智巧辩；东汉的扬雄，雄辩滔滔，文采斐然；三国时的诸葛亮，凭三寸不烂之舌，说服东吴联合抗曹，终于火烧赤壁，大败曹军。晋代的名士虽不敢议论政事，但崇尚清谈和玄理，也表现出了高超的辩术。《世说新语》上记载着孙盛同殷浩辩论从午至暮，"左右进食，冷而复暖者数四"。隋唐时期，随着经济的发展、都市的繁荣，口才不再局限于士大夫阶层，出现了僧尼、道士的俗讲，以后讲述内容又发展成为讲述民间传说和历史故事。唐代的魏徵、李白，宋代的苏轼、朱熹，元代的耶律楚才，明代的王守仁、唐伯虎，清代的袁宏道、郑板桥、康有为、梁启超等都有许多口才佳话传世。

4. 近现代的口才艺术

1840年鸦片战争以后，中国沦为半殖民地半封建社会。面对国家的内忧外患，一些进步知识分子日益觉醒，他们寻求着救国的真理，提倡科学和民主，宣传改良和革命。他们以演讲为手段，走向社会，走上街头，开展启蒙与救亡运动，唤起民众，改变现实。沉睡了2000余年的演讲、论辩之风在新的历史条件下复苏了。这一时期涌现出了如孙中山、章太炎、黄兴、宋教仁、陈天华等革命家，他们都以饱满的革命热情登上讲坛，发表鼓舞人心的演讲。如孙中山在东京为中国留学生做的著名演说《中国决不会沦亡》、黄兴的《革命青年的责任》、陈天华的演说词《猛回头》《警世钟》、秋瑾的《敬告二万

第一章 口才概述

万女同胞》。孙中山把演讲作为发动群众和组织革命的重要武器，他的演讲技巧精湛，感情充沛，鼓动性强。妇女解放运动的先驱秋瑾，博学多才，尤擅演讲，在日本留学时曾任中国留学生演说练习会会长。

1911年辛亥革命胜利，宣告了中国封建帝制的终结。这时期，政治演讲持续不衰。革命者、爱国者通过演讲唤起民众，争取民族解放。如李大钊、向警予、邓中夏等革命先驱，运用演讲揭露时弊，发动群众进行革命斗争。五四运动爆发后，演讲活动由思想界、科学界普及到了广大民众中间。爱国学生冲出校门，走上街头进行演讲宣传。众多的爱国青年在枪林弹雨中复兴了中国的演讲事业，以满腔热血掀起了中国口才艺术发展史上的新高潮。

二、外国历史上的口才艺术

古希腊、古罗马是欧洲文化的发源地。早在公元前2000多年，演讲就在这些国家中产生了，而且成为一种相当普及的社会活动。当时的一些思想家、哲学家和教育家也很重视研究演讲现象，总结演讲的经验，探索演讲的技巧。著名的《荷马史诗》就曾栩栩如生地记载了特洛伊战争、忒拜英雄和奥德赛等许多动人的传说，并提出了"演讲艺术"的概念。当时还有人把口才称为"艺术的女王"，认为口才具有三大职能：一是为人释物、解惑晓理，二是激发、鼓舞人的斗志和情绪，三是给人以某种精神享受。这些都被视为西方演讲理论的起源和发端。

1. 古希腊、古罗马时期的口才艺术

（1）古希腊、古罗马时期的口才艺术概况。

公元前8世纪到公元前6世纪，古希腊、古罗马原始公社逐渐解体，奴隶制国家形成。随着氏族贵族独裁政治的消亡，取而代之的是广泛的奴隶主民主政治，工商业城邦政治得到迅速发展，奴隶制发展到全盛时期。发达的奴隶制城市国家相继出现，最具代表性的有斯巴达和雅典，它们成为当时西方的文化中心和商业中心。公元前4世纪末，古希腊逐渐衰弱，相继而起的古罗马帝国代替了古希腊在地中海的统治地位。在这块欧洲文明的发源地，口才艺术得到极大的发展，擅长演讲的大家层出不穷，可以说是辩才群起，曾经两次达到了西方口才史上震古烁今的高峰。自此，西方崇尚口才之风千古不衰。

（2）古希腊、古罗马时期口才艺术发展的两次高峰。

公元前6世纪至公元前4世纪形成了第一次高峰。那时，几乎没有一位政治家不擅长演讲，没有一位演说家不热衷于政治。不仅元老院的代表、外交家、军事统帅必须要用演讲阐述自己的政见，就连普通公民也需要利用口才来表达自己的观点和主张。口才成了每个希腊人生存、生活不可缺少的手段。口才的普遍意义引发了人们对口才艺术的青睐，也促进了人们对口才的研究。科拉克斯专门从事演讲的写作和教学工作，他被认

9

为是"演讲术"的奠基人。其后,苏格拉底提出了"苏格拉底式"的谈话方式。柏拉图在其著名的《文艺对话集》中提出了口语表达的原则。亚里士多德在其《修辞学》等名著中对演讲艺术进行了系统的概括和总结,阐述了演讲方式听众心理、语言风格等演讲艺术的理论问题,奠定了演讲理论的科学基础。公元前4世纪,雅典涌现了被誉为"十大演说家"的安提芬、安多西德、利西亚斯、伊索克拉底、伊修斯、莱科尔加、德摩西尼、海培里德、阿伊西尼和狄拉修斯。伊索克拉底还首创了世界上第一所修辞学馆,即正式的演讲学校。

随着马其顿统治的确立和雅典民主政治的灭亡,古希腊演讲大约冷落了两个世纪。

公元前3世纪罗马奴隶制共和国时期又出现了演讲的第二次高峰。这一时期著名的口才家有加图、格拉克兄弟、安东尼、克拉苏斯、西塞罗。其中西塞罗是一位杰出的演讲大师,他的演讲被后代欧洲许多政治家奉为政治演说的典范。他一生著述很多,有《论演说家》等演讲理论著作。昆体良也是演说家和教育家,他开设了专门的修辞学校,完成了《雄辩术原理》(又名《论演说家的教育》)巨著,他把前人的演讲理论发展为系统的演讲理论,开创了后代演讲学的先河。

在古罗马,演说曾风靡一时,群众把倾听演说作为生活中的一种享受,演说家比文学家占有更重要的地位。那时人们不愿听音乐,而愿意把时间花在听演讲、争辩上。每到这种时刻,城市里万人空巷,店铺关门,连主教也由卫兵簇拥着前去聆听。

随着罗马帝国的崩溃,西方口才史上古希腊、古罗马的黄金时代结束了。

(3) 古希腊、古罗马辩才群起的条件。

① 古希腊文化是孕育口才艺术的摇篮。

古希腊文化空前繁荣,《荷马史诗》《伊索寓言》及戏剧都为古希腊口才艺术的培养和口语表达训练提供了丰富的学习范例。剧作家犀利的言辞为人们说理言志树立了榜样;抒情诗人笔下优美动人的诗句,为人们做出了以情感人的楷模;《伊索寓言》的机智诙谐,堪为幽默语言的鼻祖。一些庞大的群众性文化集会也是孕育口才艺术的温床。

② 古希腊、古罗马政治体制造就言辞犀利的辩才。

古希腊、古罗马虽为奴隶制国家,但实行的是民主政治,这为演讲等口才运用提供了条件。当时,各种施政纲领的提出、通过或否决都必须经过激烈的论辩才能得出最终结果。各种不同政见的论争都是唇枪舌剑的搏斗。古希腊、古罗马的政治家都需要通过演讲而步入政坛,因此他们都必须是口才高手。广大的自由民在政治上也有一定的发言权,可以参与国家大事的讨论,可以参与法律诉讼决定官员的任免,还可以参加各种竞赛、演唱等。要想在这些公众活动中显露身手,就必须能言善辩,具有强大的感召力。于是演讲在古希腊、古罗马盛行也就有了必然性。

③ 古希腊的法律激励人们成为能言善辩之士。

古希腊法律规定,在法庭审判时,允许原告和被告发表辩护演讲。如果被告辩护获胜,可以免刑释放或减刑。辩护演讲因而盛行,影响和促进了以后的西方法律演讲的发展。

④ 古希腊哲学论辩滋养了一代代雄辩家。

当时，在古希腊产生了西方第一个朴素唯物论学派，与之相对立的唯心主义、神秘主义及诡辩派的论辩此起彼伏，为口才艺术的发展提供了丰富的营养。

2. 中世纪口才艺术

公元5世纪至15世纪为欧洲封建社会时期，史称"中世纪"。中世纪是欧洲封建社会形成、发展和衰落崩溃的历史时期。这一时期，学术演讲走入低潮，而宣传宗教的布道口才极为兴盛。

公元7—8世纪，阿拉伯人进入小亚细亚、埃及和北非，并进入西班牙。11世纪，受伊斯兰教影响，亚里士多德主义重回欧洲大陆，经院哲学家利用辩证法阐述各自的观点，这个时期涌现出实在论和唯名论两大哲学派别。宗教演讲和论辩形式被经院哲学内部不同派别之间的论辩所利用而得到发展。整个中世纪的神学演讲都是宣传教义、进行思想统治的工具。到了13世纪以后，西欧开始流行大学讲课，教会演讲渐而衰落。

因此，在中世纪，封建政治与神学紧密结合，教会成了封建统治的重要组成部分。教会垄断了文化教育，一切文化和学术都染上了宗教色彩，学术演讲的生机被无情地扼杀了，充斥社会生活和人们视听的是基督教仪式和传教士的声音，布道口才随着宗教的兴盛而兴起。宗教演讲成了中世纪教会传播信仰的主要工具，享有威望的宗教领袖都是口才出众、布道有方的演讲高手。宗教教义演讲需要以理服人，是融演讲、讲故事、劝化为一体的综合口语形式。这一点在口才艺术发展上是一个很大的进步。

3. 近现代口才艺术

14—20世纪，欧洲发生了一系列重大历史变革，口才艺术也随之兴盛发展起来。14—15世纪，由于欧洲封建社会内部生产力的发展和生产技术的进步，新航路的开辟和地理大发现，世界市场因此而形成，这进一步推动了资本主义的发展。14—17世纪遍及欧洲的文艺复兴运动，17世纪的宗教改革和英国资产阶级革命，17—18世纪的欧洲启蒙运动和法国大革命，19世纪欧洲大规模的工人运动、马克思主义的诞生、社会主义运动的发展，都为口才艺术的发展成熟创造了良好的条件。

资产阶级要自由地发展资本主义，就必然与阻碍其发展的封建制度产生尖锐冲突。欧洲的文艺复兴运动是正在形成中的资产阶级在复兴希腊、罗马古典文化的名义下发起的弘扬资产阶级思想和文化的运动。这时的思想家们主张宗教上的无神论、哲学上的唯物论、政治上的民主体制和经济上的自由放任。文艺复兴的斗士们，模仿德摩西尼的动作和语势，引用西塞罗和昆体良的言辞和警句，抨击封建神学。宗教改革运动的领袖马丁·路德、农民战争领袖和思想家托马斯·闵采尔等，都是口才出众又颇具影响的代表人物。在启蒙运动的中心法国，以伏尔泰、孟德斯鸠、卢梭、狄德罗为代表的思想家和演说家对口才艺术的发展起到了巨大的推动作用。美国、法国、德国等一些西方国家的新兴资产阶级代表人物，成功地通过演讲赢得了支持，登上了政治舞台。美国独立战争时期重要的政治家、演说家帕特里克·亨利在演讲中发出"不自由，毋宁死"的战斗动员令，鼓舞了千百万人民投入争取独立自由的战争。演讲巨星林肯以他的《裂开房子》的演说、《第二次就职演说》《葛底斯堡演说》等，把美国的口才艺术推向了新高峰。

从19世纪70年代开始，工人运动此起彼伏，在进行斗争、夺取政权时更重视运用口才艺术。无产阶级革命导师马克思、恩格斯经常在各种场合做报告，在群众集会上发表演讲。马克思的《在〈人民报〉创刊纪念会上的演说》和恩格斯的《在马克思墓前的讲话》都是有口皆碑的演讲名篇。恩格斯精通7国语言，能在演讲时自由运用。俄国无产阶级革命家、政治家列宁，一生发表过不可计数的演说，极富逻辑力量和鼓动色彩。这些革命领袖还与政敌展开论辩。正是在这些革命家和演说家的影响与推动下，才形成了世界无产阶级口才艺术的繁荣发展。

三、当代口才艺术的蓬勃发展

在现代社会，随着世界政治、经济、文化的发展，口语表达的适用范围越来越广，也越来越被人们所重视。在经济发达、重视信息的社会中，人们常常根据一个人的讲话水平和风度来判断其学识和修养。在美国，口才的作用之大，远远超过了人们的想象。20世纪40年代，美国人把口才、金钱和原子弹看作赖以在世界上生存和竞争的三大法宝，看作国际斗争的三大战略武器。值得注意的是，随着科学技术的迅速发展，电脑代替了原子弹，而口才仍独冠三大法宝之首，足见其作用和价值。口才已深入政治、经济、日常生活等领域，对口才艺术的研究也日益深入。在美国，戴尔·卡内基的"有效的演讲术"火热了半个多世纪，风靡全球。美国有300多所大学开办了演讲系，日本、英国、以色列等众多国家都办有专门的口语学校和培训中心。

在我国，从20世纪80年代初开始，演讲、论辩也前所未有地发展起来。特别是随着改革开放的不断深入，口才艺术的发展也越来越迅猛。

1. 出现了一大批思想道德和学术演讲的专家

比如李燕杰、曲啸、邵守义、刘吉等，他们活跃在思想道德演讲舞台上。著名科学家华罗庚、钱学森、钱伟长、钱三强、茅以升、李四光、袁隆平等，或做学术报告，或做科普演讲。名家的演讲有力地推动和促进了口才艺术的繁荣和发展。

2. 各种专业杂志、著作和论文面世

1983年7月，我国第一本专门研究提高口语表达能力的杂志《演讲与口才》创刊。它的发行量一直居高不下。随后中华人民共和国第一部演讲专著、邵守义编写的《实用演讲学》出版。以后，有关口才艺术的各种杂志、专著和论文层出不穷。

3. 演讲、辩论活动如火如荼，演讲组织纷纷成立

1979年，演讲活动在上海率先兴起，一时波及全国。1986年新加坡主办了首届亚洲大专辩论会，1993年举办首届国际华语大专辩论会，以后每年在新加坡和北京轮流举行。从1995年开始，我国开始举行中国名校大学生辩论邀请赛。在大型比赛的影响下，各省市大小赛事不断，演讲、辩论活动蔚然成风。1981年，第一个校园演讲协会在复旦大学成立，1991年中华演讲学会筹备会成立。其后，上海、湖南、吉林、山西等省市的演讲与口才协会相继成立，全国上下形成了研究口才艺术的学术网络和社会团体。

第四节 口才的作用

我国历史上自古就有"一人之辩，重于九鼎之宝；三寸之舌，强于百万之师"之说，这形象地说明了口才的重要作用。语言是人们进行社会交往的工具，人们通过口语表达来实现思想和感情的交流与沟通。没有语言交际，就没有人类文明。自古以来，口才艺术的发展就与时代密切相关，口才与政治、经济、日常生活和个人紧密相连，并在其中发挥着重要作用。

一、口才在政治生活中的作用

"片语可以兴邦，一言可以辱国"，这充分说明了口才的政治价值。口才与政治生活息息相关，它直接服务于政治生活的各个领域，并发挥着重要作用。

我国历史上的春秋战国时期，由于政治思想上的活跃和文化的繁荣，形成了百家争鸣的局面。名士、辩才凭"三寸不烂之舌"游说诸侯，贵为谋臣卿相，在安邦定国平天下中堪当重任。"五四"前后，进步知识分子大张旗鼓地集会演讲，唤起民众，推动了中国革命运动的蓬勃发展。

进入近代和现当代社会，政治生活内容更加丰富多彩，体现在政治演讲、外交谈判、法律辩护等诸多方面的口才艺术，更是发挥了不可替代的作用。多少优秀的政治家在风云变幻的政治舞台上凭借良好的口才挥洒自如，游刃有余，做出了不可磨灭的贡献，留下了千古美名，并传为佳话。

1955年亚非会议在万隆召开，面对一些不怀好意的国家代表对中国的指责，周恩来总理当机立断，确定对策，发表了精彩的长篇演讲。在演讲中，他有针对性地、坦率而郑重地分析了中国和亚非各国之间求同的基础，阐述了中国政府有关的对外政策，呼吁亚非国家团结起来，为亚非会议的成功而努力。周恩来总理这个有历史意义的演讲赢得了普遍的赞赏和支持，赢得了国际声誉，在亚非国家面前树立了中华人民共和国光明磊落的形象，对万隆会议的成功召开做出了突出的贡献。

在中美恢复邦交的多次谈判中，周恩来总理时而委婉含蓄，时而攻势凌厉，方法灵活多变，谈判的成功与他的良好口才密切相关。

总之，在当今社会的国际、国内政治风云中，口才确实成为国际、国内政治活动的重要武器，在今后的政治生活中也必将发挥重要作用。

二、口才在经济生活中的作用

当前，人们把以计算机为代表的科学技术水平、以旅游业为代表的富裕程度、以公共关系为代表的经营管理效能作为衡量一个国家发达程度的三大标志。在市场经济条件下，公关人员在演讲、论辩和谈判中离不开口才，商务谈判是商务活动中的重要环节，口才是谈判成功的重要因素；在市场营销中，口才在很大程度上决定着工作成效；在旅游业发展建设中，导游的口才起着至关重要的作用。可以说，口才在当今经济生活的诸多领域都发挥着重要作用。

三、口才在日常生活中的作用

在日常生活中，人们的社交须臾离不开口才。口才在密切人际关系中发挥的作用是可感可知的。话有三说，巧说为妙。和风细雨，善解人意，可以使人倍感亲切，产生相见恨晚之感；诙谐幽默，巧言妙语，能使人心神愉悦，乐不可支；胸有成竹，直抒胸臆，会使人感觉精明干练，才智过人。总之，口才在日常生活中具有融洽感情、密切关系、增进友谊、促进协作的重要作用。

四、口才可以培养思维能力，发展智力

"语言是思维的外壳"，能说会道的人一般都头脑聪慧，思维敏捷。口头语言又不同于书面语言，它没有充分酝酿思索的过程，也没有反复推敲的时间。从思想变成口语，中间经过的时间很短。人们在进行口语表达的时候必须同时进行紧张的思维活动，如思考说话的内容、层次、措辞，甚至运用语言的技巧，等等。因此，一个人的口才不仅取决于其运用口语表达技巧的熟练程度，还与其思想水平密切相关。凡是准确、精辟的口语表达，必有深刻的思想、有条理的思维做后盾。想得好不一定能说好，但说得好则一定要想好。口语表达的新颖来自思维的创造性，口语表达的准确来自思维的清晰，口语表达的质量来自思维的深刻。因此，口语表达能力的训练对培养思维能力具有特殊作用。

五、口才可以提高交际能力

在人际交往中，有口才的人总处处受到欢迎。口才在交际中的作用不容忽视，大到如国际外交对话，可以把残酷的战争结束在谈判桌上；小至处理人与人的纠纷，一番劝解，就可熄灭"战火"，和解关系。

日常生活的交往中，一句良言三冬暖，一句恶语六月寒；一句话使人笑，一句话使

人跳。具有口才天赋的人能把平淡的话题讲得非常吸引人，而口笨舌拙的人就算他讲的话题内容很好，人们听起来也感到索然无味。有些建议，口才好的人一说就被采纳了，而口才不好的人即使说很多次还是无法获得采纳。

总之，口才是我们提高素质、开发潜力的重要方面，是我们驾驭人生、改造生活、追求事业成功的无价之宝，是通往成功的必要途径。

职场口才实训教程
ZHICHANG KOUCAI
SHIXUN JIAOCHENG

口才基础训练

第二章 有声语言

第一节 有声语言概述

一、有声语言的含义和作用

1. 有声语言的含义

有声语言是指人类利用发音器官（肺、膈肌、胸廓、喉头、声带、唇、齿、舌、软腭、硬腭、口腔、咽腔、鼻腔、胸腔等）发出声音，用这些声音来表达意义的口头语言。它是人们在社会交往中传递信息、交流思想和感情的一种言语形式。文字则是记录有声语言的符号系统。

2. 有声语言的作用

有声语言能够表达丰富复杂的意义，能够充分满足生活交际的需要。它能描写、反映客观现实，表达人的思想感情，甚至表达一些虚幻的、想象的概念。凡是人能想到的，都能用语言来表达。俗话说的"只能意会不能言传"，其实是个人的语言表达能力的不足，而不是语言本身的不足，有的人不能言传，但并不一定所有人都不能言传。因此，有声语言的内容可以说是无所不包，人的认知能力所能达到的范围就是有声语言所能达到的范围。

二、有声语言的特点

1. 形式的独特性

有声语言属于口头语言，从语言结构形式看，口语的句子修饰成分少，自然句和短句多，口头禅和省略句多，句子易位现象多。这是由于思维速度与表达速度不同步造成的，尤其是对话时，因交谈对象和语境的确定，可以省略很多不必要交代的语句，使口语简洁明了。从词汇的角度看，口语更贴近日常生活，更通俗易懂。

2. 表达的临场性

有声语言表达有一定的规定情景和语境，对象也更为直接，可以用语气、语调的变化及特有的修辞手法来表达微妙复杂的思想情感。同样一句"我等你好久了"，出自一位警察对犯罪嫌疑人所说和一名男子对女友所说，意思是截然不同的。

3. 内容的随机性

在日常交谈中，我们无法预料会谈什么话题，加上有声语言的负载体——语音是稍纵即逝的，因此在口语交谈中需要集中精力，迅速听辨、判断并组织应答的言语。特别是在答辩、讨论、谈判、即席发言时，常常要根据临场情况做准确、合适、得体的应对。

4. 应用的广泛性

跟书面语相比，口语是人类社会最广泛使用的、最有效的交际工具。有些职业（如主持人、播音员、教师、网络主播、导游等）使用口语更多。过去异地交往靠书信，随着科技的发展，以及电话、网络的普及，地球变成了一个"村子"，远隔千里的亲朋好友通过语音和视频面对面地交谈已成为现实，这更增加了口语使用的广泛性。

第二节 有声语言表达技巧

有声语言包括呼吸、发音、腔调、语速、停顿（节奏）、重音、句调等。它有助于表达一个人的情绪状态和态度，影响语言表达的效果。以下从语音和语调两个方面介绍有声语言的表达技巧。

一、语音技巧

1. 呼吸

学会控制自己的呼吸。一般采用的是胸腹式呼吸法，它的特点是胸腔、腹腔都配合着呼吸进行收缩或扩张。可以进行缓慢而均匀的呼吸训练，从中体会用腹肌控制呼吸的方法，使发出来的声音坚实有力，音质优美，并传送得较远。

（1）气息控制延长练习。

其要领是：学会蓄气，先压一下气，把废气排出，然后像闻花一样，自然松畅地轻轻吸，吸得要饱，再气沉丹田，慢慢地放松胸肋，使气像细水长流般慢慢呼出，呼得均匀，控制时间越长越好。反复练习4—6次。

（2）数字练习。

这一步骤称为"吸提推送"，吸提的气息向里向上，推送的气息向外向下，在推送的同时做气息延长练习。方法有以下三种。

① 数数字练习。在推送的同时轻声快速地数数字"1、2、3、4、5、6、7、8、9、10",一口气反复数,数到这口气气尽为止,看看自己能反复数多少次。

② 数枣练习。在推送的同时轻声念:"出东门过大桥,大桥底下一树枣,拿着竹竿去打枣,青的多红的少(吸足气),一个枣、两个枣、三个枣、四个枣、五个枣……"数到这口气气尽为止,看看自己能数多少个枣。反复练习4—6次。

③ 数葫芦练习。在推送的同时轻声念:"金葫芦,银葫芦,一口气数不了24个葫芦(吸足气),一个葫芦、两个葫芦、三个葫芦……"数到这口气气尽为止,反复练习4—6次。

进行数数字、数枣、数葫芦练习时要控制气息,使其越练越灵活,千万不要跑气。开始练习时腹部会出现酸痛,练习一段时间后,气息控制则会大有进步。

2. 发音

发音要准确清晰。首先要训练吐词,吐词也称吐字、咬字。吐字发音要按照普通话的要求把汉字的声母、韵母、声调念准,进而读准每个音节。可采用"吐字归音"方法训练,要领是:咬准字头,吐清字腹,收住字尾。例如,发"张"这个音节,就要咬准翘舌音"zh",吐清后元音"a",收住后鼻音韵尾"ng",才能将这个字念准、念清晰。

"气为音服务,音为腔服务,腔为字服务,字为词服务,词为情服务。"由此可见,发音训练须以字为中心。以下列语段为例,先放慢、大声念一遍,再逐渐加快速度,快到念成绕口令。

(1) 唇齿音训练。

画凤凰

粉红墙上画凤凰,凤凰画在粉红墙。
红凤凰、粉凤凰,红粉凤凰、花凤凰,
粉红墙上画凤凰,
先画一个红凤凰,再画一个黄凤凰。
黄凤凰上面画上红,红凤凰上面画上黄,
红凤凰变成了红黄凤凰,黄凤凰变成了黄红凤凰。
粉红墙上分不清,哪个是红凤凰,哪个是黄凤凰。

缝裤缝

缝一条裤子七道缝,
斜缝竖缝和横缝,
缝了斜缝缝竖缝,
缝了竖缝缝横缝。

（2）舌音、喉音训练。

稀　奇

稀奇稀奇真稀奇，

麻雀踩死老母鸡，

蚂蚁身长三尺六，

八十岁的老头儿躺在摇篮里。

漆匠和锡匠

七巷一个漆匠，西巷一个锡匠。

七巷漆匠偷了西巷锡匠的锡，

西巷锡匠拿了七巷漆匠的漆。

七巷漆匠气西巷锡匠偷了漆，

西巷锡匠讥七巷漆匠拿了锡。

请问锡匠和漆匠，

谁拿谁的锡？

谁偷谁的漆？

（3）吐字训练。

在发声训练中，应是托足了气，找准了音，咬真了字。

吐字时，要熟悉每个音节的声母、韵母和声调，熟悉标准音，避免发音含糊、吐字不清。把握字头、字腹和字尾的发音技巧，咬准字头，发响字腹，收紧字尾。

将以下声母与 a、i、u 相拼，要求发音响亮、清晰、有力度。

声母：b p m f d t n l g k h j q x zh ch sh r z c s y w

二、语调技巧

语调是由音量的轻重强弱、音调的抑扬顿挫、节奏的起伏快慢和语速的停顿连接构成的一种调式，具有明显的表意功能。掌握语调的表现技巧，可以增强语言的感染力，可以从以下几个方面掌握语调的技巧。

1. 语速

语速即语言表达的快慢。掌握适当的语速，可以营造作品的情绪和气氛，增强语言的表达效果。语速要根据表达的内容而定。平静、庄重、悲伤、沉重、追忆的内容用慢速，语速控制在每分钟 150 字左右；热烈、欢快、兴奋、紧张的内容用快速，语速控制在每分钟 200 字左右；一般的叙述、解说、评论则用中速，语速控制在每分钟 180 字左右。下面的几段话可根据表达的内容采用不同的语速。

3 月 14 日下午两点三刻，当代最伟大的思想家停止思想了。让他一个人留在房里还不到两分钟，等我们再进去的时候，便发现他在安乐椅上安静地睡着了——但

已经是永远地睡着了。（慢速）

在首都北京的中心，有一座城中之城，这就是举世闻名的紫禁城。现在人们叫它故宫。紫禁城是明朝和清朝两代的皇宫，是我国现存的最大、最完整的古代宫殿建筑群，有五百多年的历史了。（中速）

"干一行爱一行"，这是从敬业精神讲的，它要求每个人热爱自己的岗位，做到干一行爱一行。而"爱一行才能干一行"，是从人的择业观讲的，它是说，人只有在自己兴趣爱好的基础上选择自己喜爱的职业，才能很好地干好你所从事的工作，正所谓爱好是动力。（中速）

但不是所有的内容都只有一个语速，有些需要我们根据具体内容做到急缓相间，富于变化，例如下面这段话就使用了快速和中速两种语速。

小船拼命往前摇。（快速）他们心里也许有些后悔，不该这么冒冒失失走来，也许有些怨恨那些走远了的人。（中速）但是立刻就想：什么也别想了，快摇，大船紧紧追过来了。（快速）

再如朗读《雷雨》中周朴园和鲁侍萍对话片段要根据人物说话的内容和心理、情感的变化采用适当的语速。

周：梅家的一个年轻小姐，很贤慧，也很规矩。有一天夜里，忽然地投水死了。后来，后来——你知道么？（慢速。周朴园故作与鲁侍萍闲谈状，以便探听一些情况）

…………

鲁：这个梅姑娘倒是有一天晚上跳的河，可是不是一个，她手里抱着一个刚生下三天的男孩，听人说她生前是不规矩的。（慢速，鲁侍萍回忆悲痛的往事，又想极力克制怨愤，以免周朴园认出）

…………

鲁：我前几天还见着她！（中速）

周：什么？她就在这儿？此地？（快速。表现周朴园的吃惊与紧张）

…………

鲁：老爷，您想见一见她么？（慢速。鲁故意试探）

周：不，不，不用。（快速。表现周朴园的慌乱与心虚）

…………

周：我看过去的事不必再提了吧。（中速）

鲁：我要提，我要提，我闷了三十年了！（快速，表现鲁侍萍极度的悲愤以至几乎喊叫）

* 语速练习：结合恰当的重音与停顿，朗读以下文字，语速要稍快。

你们杀死一个李公朴，会有千百万个李公朴站起来！你们将失去千百万的人民！你们看着我们人少，没有力量？告诉你们，我们的力量大得很，强得很！看今天来的这些人，都是我们的人，都是我们的力量！此外还有广大的市民！我们有这个信心：人民的力量是要胜利的，真理是永远存在的。历史上没有一个反人民的势力不被毁灭的！

* 采用舒缓、轻柔的语调，放慢语速朗读以下段落。

夜，刚刚暗下来，浓雾层层弥漫、漾开，熏染出一个平静祥和的夜，白雾在轻柔月光和路灯的照耀下，染成了金色。月光下，树叶儿"簌簌"作响，仿佛在弹奏着一首《月光曲》，婉约而凄美，幽深而美妙，那跳动的音符仿佛是从朦胧的月色中跃出来的，令人陶醉。

2. 停顿

停顿指话语中的间歇，即语句或者词语之间声音上的间歇。有声语言表达既不能一字一顿、断断续续地进行，也不能字字相连、一口气念到底。停顿是显示语法结构的需要，也是表达语义、传达情感的需要。恰当的停顿可以使语言呈现鲜明的节奏感和更准确地表情达意。例如"无米饭也可无鸡鸭也可无鱼肉也可无银钱也可"，两种不同的断句（停顿）方式会导致两种不同的句义。第一种：无米饭也可，无鸡鸭也可，无鱼肉也可，无银钱也可。表达的意思是什么都没有都没关系。第二种：无米，饭也可。无鸡，鸭也可。无鱼，肉也可。无银，钱也可。表达的意思跟第一种完全相反。

停顿有生理停顿、语法停顿、标点符号停顿、强调停顿等。

（1）生理停顿。

生理停顿也称语气停顿，是指有些句子较长，一口气读不下来，出于生理的需要，稍微停顿一下或换气停顿。根据气息需要，在不影响语义完整的地方做一个短暂的停歇。要注意，生理停顿不要妨碍语义表达，不得割裂语法结构。

（2）语法停顿。

语法停顿是句子中间的自然停顿。它往往是为了强调、突出句子中主语、谓语、宾语、定语、状语或补语而做的短暂停顿。学习语法有助于我们在朗读中正确地停顿断句，不读破句，正确地表达作品的思想内容。

在苍茫的大海上，狂风/卷集着乌云。在乌云和大海之间，海燕/像黑色的闪电，在高傲地/飞翔。

（3）标点符号停顿。

标点符号是书面语言的停顿符号，也是朗读作品时语言停顿的重要依据。标点符号的停顿规律一般是：句号、问号、感叹号、省略号停顿时间略长于分号、破折号、连接号、分号、破折号、连接号的停顿时间又长于逗号、冒号,逗号、冒号的停顿时间又长于顿号、间隔号。即根据标点符号来基本确定停顿时间的长短:句号、问号、感叹号、省略号＞分号、破折号、连接号＞逗号、冒号＞顿号、间隔号。另外,作品段落之间的停顿的时间要比一般的句号时间长些。以上停顿,也不是绝对的。有时为表达感情的需要,在没有标点的地方也可以停顿,在有标点的地方也可以不停顿。

（4）强调停顿。

为了强调某一事物,突出某个语义或某种感情,而在书面上没有标点、在生理上也可不做停顿的地方做了停顿,或者在书面上有表示短暂停顿的标点符号的地方做了较大的停顿,这样的停顿称为强调停顿。强调停顿主要是靠仔细揣摩作品、深刻体会其内在含义来安排的。

遵义会议//纠正了/在第五次反"围剿"斗争中所犯的"左"倾机会主义性质的严重的原则错误,团结了/党和红军,使得/党中央和红军主力胜利地完成了长征,转到了/抗日的前沿阵地,执行了/抗日民族统一战线的新政策。(句中的"//"和"/"都表示强调停顿,"//"表示较长时间停顿,"/"表示较短时间停顿)

"遵义会议"之后没有标点符号,但是为了突出"遵义会议"的地位,强调"遵义会议"在中国共产党历史上的伟大意义,就应有一个停顿,而且比下面的强调停顿时间要长一些。

"纠正了""团结了""使得""转到了""执行了"这些词语后面也没有标点,但为清楚显示遵义会议的伟大历史意义,应用停顿。

他说/他的母亲//早已过世。

句中的"他"提到自己的母亲过世,难免悲伤,不忍回顾伤心往事,故在"母亲"后有一个较长停顿,才符合人物当时真实的心境。

如果不仔细揣度作品而任意进行强调停顿,容易产生错误的理解。例如:

"来呵!让我们紧紧挽住雷锋的这三条刀伤的手臂吧!"

有人在"三条"之后略作停顿,就会给听众造成"三条手臂"的错觉,影响理解的正确性。

* 停顿练习:使用"/"符号断句,使句子意思不同。

1. （1）我看见他很高兴。
   （2）我看见他很高兴。
2. （1）六十老儿生一子人言非是我子也家产田园尽付与女婿外人不得争执
   （2）六十老儿生一子人言非是我子也家产田园尽付与女婿外人不得争执
3. （1）明日逢春好不晦气终年倒运少有余财
   （2）明日逢春好不晦气终年倒运少有余财

4. （1）女朋友很重要吗

  （2）女朋友很重要吗

* **根据停顿符号朗读一下语段。**

1. 中国共产党/第二十次/全国代表大会/现在/开幕。
2. 总之，我们要拿来。我们要/或使用，或存放，或毁灭。
3. 1949年10月1日，毛主席/在天安门城楼上/向全世界庄严宣告：//"中华人民共和国//成立了！"

3. 重音

语句是由若干的词或词组组成的，但一句话中它们之间的关系总有重要和次要的区别。对那些重要的词或词组，要运用轻重对比的手段加以强调。重音就是指那些在表情达意上起重要作用、要加以特别强调的词或短语。重音往往通过声音的强调来突出意义，它能给色彩鲜明、形象生动的词增加分量。重音包括语法重音、逻辑重音。

（1）语法重音。

在不表示任何特殊的思想和感情的情况下，根据语法结构的特点，把句子的某些部分重读的，叫语法重音。语法重音的位置比较固定，常见的规律如下。

① 一般短句子里的谓语部分常重读；
② 动词或形容词前的状语常重读；
③ 动词后面由形容词、动词及部分词组充当的补语常重读；
④ 名词前的定语常重读；
⑤ 有些代词也常重读。

  孔子（主语）是（谓语）中国历史上（状语）伟大的（定语）教育家（宾语）。

  庄子的（定语）学说（主语）是（谓语）一种（定语）崇高的（定语）美学（宾语）。

如果一句话里成分较多，重读也就不止一处，往往优先重读定语、状语、补语等连带成分。如：

  我们是怎样度过这惊涛骇浪的瞬息！

  快把那炉火烧得通红。（下画线表示重读）

值得注意的是，语法重音的强度并不十分强，只是同语句的其他部分相比较，读得稍重一些罢了。

（2）逻辑重音。

逻辑重音也称强调重音、感情重音，指为了表达某种特殊的感情和强调某种特殊意义而故意说得重一些的音，旨在引起听者注意所要强调的某个部分。语句在什么地方使用强调重音并没有固定的规律，而是受说话的环境、内容和感情支配的。同一句话，强调重音不同，表达的意思也往往不同。例如：

  <u>我</u>去过上海。（回答"谁去过上海"）

  我<u>去过</u>上海。（回答"你去没去过上海"）

  我去过<u>上海</u>。（回答"北京、上海等地，你去过哪儿？"）

  因而，朗读时首先要认真钻研作品，正确理解作者意图，才能较快、较准地找到逻辑重音之所在。

  以下例句中的下画线部分为了突出表达某些重要的内容。

  我明白了她称自己为<u>素食者</u>的真正原因。

  为了<u>祖国</u>的富强，<u>人民</u>的幸福，我们应该做出必要的牺牲。

  谁是我们最可爱的人呢？我们的<u>部队</u>，我们的<u>战士</u>，我感到<u>他们</u>是最可爱的人。

  下面例句中的画线部分为了突出表达特殊的情感。

  外祖母<u>永远不会</u>回来了。

---

* **重音练习：读出下列句子中的语法重音。**

1. 东风来了，春天的脚步近了。
2. 一切都像刚睡醒的样子，欣欣然张开了眼。
3. 他走了。
4. 这怎么能怪你呢？
5. 他承认错误了。
6. 没关系，慢慢儿说。
7. 手势之类，距离大了看不清，声音的有效距离大得多。
8. 当局者迷，旁观者清。
9. 我不会修电脑！

* **读出下列句子的强调重音。**

1. 我知道你会跳舞。（别人不知道你会跳舞）
2. 我知道你会跳舞。（你不用瞒着我了）
3. 我知道你会跳舞。（别人会不会跳舞我不知道）
4. 我知道你会跳舞。（你怎么说自己不会呢）
5. 我知道你会跳舞。（你会不会唱歌我不知道）

* **朗读以下语段并注意重音。**

1. 它既不需要谁来施肥，也不需要谁来灌溉。狂风吹不倒它，洪水淹不没它，严寒冻不死它，干旱旱不坏它。它只是一味地无忧无虑地生长。

2．请听听吧，这是战士一句句从心中掏出的话。团泊洼，团泊洼，你真是那样静静的吗？是的，团泊洼是静静的，但那里时刻都会轰轰爆炸！不，团泊洼是喧腾的，这首诗篇里就充满着嘈杂。

4．句调

在汉语中，字有字调，句有句调。我们通常称字调为声调，指音节的高低升降。句调指句子声音高低升降的变化，句调是贯穿整个句子的，其中以结尾的升降变化最为重要，一般和句子的语气紧密结合。说话时，如能注意句调的升降变化，语音就有了动听的腔调，听起来便具有音乐美，也就能够更细致地表达不同的思想感情。根据表示的语气和感情态度的不同，句调可分为四种：升调、降调、平调、曲调。

（1）升调（↑）。

前低后高，语势上扬。一般用来表示疑问、反问、惊异等语气，多在疑问句、反诘句、短促的命令句，或者是表示愤怒、紧张、警告、号召的句子中。例如：

　　冬天已经来临，春天还会远吗？

　　这是胜利的预言家在叫喊——让暴风雨来得更猛烈些吧！

（2）降调（↓）。

前高后低，语势渐降。一般用于陈述句、感叹句、祈使句中，表示肯定、坚决、赞美、祝福等感情。表达沉痛、悲愤的感情时一般也用这种语调。例如：

　　先生，您进来休息会儿吧。

　　我认为，"为官一任，造福一方"是每一位党的领导干部都应该铭刻在心的一句话。

（3）平调（→）。

语势平稳舒缓，没有明显的升降变化，用于不带特殊感情的陈述和说明，还可表示庄严、悲痛、冷淡等感情。例如：

　　春分刚刚过去，清明即将到来。

　　下周我们要召开一场座谈会。

（4）曲调（↓↑）。

全句语调弯曲，或先升后降，或先降后升，往往把句中需要突出的词语特别加重加高或拖长着念，形成一种升降曲折的变化。这种句调常用来表示讽刺、讥笑、厌恶、夸张、反语、意在言外等特殊的感情。例如：

　　哟！（↑）那你可真是个（↓）了不起的大好人呢！（↑）

　　一个声音高叫着：（↑）——爬出来吧，（↑）给你（↓）自由！（↑）

* 语调练习：根据括号内的提示，用恰当的语调朗读以下话语。

1. 3月14日下午两点三刻，当代最伟大的思想家停止思想了。（表示庄重、悼念）
2. 中国人死都不怕，还怕困难吗？（表示反问）
3. 多么美妙的景色啊！（表示赞叹）
4. 你学得好，比谁学得都好。（表示讽刺）
5. 你竟然干这种事？（表示气愤）
6. 你怎么突然变卦了？（表示奇怪）
7. 你多下点功夫就好了！（表示惋惜）
8. 你怎么现在才来！（表示埋怨）

* 经典作品欣赏：聆听下面作品的音频，体会朗读者的有声语言表达。

1. 陆川朗诵《藏羚羊的跪拜》。
2. 康辉朗读《匆匆》。
3. 张凯丽朗诵《祖国啊！我亲爱的祖国》。
4. 朱军朗诵《教我如何不想她》。
5. 方明朗诵《水调歌头》《有的人》。
6. 陈铎朗诵《乡愁》。
7. 濮存昕朗诵《将进酒》。

有声语言表达技巧训练

一、发音练习：朗读下面的绕口令，注意吐字准确清晰。

1. 声母练习。

b、p、m、f：白猫手里有一顶白帽，白兔手中有一把白毛，白猫想拿手里的白帽，去换白兔手中的白毛，白兔不愿拿手中的白毛，去换白猫手里的白帽。

d—t：大兔子，大肚子，大肚子的大兔子，要咬大兔子的大肚子。

n—l：门口有四辆四轮大马车，你爱拉哪两辆来拉哪两辆。

g—k：哥拎瓜筐过宽沟，赶快过沟看怪狗。光看怪狗瓜筐扣，瓜滚筐空哥怪狗。

f—h：华华有两朵黄花，红红有两朵红花。华华要红花，红红要黄花。华华送给红红一朵黄花，红红送给华华一朵红花。

j、q、x：七巷一个漆匠，西巷一个锡匠，七巷漆匠偷了西巷锡匠的锡，西巷锡匠偷了七巷漆匠的漆。

z、c、s—j、x：司机买雌鸡，仔细看雌鸡，四只小雌鸡，叽叽好欢喜，司机笑嘻嘻。

zh、ch、sh：大车拉小车，小车拉小石头，石头掉下来，砸了小脚趾头。

z—zh：隔着窗户撕字纸，一次撕下横字纸，一次撕下竖字纸，是字纸撕字纸，不是字纸，不要胡乱撕一地纸。

s—sh：三山撑四水，四水绕三山，三山四水春常在，四水三山四时春。

r：夏日无日日亦热，冬日有日日亦寒，春日日出天渐暖，晒衣晒被晒褥单，秋日天高复云淡，遥看红日迫西山。

2. 韵母练习。

a：门前有八匹大伊犁马，你爱拉哪匹马拉哪匹马。

e：坡上立着一只鹅，坡下就是一条河。宽宽的河，肥肥的鹅，鹅要过河，河要渡鹅。不知是鹅过河，还是河渡鹅。

i：一二三，三二一，一二三四五六七。七个阿姨来摘果，七个花篮儿手中提。七棵树上结七样儿，苹果、桃儿、石榴、柿子、李子、栗子、梨。

u：鼓上画只虎，破了拿布补。不知布补鼓，还是布补虎。

i—ü：这天天下雨，体育局穿绿雨衣的女小吕，去找穿绿运动衣的女老李。穿绿雨衣的女小吕，没找到穿绿运动衣的女老李，穿绿运动衣的女老李，也没见着穿绿雨衣的女小吕。

er：要说"尔"专说"尔"/马尔代夫，喀布尔/阿尔巴尼亚，扎伊尔/卡塔尔，尼伯尔/贝尔格莱德，安道尔/萨尔瓦多，伯尔尼/利伯维尔，班珠尔/厄瓜多尔，塞舌尔/哈密尔顿，尼日尔/圣彼埃尔，巴斯特尔/塞内加尔的达喀尔，阿尔及利亚的阿尔及尔。

ai：买白菜，搭海带，不买海带就别买大白菜。买卖改，不搭卖，不买海带也能买到大白菜。

ei：贝贝飞纸飞机，菲菲要贝贝的纸飞机，贝贝不给菲菲自己的纸飞机，贝贝教菲菲自己做能飞的纸飞机。

大妹和小妹，一起去收麦。大妹割大麦，小妹割小麦。大妹帮小妹挑小麦，小妹帮大妹挑大麦。大妹小妹收完麦，噼噼啪啪齐打麦。

ao：隔着墙头扔草帽，不知草帽套老头儿，还是老头儿套草帽。

ou：忽听门外人咬狗，拿起门来开开手；拾起狗来打砖头，又被砖头咬了手；从来不说颠倒话，口袋驮着骡子走。

an：出前门，往正南，有个面铺面冲南，门口挂着蓝布棉门帘。摘了它的蓝布棉门帘，棉铺面冲南，给他挂上蓝布棉门帘，面铺还是面冲南。

en：小陈去卖针，小沈去卖盆。两人挑着担，一起出了门。小陈喊卖针，小沈喊卖盆。也不知是谁卖针，也不知是谁卖盆。

ang：海水长，长长长，长长长消。

eng：郑政捧着盏台灯，彭澎扛着架屏风，彭澎让郑政扛屏风，郑政让彭澎捧台灯。

ang—an：张康当董事长，詹丹当厂长，张康帮助詹丹，詹丹帮助张康。

eng—en：陈庄程庄都有城，陈庄城通程庄城。陈庄城和程庄城，两庄城墙都有门。陈庄城进程庄人，陈庄人进程庄城。请问陈程两庄城，两庄城门都进人，哪个城进陈庄人，程庄人进哪个城？

ang—eng：长城长，城墙长，长长长城长城墙，城墙长长城长长。

ia：天上飘着一片霞，水上飘着一群鸭。霞是五彩霞，鸭是麻花鸭。麻花鸭游进五彩霞，五彩霞挽住麻花鸭。乐坏了鸭，拍碎了霞，分不清是鸭还是霞。

ie：姐姐借刀切茄子，去把儿去叶儿斜切丝，切好茄子烧茄子，炒茄子、蒸茄子，还有一碗焖茄子。

iao：水上漂着一只表，表上落着一只鸟。鸟看表，表瞪鸟，鸟不认识表，表也不认识鸟。

iu：一葫芦酒，九两六。一葫芦油，六两九。六两九的油，要换九两六的酒，九两六的酒，不换六两九的油。

ian：半边莲，莲半边，半边莲长在山涧边。半边天路过山涧边，发现这片半边莲。半边天拿来一把镰，割了半筐半边莲。半筐半边莲，送给边防连。

in：你也勤来我也勤，生产同心土变金。工人农民亲兄弟，心心相印团结紧。

iang：杨家养了一只羊，蒋家修了一道墙。杨家的羊撞倒了蒋家的墙，蒋家的墙压死了杨家的羊。杨家要蒋家赔杨家的羊，蒋家要杨家赔蒋家的墙。

ing：天上七颗星，树上七只鹰，梁上七个钉，台上七盏灯。拿扇扇了灯，用手拔了钉，举枪打了鹰，乌云盖了星。

ua：一个胖娃娃，画了三个大花活蛤蟆；三个胖娃娃，画不出一个大花活蛤蟆。画不出一个大花活蛤蟆的三个胖娃娃，真不如画了三个大花活蛤蟆的一个胖娃娃。

uo(o)：狼打柴，狗烧火，猫儿上炕捏窝窝，雀儿飞来蒸饽饽。

uai：槐树槐，槐树槐，槐树底下搭戏台，人家的姑娘都来了，我家的姑娘还不来。说着说着就来了，骑着驴，打着伞，歪着脑袋上戏台。

ui：威威、伟伟和卫卫，拿着水杯去接水。威威让伟伟，伟伟让卫卫，卫卫让威威，没人先接水。一二三，排好队，一个一个来接水。

uang：王庄卖筐，匡庄卖网，王庄卖筐不卖网，匡庄卖网不卖筐，你要买筐别去匡庄去王庄，你要买网别去王庄去匡庄。

ueng：老翁卖酒老翁买，老翁买酒老翁卖。

ong：冲冲栽了十畦葱，松松栽了十棵松。冲冲说栽松不如栽葱，松松说栽葱不如栽松。是栽松不如栽葱，还是栽葱不如栽松？

uan—uang：那边划来一艘船，这边漂去一张床，船床河中互相撞，不知船撞床，还是床撞船。

uan—an：大帆船，小帆船，竖起桅杆撑起船。风吹帆，帆引船，帆船顺风转海湾。

uen—en：孙伦打靶真叫准，半蹲射击特别神，本是半路出家人，摸爬滚打练成神。

üe：真绝，真绝，真叫绝，皓月当空下大雪，麻雀游泳不飞跃，鹊巢鸠占鹊喜悦。

ün：军车运来一堆裙，一色军用绿色裙。军训女生一大群，换下花裙换绿裙。

üan：圆圈圆，圈圆圈，圆圆娟娟画圆圈。娟娟画的圈连圈，圆圆画的圈套圈。娟娟圆圆比圆圈，看看谁的圆圈圆。

3. 声调练习：四声。

石室诗士施史，嗜狮，誓食十狮，氏时时适市，氏视十狮，恃矢势，使是十狮逝世，氏拾是十狮尸，适石室，石室湿，氏使侍拭石室，石室拭，氏始试食十狮尸，食时，始识十狮尸实是十石狮尸，试释是事实。

二、语速练习：选择恰当的语速朗读下面一段材料。

1. 公职人员从事的是一种神圣而高尚的职业，它追求的是公共利益的最大化，所以要求公职人员要为人民、为国家服务。雷锋曾这样说过：人的生命是有限的，可为人民服务是无限的，我要把有限的生命投入到无限的为人民服务中去。这就是我对公职人员职业认知的最好诠释。所以，这个职位能让我充分实现我的社会理想和体现自身的价值。俗话说：航船不能没有方向，人生不能没有理想。而我愿成为一名优秀的公职人员，全心全意为人民服务。

2. 我觉得在择业的时候，最好能做到爱一行干一行。因为这个行业是你所喜爱的，你才会有热情去做好这一行。而当你做了一行后，不管这个行业是否是你喜爱的，你都要好好地干好，这体现了一个人的职业道德和敬业精神。我选择公职人员这一职业，是在理智地考虑和分析自己各方面因素后做出的决定。我觉得这是一个正确的选择。所以，我希望自己能爱一行干一行，干一行爱一行。

三、停顿练习：朗读下面一段材料，注意停顿处理。

高考加分政策的引入本意是有助于消除高考"一考定终身"的弊端，引导应试教育向素质教育转变，更好地体现教育公平。但是现在有些高考状元被称为"山寨状元"，体现出人们对高考加分政策的信任危机，这必须引起相关部门的重视。

四、重音练习：读出下列句子中词语的重音。

1. 东风来了，春天的脚步近了。一切都像刚睡醒的样子，欣欣然张开了眼。

2. 手势之类，距离大了看不清，声音的有效距离大得多。

3. 于是有人慨叹曰："中国人失掉自信力了。"如果单据这一点现象而论，自信其实是早就失掉了的。先前信"地"，信"物"，后来信"国联"，都没有相信过"自己"。假使这也算一种"信"，那也只能说中国人曾经有过"他信力"，自从对国联失望之后，便把这他信力都失掉了。

五、句调练习:观看视频,并进行模仿。

囚 歌
叶 挺

为人进出的门紧锁着,(→)(冷眼相看)

为狗爬出的洞敞开着(→)

一个声音高叫着:(↑)

——爬出来吧,(↑)(嘲讽)给你(↓)自由!(↑)(诱惑)

我渴望自由,(→)(庄严)

但我深深地知道——(→)

人的身躯怎能从狗洞子里爬出!(↑)

希望有一天(→)地下的烈火,(稍向上扬)

将我连这活棺材一齐烧掉(↑)(毫不犹豫)

我应该在烈火与热血中(↓)得到永生!(↑)(沉着、坚毅)

六、综合练习:综合运用有声语言表达技巧,朗读下面四篇文章。

1.《白杨礼赞》。

2.《陶行知的"四块糖果"》。

3.《平凡的世界》(节选)。

4.《一声鸟或一堵墙》。

第三章 态势语言

第一节 态势语言概述

一、态势语言的含义和作用

1. 态势语言的含义

态势语言也称无声语言，态势语言与有声语言相对，包括伴随有声语言的手势、表情、身体姿态等，以及某些人工符号语言。态势语言一般都是有声语言的伴随物，自身不成一个独立的系统，不能完整、正确地表达复杂的意义，不能单独完成复杂的交际任务。人工符号语言包括哑语、旗语、灯语（例如交通信号灯、海上航船信号灯等）、电报代码等符号语言。人工符号语言的表意性不能和有声语言相比，例如交通信号灯只能指挥车辆、行人的通行，不能表达思想感情，不能描述自然和社会现象。

态势语言是指说话者以人体姿态动作（面部表情、手势动作、身体姿态、眼神视线等）来表达有意义信息的无声语言，须通过眼睛来接收，亦可称为体态语、可视语言。它是人类交际活动中的辅助手段，有效地配合有声语言传递信息，能够起到"此时无声胜有声"的效果。

2. 态势语言的作用

（1）补充替代，辅助表达。

态势语言最显著的作用在于能够辅助有声语言更准确、更形象、更生动和更有效地表达思想情感，它能补充、替代表达出有声语言不便说、说不出的意思或意犹未尽之意，常辅以表情、眼神或手势等，从而加深观众的印象。

"在这种情况下，我能怎样呢？"（摇头，耸肩，摊手）

"他呀，太小人了。"（摇头，撇嘴，伸小指头）

（2）突出强调，增强情感。

态势语言的运用能够突出强调表达内容，主要体现在对重要的词语、句子加以态势语修饰，更能传递出有声语言所没有的东西，尤其是在情绪、态度和情感方面，使得表达效果更明确、更具体、更有感染力。

（3）塑造形象，营造美感。

准确、简洁、优雅和富有个性的态势语言是一种独特的风格和形象，它不仅能够体现说话者的文化素养、风度、形象，还能够给人营造视觉美感和美的艺术享受。说话者最初的印象往往在其尚未开始，便已经通过态势语言的表达深深地印在听众的脑海里。

五四青年：甩头、扶眼镜（潇洒、文气）

二、态势语言运用的原则

1. 形式的真实性

使用态势语言要遵循真实自然的原则，生搬硬套、故作姿态、刻意表演和像背台词一样的态势语言是不受欢迎的，反而让观众感觉别扭，心生反感厌恶之情，对自身没有任何益处。因此，态势语言与说话者的身份、年龄及场合相适宜，做到随情所至、自然大方、分寸得宜。

2. 内容的服从性

态势语言的运用是由说话者内在的思维想法所决定的，脱离表达情感的需要，没有明确的目的性，即便自觉地去做一种手势、一个动作，也会让观众认为是多此一举。因此，态势语言要随着表达内容、情感变化适时变换，做到自然流露、富有感染力。

3. 表达的个性化

态势语言的运用要与说话者的性格气质相关联，一个人的态势语言特点离不开他的性格气质。因此，在运用态势语言进行表达交流时，表情姿势的设计要符合自己的个性特征，不能一味地模仿照搬，要在自身条件基础上取舍，这样才能恰当地表情达意，给人美感，油然而生更大的感染力和征服力。

第二节　态势语言表达技巧

态势语言包括面部表情、手势动作、身体姿态、仪容仪表等。它具有下意识特性，会习惯成自然，比有声语言更能表现人的心理状态，能有效地提高表达的艺术效果。以下从面部表情、手势动作、身体姿态和仪容仪表四个方面介绍态势语言的表达技巧。

一、面部表情技巧

1. 眼睛

眼睛是心灵的窗户，通过眼神能窥见一个人内心的思想情感。从目光的方向来看：仰视表示崇敬或傲慢，俯视表示关心或忧伤，正视表示庄重和真诚，斜视表示轻蔑和不屑，凝视表示专注或深情，环视表示交流、号召，点视具有针对性和示意性，虚视可以消除紧张心理，等等。从眼神来看，两眼圆睁表现恐惧、气愤及勃然大怒，双目茫然凝视表现绝望，半闭双眼表现快乐幸福、喜不自胜，不予考虑时眨眨眼睛偏向一边。

诵读毛泽东的《沁园春·雪》时，为了表现北国风光的壮美，在读到"千里冰封，万里雪飘""长城内外""大河上下"之处时，应昂起头，把目光投向远方，引导观众去感受诗歌的磅礴气势。

2. 微笑

微笑是一种良性的脸部表情，可以表达出喜爱、亲切、肯定、满意、赞扬等信息。微笑的表达状态一般为嘴微张，嘴角上提，两颊肌肉略微紧张呈轻微堆积状，两眼现出和善，表情真诚。

"我，常常望着天真的儿童，（微笑）素不相识，我也抚抚红润的小脸。"（亲切）

3. 眉毛

面部表情中眉毛的变化能直接反映出复杂的内心世界。眉毛上挑且微微颤动，表示喜上眉梢、扬眉吐气、眉飞色舞；眉头紧锁表示忧郁、心事重重；横眉表示鄙视；竖眉表示愤怒；低眉表示认错、顺从、沉思。

柯原创作的诗歌《眼泪潭》中一个满脸奸险的大管家说："老爷想收养你弟弟妹妹，给你一升米外加两串钱！"朗诵此句时若采用眉毛上挑，抬头，眼睛向下斜视，辅以无礼、蔑视一切的姿态表达，再加上有声语言的雕刻，则会使大管家奸诈、傲慢、奴才本性的一面跃然于眼前，达到形象生动、入木三分的效果。

4. 嘴

嘴在态势语言表达中通过口形的变化来体现。在和谐宁静、端庄自然时嘴唇闭拢；

嘴唇半开时表示惊讶、疑问；嘴唇全开表示惊骇；嘴角向上表示喜悦、诙谐、礼貌、殷勤和善意；嘴角向下表示痛苦悲切、无可奈何；不高兴时噘着嘴；愤怒时绷紧嘴，绷紧嘴有时也表示挑衅、对抗或决心已定。为了获得更多的嘴部表情的创意，可以从生活中汲取灵感，如飞吻、吃饭、喝东西、噘嘴、吹口哨、唱歌、舔或触摸嘴唇、呼喊、惊呼、嚎哭等。

二、手势动作技巧

1. 指势动作

啄手式，即手指并拢呈簸箕形，指尖向着听众。这种手势具有强烈的针对性、指示性，但也容易形成挑衅性、威胁性，一般是对相识的听众或与演说者有某种关联时才使用。

包手式，即五指尖相触，指尖向上，就像一个收紧了开口的钱包。这种手势一般是强调主题和重要观点，在遇到具有探讨性的问题时使用。

伸指式，即指头向上。单伸食指表示专门指某人、某事、某意，或引起听众注意；单伸拇指表示自豪或称赞；单伸小拇指表示卑下、畏缩、蔑视；数指并伸表示数量、对比等。

"就在那座山的后面，发现了一个金矿。"（用手一指，更有利于意思的传达）

2. 掌势动作

仰手式，即掌心向上，拇指张开，其余手指微屈。手部抬高表示欢欣赞美、申请祈求；手部放平表示诚恳地征求听众的意见，取得支持；手部降低表示无可奈何。

覆手式，即掌心向下，手指状态同上，这是审慎的提醒手势，演说者有必要抑制听众的情绪，进而达到控制场面的目的，也可表示否认、反对等。

切手式，即手掌挺直全部展开，手指并拢，像一把斧子劈下，表示果断、坚决、快刀斩乱麻等。

推手式，即指尖向上、并拢，掌心向外推出。这种手势常表示排除众议，一往无前的态势，显示出内心的坚决和力量。

剪手式，即切手式的一种变异。掌心向下，然后同时向左右分开。这种手势表示强烈的拒绝，毋庸置疑，演说者可以用这种手势排除自己话题中涉及的枝节。

你若失去了财产，你则失去了一点；你若失去了荣誉，你则失去了许多；你若失去了勇气，你则失去了一切。同志们，财产是一点，荣誉是许多，勇气才是一切啊！只要我们不失去勇气，我们必然会反败为胜的！

解析：说"一点""许多""失去了一切"时，可以分别用拇指、食指、中指撮合，右手掌向右前伸出和右手掌向右下劈出表示；说"反败为胜"时可用右手向右上方有力伸出。

星移斗转，万象更新。当然也有亘古不变的，那就是理想信念永远具有激励人的美好而神奇的力量。火炬总会带来光明，罗盘永远指向希望、成功、胜利的彼岸。

解析：说"理想信念"时，右手掌向右上举起与头部齐；说"神奇的力量"的，右手握拳，做宣誓状；说"指向希望、成功、胜利的彼岸"时，右手掌向右前伸展。（也可分三步逐层展出指向右前方）

3. 拳势动作

举拳式，即举起双拳在空中晃动。这种手势有号召人们起来斗争、奋斗的意义。

握拳式，即五指收拢，紧握拳头。这种手势有时表示示威、报复、毁灭等强烈情感，有时表示激动的情绪、坚决、团结等态度。

"这，就是为了共和的高高站立。"（握拳并由左下向右上，给听众留下深刻的印象）

4. 手势活动范围

在朗诵、演讲舞台表演中，手势活动的范围可分为三个区域。

上区：肩部以上。表示理想的、想象的、宏大的、张扬的内容情感，殷切的希望，胜利的喜悦，幸福的祝愿，未来的展望，美好的前景。

你这美丽的国土，我又回到了你的身边。（双手，手心向上，上区）

攀登吧，无限风光在险峰。（一只手，手心向上，上区）

中区：肩部至腹部。表示记叙事物，说明事理，表明演讲者的心情比较平静。

"我早期的生活经历像流动的小溪，我在里边尽情玩耍。"（一只手，手心向上，中区）

下区：腰部以下。表示憎恶、不悦、卑屑、不齿的内容情感。

这是很有诱惑力的，不过，让它见鬼去吧。（单手，手心向下，下区）

三、身体姿态技巧

1. 走姿

走姿是通过行走的步态动作来表达信息的态势语言。通常头部抬起，下颌微收，双目平视前方（约5米处），面带微笑，精神饱满。腰直，挺胸，收腹，上身略前倾。双肩自然下沉，手臂放松，手指自然弯曲，以肩关节为轴，上臂带动前臂摆动，前摆约35度，后摆约15度，手掌朝向体内。每迈出一步，前脚跟到后脚跟之间的距离，一般为一至一个半脚长。女士行走时两脚内侧着地的轨迹应在一条直线上，男士行走时两脚内侧着地的轨迹应在两条直线上。女士步速标准为每分钟120步，男士每分钟110步。

2. 站姿

站姿是通过站立的姿态来传递信息的态势语言。站姿可分为三种姿势。

第一种，"丁"字步。左脚脚尖12点钟方向，右脚脚尖2点钟方向，右脚脚后跟靠近左脚后 1/3 处。两脚可以互换位置调剂，减轻疲劳。

第二种，平分式。两脚分开，与肩同宽，身体的重量自然平均分散在两只脚上。这种站姿不适宜长时间的讲话。

第三种，稍息式，也就是介于立正和稍息之间的姿势。一脚稍前，一脚稍后，两脚之间约为 75 度，脚跟距离在 20 厘米左右。重心主要压在后脚上，也可以两脚互换位置调剂，减轻疲劳。

3. 坐姿

坐姿是通过各种坐姿来传递信息的态势语言。坐姿包括入座、坐定和起座三环节。入座要从容大方、轻稳缓和，款款走到座位前，背向椅子，轻缓落至椅子的前 1/3 处。坐定后，头要正，下颌微收，双目平视对方，面带微笑。腰直，挺胸，收腹。双肩自然下沉，双臂自然弯曲。两手自然放在膝盖或桌面上。起座要舒缓、自然，右脚可向后收半步，用力蹬地，起身站立，或用手掌支撑大腿，重心前移，起身站立，给人以高贵、文雅、自然大方的感觉。

四、仪容仪表技巧

1. 服装搭配

在服装搭配上，遵循国际公认的"TPO"原则，即"T"指根据时间（时令、季节、月日或星期、早中晚和具体时刻）决定，"P"指服装搭配要与场合（地点、位置、职位等）相适宜，"O"指通过服装穿搭想要达成某种目的、目标或对象。穿着打扮既要自然得体、协调大方，又要遵守约定俗成的规范或原则，努力做到三大要素协调一致。

2. 妆容修饰

妆容包括面容和发式。面容的修饰不可浓妆艳抹，应突出容貌特点，淡化缺陷，创造一种和谐的整体美。头发要干净、修剪齐整和光滑柔顺。男士发型前不遮额，侧不掩耳，后不及领；女士头发不可过多装饰或怪异造型。

---

* 经典作品欣赏：观看视频，体会表演者的态势语言表达。

1. 徐涛朗诵《梦游天姥吟留别》。
2. 虹云朗诵《长江之歌》。
3. 李野墨朗诵《我想和你虚度时光》。
4. 俞敏洪演讲《摆脱恐惧》。
5. 邹韵在 2019 年中央电视台主持人大赛冠军决赛中的演讲。
6. 2008 年中央电视台抗震救灾大型募捐晚会配乐诗朗诵《我们与你同在》。

第三节 态势语言表达方法

一、面部表情

根据段落提示语,对着镜子进行面部表情训练。

1. 眼神

学会用眼睛说话,把自己真实的感情流露在眼神里,随时运用眼神与观众交流感情。运用注视现场的方法有以下三种。

◆ 点视法

动作要领:面朝某一方向,眼睛直视某一局部或某人。

◆ 环视法

动作要领:头部从左向右或从右向左轻微摆动,目光有节奏地环视全场。

◆ 虚视法

动作要领:头部正对观众,眼睛似看非看地望着全体观众。

通过以下眼神训练方法,可以帮助提升眼神至明亮、灵活、有神、传情的效果。

(1)睁眼训练。有意识并最大限度地睁大眼睛,次数为 10 次,目的是增强眼部周围肌肉的力量。

(2)转眼训练。头部固定不动,眼球尽最大努力地向四周做顺时针和逆时针 360°转动,其中顺时针 5 次、逆时针 5 次,目的是让眼球更加灵活。

(3)视点训练。点上一支蜡烛,视点集中在蜡烛的火苗上,并随其摆动,目的是让目光集中、眼睛有神。

(4)视野训练。眼睛盯住 3 米处的某一物体,先看整体外形,然后视野逐步缩小到物体的某一部分,甚至某一点,接着再从某一点到某局部,最后到整体外形,目的是提高眼睛的明亮度。

(5)观察训练。经常观察电视节目中主持人或者演员的眼睛,认真体会他们是如何通过眼神来表达内心情感的,目的是让自己的眼睛更能传情。

2. 微笑

对着镜子进行微笑练习,要求自然、真诚、亲切。具体方法如下。

(1)放松嘴唇周围肌肉,从低音哆到高音哆,每个音说 3 次,做到咬字清晰。

(2)张大嘴,感觉到腭骨受刺激的程度,保持 10 秒。

(3)嘴角对准木筷子,嘴角两边都要翘起,并观察连接嘴唇两端的线是否与筷子在同一水平线上，保持10秒。

（4）上嘴唇有拉上去的紧张感。稍微露出2至8颗门牙，保持10秒之后，恢复原来的状态并放松。

对着镜子，在稍微露出牙龈的程度上，反复练习美丽的微笑。

二、手势动作

手势是人的姿态中最重要的部分，演讲和朗诵中的手势更重要。以下将手势动作分解成8个动作技巧，方便大家训练。

1. 切菜

将右手掌放于胸前，大拇指与食指之间角度为60—75度。然后向前切出，分为小、中、大三个幅度切出。（左手同理）将手掌置于胸前是单手势练习的标准式，待熟悉后可以自然运用，不必每个手势都将手置于胸前。

2. 炒菜

将右手掌放于胸前，大拇指与食指之间角度为60—75度。然后手掌从身体中部向右—向下—向中—向上画弧线，似炒菜的动作，分为小、中、大三个幅度。

3. 拍菜

将右手掌放于胸前，大拇指与食指之间角度为60—75度。然后手掌从胸前向前拍出，分为小、中、大三个幅度。

4. 扔菜

将右手掌放于胸前，大拇指与食指之间角度为60—75度。然后手掌从胸前向右画弧，分为小、中、大三个幅度。

5. 上菜

将右手掌放于胸前，大拇指与食指之间角度为60—75度。然后手掌从胸前向前翻出，掌心向上，掌背向下，分为小、中、大三个幅度。

6. 端菜

将右手掌放于胸前，大拇指与食指之间角度为60—75度。然后手掌从胸向下—向上画弧。向下时手心向下，向上画弧时手心向上，分为小、中、大三个幅度。

7. 点菜

将右手握拳放于胸前。然后向前伸出手臂，同时伸出食指，分为小、中、大三个幅度。

8. 锤菜

将右手握拳放于胸前。然后向前伸出手臂，分为小、中、大三个幅度。

三、身体姿态

1. 坐姿

在高低不同的椅子、沙发上,练习各种坐姿。要求自然、大方、优雅。

训练方法如下。

(1) 按坐姿基本要领,训练入座、就座、离座。每次训练应坚持15—20分钟。

(2) 坐在椅子边缘,使背与大腿、大腿与小腿呈直角,两臂自然下垂,双肩微微弯曲,同时收缩腿肌、腹肌与背阔肌。双肩尽量向后仰,坐几分钟后放松,反复练习,加强肌肉的张弛度。

(3) 练习双腿垂直式、双腿斜放式和双腿叠放式等几种常用坐姿。

2. 站姿

训练方法如下。

(1) 贴墙站立。背靠墙,尽量让身体的头部、肩、臀、脚后跟等部位贴向墙,每次站10分钟,可早晚练习。

(2) 背对背站立。两人一组,背对背站立,两人的小腿、臀部、背、后脑勺都贴紧。小腿之间夹一张小纸片,不能让其掉下。

(3) 双脚并拢,收缩膝盖、臀部与腹部肌肉,尽量踮起脚尖,使全身紧张,再慢慢放下脚使身体放松,反复练习,直到自如、站稳。

(4) 半脚尖站,两手轻轻扶着椅子背或窗台,双脚并拢,尽量夹紧,把臀部尽量往上提收,肚脐眼向内收,但不能憋气,自然呼吸。两肩尽量打开,脖子拉长,眼睛盯着一个点尽量不动,两嘴角往上翘,尽可能露出8颗牙齿的微笑,每次练习两分钟,可每天早晚坚持一段时间。

(5) 自然式、稍息式站姿。

3. 走姿

要求:挺胸、抬头、收腹、平视;面带微笑,充满自信、友善;男性重稳健、力度,女性重弹性、轻盈。

按照走姿的基本要领反复对镜练习。有条件的话,可以将自己的走姿录下来,对不规范的地方进行改正。

态势语言表达技巧训练

1. 根据眼神训练要求朗诵柯原的《眼泪潭》，注意眼神的运用，做到自然丰富，有感染力，体现画面感。

眼泪潭

柯　原

催租的逼死了爹爹，
病魔又拖妈妈离开人间。
姐姐领着弟弟妹妹讨饭，
柔弱的嗓音在寒风里打颤。

黑漆大门口走出大管家，
一丝强笑掩住满面奸险：
"老爷想收养你弟弟妹妹，
给你一升米外加两串钱！"

只要弟弟妹妹能活命，
小姐姐要什么米和钱。
她磕头谢过那管家，
整一下两个孩子的烂衣衫。

"去吧，姐姐养活不了你们！
要好好干活可别贪玩。"
黑漆大门沉重地关上了，
锁住弟妹们两双血泪眼。

地主的心肠哪个不是砒霜做，
地主的庭院哪座不是阎罗殿！
原来是那老举人暴病死去，
需要一对殉葬的童女童男。

他们绑起了两个孩子，
熔熔的银液向嘴里浇灌。
吹吹打打，掐死两支幼苗，
去把那脑满肠肥的僵尸陪伴。

小姐姐知道时已经晚了，
她哭着叫着跑向后山。
墓道上，石狮子呲牙瞪眼，
风萧萧，枯树上冷月一弯。

"是小姐姐害了你俩呵！"
她哭得满天星星打战。
森林像无数把愤怒的尖刀，
刺向那冷漠的苍天。

"唉，小姐姐害了你们呵！"
她哭得山野间阴风漫漫。
绿叶萎缩，鲜花落瓣，
柳枝上挂着泪珠一串串。

她哭了三天又三夜，
泪珠把重重石崖滴穿；
她哭了九天又九夜，
狂风闪电，后山化为无底深潭。

潭水是那样黑呵，
黑得像小姐姐绝望的眼；
潭水是那样深呵，
深得像旧社会的苦难……

如今我来到眼泪潭，
但见潭边一片桃花烂漫。
红领巾的歌声和风筝一起，
飞上了高高的蓝天。

弟弟妹妹们玩得多快活，
潭水映出一张张笑脸。
小姐姐呵，快快醒来吧，
看今天的太阳多红，多暖！

2. 准确理解作品内涵，熟练运用面部表情态势语言，诵读顾城的作品《我是一个任性的孩子》。

我是一个任性的孩子

顾 城

也许
我是被妈妈宠坏的孩子
我任性

我希望
每一个时刻
都像彩色蜡笔那样美丽
我希望
能在心爱的白纸上画画
画出笨拙的自由
画下一只永远不会
流泪的眼睛
一片天空
一片属于天空的羽毛和树叶
一个淡绿的夜晚和苹果

我想画下早晨
画下露水所能看见的微笑
画下所有最年轻的
没有痛苦的爱情
画下想象中
我的爱人
她没有见过阴云
她的眼睛是晴空的颜色
她永远看着我
永远，看着

绝不会忽然掉过头去

我想画下遥远的风景
画下清晰的地平线和水波
画下许许多多快乐的小河
画下丘陵——
长满淡淡的茸毛
我让他们挨得很近
让它们相爱
让每一个默许
每一阵静静的春天的激动
都成为
一朵小花的生日

我还想画下未来
我没见过她,也不可能
但知道她很美
我画下她秋天的风衣
画下那些燃烧的烛火和枫叶
画下许多因为爱她
而熄灭的心
画下婚礼
画下一个个早上醒来的节日——
上面贴着玻璃糖纸
和北方童话的插图

我是一个任性的孩子
我想涂去一切不幸
我想在大地上
画满窗子
让所有习惯黑暗的眼睛
都习惯光明
我想画下风
画下一架比一架更高大的山岭
画下东方民族的渴望

画下大海——
无边无际愉快的声音

最后，在纸角上
我还想画下自己
画下一只树熊
他坐在维多利亚深色的丛林里
坐在安安静静的树枝上
发愣
他没有家
没有一颗留在远处的心
他只有，许许多多
浆果一样的梦
和很大很大的眼睛

我在希望
在想
但不知为什么
我没有领到蜡笔
没有得到一个彩色的时刻
我只有我
我的手指和创痛
只有撕碎那一张张
心爱的白纸
让它们去寻找蝴蝶
让它们从今天消失

我是一个孩子
一个被幻想妈妈宠坏的孩子
我任性

3. 根据以下语句提示，一边朗读，一边做出相应的动作，并对着镜子练习。
（1）真理、荣誉、正义是他的动机。（一只手，手心向上，中区）
（2）向所有的人宣布这一消息。（两只手，手心向上，中区）
（3）乐曲的音调越来越高。（一只手，手心向上，上区）

(4) 伟大的人物也躺在他们倒下的地方。(一只手,手心向上,下区)
(5) 高大建筑物突然陷入地下。(两只手,手心向下,下区)
(6) 仁慈地大声疾呼"和平,和平!",但是没有和平。(两手,手心向上,下区)
(7) 月光洒落在缓和树枝上。(一只手,手心向下,中区)
(8) 沿着这寂静的小路,他快步走去。(一只手,手心向下,中区)
(9) 风助火势,火乘风感,火苗越升越高。(单手,手心向上,上区)
(10) 夜幕笼罩了群山。(手心向下,上区,单手)

4. 设计手势动作,诵读流沙河的作品《理想》,要求动作要自然顺畅。

理 想

流沙河

理想是石,敲出星星之火;
理想是火,点燃熄灭的灯;
理想是灯,照亮夜行的路;
理想是路,引你走到黎明。

饥寒的年代里,理想是温饱;
温饱的年代里,理想是文明。
离乱的年代里,理想是安定
安定的年代里,理想是繁荣。

理想如珍珠,一颗缀连着一颗,
贯古今,串未来,莹莹光无尽。
美丽的珍珠链,历史的脊梁骨,
古照今,今照来,先辈照子孙。

理想是罗盘,给船舶导引方向;
理想是船舶,载着你出海远行。
但理想有时候又是海天相吻的弧线,
可望不可即,折磨着你那进取的心。

理想使你微笑地观察着生活;
理想使你倔强地反抗着命运。
理想使你忘记鬓发早白;
理想使你头白仍然天真。

理想是闹钟,敲碎你的黄金梦;
理想是肥皂,洗濯你的自私心。
理想既是一种获得,
理想又是一种牺牲。

理想如果给你带来荣誉,
那只不过是它的副产品,
而更多的是带来被误解的寂寥,
寂寥里的欢笑,欢笑里的酸辛。

理想使忠厚者常遭不幸;
理想使不幸者绝处逢生。
平凡的人因有理想而伟大;
有理想者就是一个"大写的人"。

世界上总有人抛弃了理想,
理想却从来不抛弃任何人。
给罪人新生,理想是还魂的仙草;
唤浪子回头,理想是慈爱的母亲。

理想被玷污了,不必怨恨,
那是妖魔在考验你的坚贞;
理想被扒窃了,不必哭泣,
快去找回来,以后要当心!

英雄失去理想,蜕作庸人,
可厌地夸耀着当年的功勋;
庸人失去理想,碌碌终生,
可笑地诅咒着眼前的环境。

理想开花,桃李要结甜果;
理想抽芽,榆杨会有浓荫。
请乘理想之马,挥鞭从此起程,
路上春色正好,天上太阳正晴。

5. 下面根据"丁"字步站姿要求,设计手势,诵读西汉李延年的作品《北方有佳人》。

北方有佳人
〔西汉〕李延年

北方有佳人,绝世而独立。
一顾倾人城,再顾倾人国。
宁不知倾城与倾国?佳人难再得!

6. 运用走姿,尝试边走边朗诵汪国真的作品《感谢》。

感 谢
汪国真

让我怎样感谢你
当我走向你的时候
我原想收获一缕春风
你却给了我整个春天

让我怎样感谢你
当我走向你的时候
我原想捧起一簇浪花
你却给了我整个海洋

让我怎样感谢你
当我走向你的时候
我原想撷取一枚红叶
你却给了我整个枫林

让我怎样感谢你
当我走向你的时候
我原想亲吻一朵雪花
你却给了我银色的世界

7. 综合运用态势语言的表达技巧,为下面的诗歌朗诵设计态势语言。

最后一分钟
李小雨

午夜。香港,
让我拉住你的手,

倾听最后一分钟的风雨归程。
听你越走越近的脚步，
听所有中国人的心跳和叩问。

最后一分钟
是旗帜的形状，
是天地间缓缓上升的红色，
是旗杆——挺直的中国人的脊梁，
是展开的，香港的土地和天空，
是万众欢腾中刹那的寂静，
是寂静中谁的微微颤抖的嘴唇，
是谁在泪水中一遍又一遍
轻轻呼喊着那个名字：
香港，香港，我们的心！

我看见，
虎门上空的最后一缕硝烟
在百年后的最后一分钟
终于散尽；
被撕碎的历史教科书
第1997页上，
那深入骨髓的伤痕，
已将血和刀光
铸进我们的灵魂。
当一纸发黄的旧条约悄然落地，
烟尘中浮现出来的
长城的脸上，黄皮肤的脸上，
是什么在缓缓地流淌——
百年的痛苦和欢乐，
都穿过这一滴泪珠，
使大海沸腾！

此刻，
是午夜，又是清晨，
所有的眼睛都是崭新的日出，

所有的礼炮都是世纪的钟声。
香港,让我紧紧拉住你的手吧
倾听最后一分钟的风雨归程,
然后去奔跑,去拥抱,
去迎接那新鲜的
含露的、芳香的
扎根在深深大地上的
第一朵紫荆……

相信未来
食 指

当蜘蛛网无情地查封了我的炉台,
当灰烬的余烟叹息着贫困的悲哀,
我依然固执地铺平失望的灰烬,
用美丽的雪花写下:相信未来。

当我的紫葡萄化为深秋的露水,
当我的鲜花依偎在别人的情怀,
我依然固执地用凝霜的枯藤,
在凄凉的大地上写下:相信未来。

我要用手指那涌向天边的排浪,
我要用手掌那托住太阳的大海,
摇曳着曙光那支温暖漂亮的笔杆,
用孩子的笔体写下:相信未来。

我之所以坚定地相信未来,
是我相信未来人们的眼睛——
她有拨开历史风尘的睫毛,
她有看透岁月篇章的瞳孔。

不管人们对于我们腐烂的皮肉,
那些迷途的惆怅、失败的苦痛,
是寄予感动的热泪、深切的同情,

还是给以轻蔑的微笑，辛辣的嘲讽。

我坚信人们对于我们的脊骨，
那无数次的探索、迷途、失败和成功，
一定会给予热情、客观、公正的评定，
是的，我焦急地等待着他们的评定。

朋友，坚定地相信未来吧，
相信不屈不挠的努力，
相信战胜死亡的年轻，
相信未来，热爱生命。

河 床

昌 耀

我从白头的巴颜喀拉走下。
白头的雪豹默默卧在鹰的城堡，目送我走向远方。
但我更是值得骄傲的一个。
我老远就听到了唐古特人的那些马车。
我轻轻地笑着，并不出声。
我让那些早早上路的马车，沿着我的堤坡，鱼贯而行。
那些马车响着刮木，像奏着迎神的喇叭，登上了我的胸脯。轮
　　子跳动在我鼓囊囊的肌块。
那些裹着冬装的唐古特车夫也伴着他们的辕马谨小慎微地举步，
　　随时准备拽紧握在他们手心的刹绳。

他们说我是巨人般躺倒的河床。
他们说我是巨人般屹立的河床。

是的，我从白头的巴颜喀拉走下。我是滋润的河床。我是枯干的
　　河床。我是浩荡的河床。
我的令名如雷贯耳。

我坚实、宽厚、壮阔。我是发育完备的雄性美。
我创造。我须臾不停地

向东方大海排泄我那不竭的精力。
我刺肤文身，让精心显示的那些图形可被仰观而不可近狎。
我喜欢向霜风透露我体魄之多毛。
我让万山洞开，好叫钟情的众水投入我博爱的襟怀。

我是父亲。
我爱听秃鹰长唳。他有少年的声带。他的目光有少女的媚眼。
　　他的翼轮双展之舞可让血流沸腾。
我称誉在我隘口的深雪潜伏达旦的那个猎人。
也同等地欣赏那头三条腿的母狼。她在长夏的每一次黄昏都
　　要从我的阴影跛向天边的彤云。
也永远怀念你们——消逝了的黄河象

我在每一个瞬间都同时看到你们。
我在每一个瞬间都表现为大千众相。
我是屈曲的峰峦。是下陷的断层。是切开的地峡。
是眩晕的飓风。是纵的河床。是横的河床。是总谱的主旋律。
我一身织锦，一身珠宝，一身黄金。
我张弛如弓。我拓荒千里。
我是时间，是古迹。是宇宙洪荒的一片腭骨化石。是始皇帝。
我是排列成阵的帆樯。是广场。是通都大邑。
是展开的景观。是不可测度的深渊。
是结构力。是驰道。是不可克的球门。

我把龙的形象重新推上世界的前台。
而现在我仍转向你们白头的巴颜喀拉。
你们的马车已满载昆山之玉，走向归程。
你们的麦种在农妇的胝掌准时地亮了。
你们的团圆月正从我的脐蒂升起。

我答应过你们，我说潮汛即刻到来，
而潮汛已经到来……

职场口才实训教程
ZHICHANG KOUCAI SHIXUN JIAOCHENG

通用口才训练

第四章 演讲口才

第一节 演讲概述

一、演讲的概念

演讲，又称演说、讲演。"演讲"这个概念最早来源于古希腊的荷马史诗，现在所使用的"演讲"一词，源自英文"oration"。在我国，"演说"一词较早出现于《北史·熊安生传》中："公正于是问所疑，安生皆为一一演说，咸究其根本。"

演讲是演讲者在特定的场合中（时间、空间和情境），面对听众，凭借自己的口才，运用有声语言和态势语言的艺术手段，阐明道理，抒发感情，发表个人见解，从而使听众受到感召的一种现实的社会语言交流活动。

演讲的含义包括以下几点。

（1）演讲是一种实践语言，演讲中的讲话不同于书面语言，其具备口头语言的特点。

（2）演讲是面对听众的讲话，在演讲现场，演讲者与听众的信息交流和感情互动形成了特定的时空情境。

（3）演讲是演讲者以发表见解、阐明道理的讲话形式，来体现演讲的主题与目的。

（4）演讲具有一定的表演成分，演讲者在演讲过程中，要借助相应的艺术手段增强演讲的感染力，主要是一种演绎和阐释。

二、演讲的功能

演讲是一种影响社会公众的活动，自其诞生以来，就一直伴随着人类的社会生活，而且越来越成为社会生活中的重要内容之一。演讲作为一种现实的社会存在，必须具备演讲者、听众、语言（沟通演讲者和听众）、同一时空（演讲者和听众同处于一个时间、环境）四大条件，并在其中发挥其重要的功能。

1. 宣传鼓动和联络组织

这是演讲最显著的一个功能，在历史上突出表现于政治革命或者政治运动之中。我国战国时期，秦国崛起，欲霸神州。苏秦靠着优秀的演讲能力，四处游说，使得其他六国团结一致，对抗秦国，延缓了秦国称霸的进程。孙中山在上海寰球中国学生会演讲《救国之急务》，发挥了引导听众的行动，使他们投身于伟大社会实践的作用。在朝着华盛顿的"工作与自由"游行到达林肯纪念堂时，马丁·路德·金发表了《我有一个梦想》这篇演说，成功地使美国人民相信种族隔离主义的不公平和不道德，这篇演讲被认为是黑人维权斗争的转折点。

2. 传播引导和激励教化

如果第一个功能多见于社会政治活动领域，那么第二个功能多见于科教文化领域。演讲是科学知识传播和普及的重要手段，也是应用科学和科学技术让人理解和接受的重要方式。要让一个单位、一个集体或者一个组织的全体成员保持旺盛的统一向上的力量，主要领导人应不断地演讲，经常指示和激励成员，这是一种快捷有效的方式。在庆祝中国共产党成立 100 周年大会上，共青团员和少先队员代表集体致献词《请党放心，强国有我》，通篇使用反复、排比、比喻等修辞，配合演讲者的肢体语言，演讲稿的语言所体现的气势、魄力和富有韵律感的穿透力充满青春朝气，反映了共青团员和少先队员的风貌，彰显了党对青年一代的期待，4 次高喊"请党放心，强国有我"让听众热血沸腾，更是引发了青少年和社会各界的广泛关注和共鸣。

3. 批判认知和制造社会舆论

从闻一多的《最后一次讲演》、梁启超的《人权与女权》、鲁迅的《老调子已经唱完》等演讲中不难发现，演讲在制造正义舆论，也是对邪恶势力的有力回击。当今时代，假、丑、恶势力不时存在，它们往往以蛊惑人心、扰乱视听的方式出现，因此，演讲在驱邪扶正的方面起到很大的作用，甚至可以说，演讲领域是一个没有硝烟的战场。1927年 2 月，鲁迅在香港青年会上发表《无声的中国》演讲，这篇以学术讲演形式写出的杂文名篇，蕴涵着博大精深的思想内容和深刻的见解。在短小的篇幅里以古文为切入点，纵横古今，高度凝练地传达讲演者饱含着情感倾泻的理性思考，最后还为中国的未来指明两条路："一是抱着古文而死掉，一是舍掉古文而生存。"

4. **交际娱乐和制造即时氛围**

这种功能的发挥多见于日常生活演讲之中。庆典、纪念、团体告别、聚会、大型节目或活动开场、结束等，都少不了演讲的参与。演讲可以发挥拉开序幕、创造氛围、总结凝练的作用。对于演讲者个人而言，演讲还有利于个人社会人格的形成和自信心的建立，可以促进综合素质的提高并从中得到良好的锻炼，能与社会建立更为广泛的联系以实现自我价值。《毕业聚会上的演讲》是演讲者 10 年后组织班级同学进行毕业聚会，演讲稿中通过举例让人回忆 10 年前的同窗情景，拉近大家的距离。不断强调"10 年"让听众感受到 10 年同窗情的珍贵，烘托了毕业聚会的氛围。

毕业聚会上的演讲

亲爱的同学们：

　　大家晚上好！

　　也许大家 10 年之后的相见，已经不是那么熟悉我了，但本人依旧是我们这个 10 年前班集体的班长，是这个班里最舍不得大家的人！

　　也许我这话说得有些自以为是了，或许有比我更舍不得大家的人存在，可只要这家伙不站出来表示一下对大家的爱，那我这个班长就还是那个最舍不得大家的人！之所以组织大家进行这一次的聚会，是因为我那天翻日历，发现距离我们毕业那天，已经整整 10 年了。

　　10 年。大家一生中能有几个 10 年啊！我们在一起上学的日子也就三四年，竟然一晃眼已经 10 年过去了，这 10 年里得发生多少事儿，得改变多少人啊！好在我们今天还是齐聚一堂了，这就是我们证明给时间看的同窗情啊！在这一刻，我们一起举杯吧！庆祝我们 10 年后还能齐聚一堂，庆祝我们这 10 年时间也没有冲洗掉我们感情！举杯！

　　我承认，此时的我是非常激动的。当我看见大家虽然老了一些，但还是我过去所认识的大家，我的心情就非常激动，甚至于又要热泪盈眶了。现在年轻人中流行一句话"永远年轻，永远热泪盈眶"，我想此时的我，又回到了这句话里所形容的状态，我又变回了过去的那个少年模样，想要和大家举杯，也想要流着泪把我们的故事说完！

　　10 年。这 10 年间，大家都过得好不好？其实在前几年，别人要是问我这句话时，我可能当场就能哭出来。因为那个追求理想的少年，碰壁了，生活以它特有的方式告诉了这个追求理想的少年，你努力得还不够，你还得付出更多，才可以得到自己想要的一切。那会儿的我，生活得不好，一点儿也不好，可是那种不好没有影响我的开心！一直以来，我都是把开心和快乐分得很清楚的一个人，那会儿的我生活得不快乐，却生活得非常开心。因为追求理想的过程，即使一无所有，也还有那份能够敞开心扉与人手舞足蹈聊梦想的开心。

　　好在一切都过去了，现在我已经把我的梦想追到手了，虽然还需要付出我这一辈子的时光，但总算是花了 10 年时间追到手了。你们呢？我亲爱的少男少女们，你们今夜要不要同我聊一聊你们的 10 年？聊一聊你们追梦的过程？

　　来吧！让我们敞开心扉畅聊今夜吧！明天再想明天的一切，今天留给我们，留给昨天。

如果将演讲最主要的目的和功能归纳出来，可以概括为告知、激励、说服和娱乐。

三、演讲的特征

演讲与其他的讲话、报告、发言等形式的实践活动明显不同。它具有独特的传达手段，形成自己特殊的规律，揭示着自身活动的本质特点。

1. 表述现实，具有内容的真实性

从演讲的性质来看，它是一种演讲者通过对社会现实的判断和评价，直接向广大听众公开表述自己主张和看法的现实活动，它具有对现实内容进行真实性表达的特征。因此，演讲属于现实活动的范畴，但不属于表演艺术的范畴。

2. 艺术性高，具有很强的感染力

演讲是现实活动的艺术。其艺术性在于它具有统一的整体感和协调感，演讲中的各种因素，即语言、声音、形态、表演、环境、时间，形成了一种相互依存、相互协调的美感。

精彩的演讲具有相声般的幽默、诗歌般的激情、戏剧般的冲突和优美的态势动作，因而具有很强的艺术感染力。演讲稿是书面语言艺术，而演讲则是有声语言艺术。演讲的内容波澜起伏，具有戏剧的特点；演讲者的幽默风趣，具有相声曲艺的特点；演讲者的"演"和场景中背景环境的布置又构成一种画面；演讲者的姿势、手势配合有声语言在瞬间的时空做短暂停留或者变化，又给人一种雕塑般的感觉。演讲能将上述的内容有机统一，就会形成较强的审美效果和较高的艺术性，最终使演讲产生综合的艺术感染力。

3. "演""讲"同步，具有很强的传播性

演讲的特点是"一人讲，众人闻"。对于演讲者来说，主要是依靠声音和态势语言来传递信息；对于听众来说，不仅是要听，还要看，视与听同时作用，从而接受演讲者所传达的信息。由此可见，演讲是"演"与"讲"同步，身形结合，具有很强的传播性。

演讲实际上是一个促进人们交流思想的工具。任何思想、学识、发明和创造，都可以借助演讲这个工具来传播。简言之，演讲是经济实用、方便快捷的传播工具。

四、演讲的类型

演讲具有多种类型。演讲最常见的分类方式是按照功能、形式和内容进行划分。按照功能划分，演讲可分为说明性演讲、说服性演讲、激励性演讲；按形式划分，演讲可分为命题演讲、即兴演讲等；按内容划分，演讲可分为政治演讲、生活演讲、学术演讲、法庭演讲等。

1. 按功能划分

（1）说明性演讲。

说明性演讲是一种以传达信息、阐明事理为主要功能的演讲。其特点是知识性强，语言准确,它的目的是使听众知道、明白。说明性演讲是一种最基本的演讲类型,也是学习其他演讲的基础。

比如在面试的时候,考官会问:"你认为竞聘这个岗位你有什么优势?"这时竞聘人就可以对自身具备该岗位所要求的基本技能并举例说明进行一个说明性演讲。

(2) 说服性演讲。

说服性演讲是通过演讲达到使人信赖、相信的目的。说服性演讲是从"使人知"演讲发展而来的。其重在说服,所以观点要正确、独到,论据要翔实、确凿,论证要合理、严谨,语言要精准、无误。

比如你是一位理财师,那么你在给客户讲解理财知识的时候,要尽量将专业知识通过数据、举例来进行讲解,让描述性的语言具体化,让客户信服。

(3) 激励性演讲。

激励性演讲指演讲产生了让听众激动起来,能达到激发起听众情绪的效果。这种演讲更进一步地激发听众,使得听众在思想感情上与演讲者产生共鸣,在演讲中受到激励。

伟大与平凡的不同之处是,一个平凡的人,每天过着琐碎的生活,但是他把琐碎堆砌出来,还是一堆琐碎的生命。所谓伟大的人,是把一堆琐碎的事情,通过一个伟大的目标,每天积累起来以后,变成一个伟大的事业!

2. 按形式划分

(1) 命题演讲。

命题即出题。命题演讲指由他人拟定题目或者演讲范围,并经过演讲者事前准备而创作的演讲。命题演讲又分为全命题演讲和半命题演讲。

(2) 即兴演讲。

即兴指没有准备。即兴演讲是演讲者在事先无准备的情况下,就眼前的场面、情境、事物、人物有感而发的演讲。

根据职业教育培养高素质技能型专门人才的目标与教学内容的实用性和针对性,教学方法的实践性,本书主要针对命题演讲、即兴演讲进行介绍。

3. 按内容划分

(1) 政治演讲。

凡是为了达到一定的政治目的,或者出于某种政治动机,就某个政治问题及与政治有关的问题而发表的演讲,都称为政治演讲。政治演讲是一种高度严肃的演讲,要求演讲者有深刻的思想,有一定的政治远见、政策水平,并有高度的责任感。

(2) 生活演讲。

演讲者针对社会生活中存在的社会问题、社会现象、社会风俗而发表的演讲即生活演讲。其特点是题材广泛,形式多样,时代感强。生活演讲是日常生活中最常见的一种演讲形式。

（3）学术演讲。

学术演讲指就某些有系统的、比较专门的知识、学问而发表的演讲。比如学校里的专题讲座、学术报告、学术发言等，是一种传授知识、交流学术的手段。

（4）法庭演讲。

法庭演讲指公诉人、辩护人、诉讼代理人在法庭上发表的演讲。它主要包括诉讼人的公诉演讲、律师的辩护演讲。

第二节　命题演讲的含义和特点

一、命题演讲的含义及分类

命题即出题。命题演讲指由他人拟定题目或者演讲范围，并经过演讲者事前准备而创作的演讲。主要分为全命题演讲和半命题演讲。

1. 全命题演讲

全命题演讲指题目由他人来拟定的演讲。全命题演讲的题目，一般由该演讲活动的组织单位来确定。全命题演讲的优势在于主题鲜明、针对性强、内容稳定，同时也有着较强的局限性，难以讲深讲透。

2. 半命题演讲

半命题演讲指根据演讲活动的组织单位限定的演讲范围，演讲者自己拟定题目而进行的演讲。半命题演讲的优势在于题目自拟、材料熟悉、灵活性强、利于深化演讲主题。目前，我国举办的大型演讲比赛中多采用半命题演讲的形式。

二、命题演讲的特点

1. 严肃性

命题演讲是一种较严肃的演讲，通常涉及重要的、为大众所关注的、关乎民生的迫切问题的主题，命题演讲就是要回答人们普遍关心的、急于得到答案或急需澄清的一些现实问题。因此，命题演讲注重宣传真理、传授知识、陶冶情操、启迪心灵，这就必须要本着认真、求实和严肃的基本态度来对待。

2. 鲜明性

命题演讲要求演讲主题鲜明。所谓鲜明，指演讲主题要突出，论证要深入而全面，并以理服人。主题是否鲜明是衡量命题演讲能否成功的重要标准之一。

3. 针对性

命题演讲总是会聚焦一些社会热点问题，如国家政治、经济、教育引发的相关话题，涉及理想、人生观、道德观等思想观念问题。许多问题也是听众最为关心和急于想澄清的，命题演讲就是据此发挥和阐释，通过有目的的演讲，进行宣传、教育、鼓动和澄清。因此，演讲者在演讲中针对性越强，演讲的效果就越好。

4. 稳定性

命题演讲一般是演讲者就主题和范围做深思熟虑之后而进行的演讲。演讲过程中不会出现大的起伏，只需要将自己准备的内容完整地向听众呈现即可。从演讲内容来讲，具有稳定性；从社会过程来看，演讲产生的影响是深远的。

5. 完整性

命题演讲由于事先已确定了演讲的范围和题目，演讲者又做好了充分的准备，诸如怎样开头，怎样结尾，什么时候高亢急促，什么时候低沉缓和，等等，所以体现在结构层次安排上一般都是完整而缜密的。

毛泽东很擅长演讲，他的演讲是国家和群众的引导。在中华人民共和国成立之前，毛泽东曾发表过一篇著名的演讲《为人民服务》。

中央警备团张思德在陕北山中烧炭时，即将挖成的窑洞突然塌方，他奋力将队友推出窑洞外，自己却被埋而牺牲。1944年9月8日，毛泽东在张思德的追悼会上发表了这篇演讲，当时正值抗日战争十分艰苦的阶段。毛泽东发表这篇演讲，讲述为人民服务的道理，号召大家学习张思德同志完全为人民服务的精神，团结起来，打败日本侵略者。"为人民服务"是适应时代要求而产生的一种新的道德思想，现在已成为中国共产党立党宗旨的高度概括语言，还被中国共产党各级党政机关及其工作人员作为座右铭和行动口号加以使用。毛泽东的这篇演讲将官民紧紧地团结了起来，"为人民服务"已经成为政府官员的执政宗旨，不论是在当时还是现在影响都是巨大的，因而这也是毛泽东最为著名的演讲之一。

为人民服务
毛泽东

我们的共产党和共产党所领导的八路军、新四军，是革命的队伍。我们这个队伍完全是为着解放人民的，是彻底地为人民的利益工作的。张思德同志就是我们这个队伍中的一个同志。

人总是要死的，但死的意义有不同。中国古时候有个文学家叫做司马迁的说过："人固有一死，或重于泰山，或轻于鸿毛。"为人民利益而死的，就比泰山还重；替法西斯卖力，替剥削人民和压迫人民的人去死，就比鸿毛还轻。张思德同志是为人民利益而死的，他的死是比泰山还要重的。

因为我们是为人民服务的，所以，我们只要有缺点，就不怕别人批评指出。不管是什么人,谁向我们指出都行。只要你说得对,我们就改正。你说的办法对人民有好处,我们就照你的办。"精兵简政"这一条意见,就是党外人士李鼎铭先生提出来的;他提得好,对人民有好处,我们就采用了。只要我们为人民的利益坚持好的,为人民的利益改正错的,我们这个队伍就一定会兴旺起来。

我们都是来自五湖四海,为了一个共同的革命目标,走到一起来了。我们还要和全国大多数人民走这一条路。我们今天已经领导着有九千一百万人口的根据地,但是还不够,还要更大些,才能取得全民族的解放。我们的同志在困难的时候,要看到成绩,要看到光明,要提高我们的勇气。中国人民正在受难,我们有责任解救他们,我们要努力奋斗。要奋斗就会有牺牲,死人的事是经常发生的。但是我们想到人民的利益,想到大多数人民的痛苦,我们为人民而死,就是死得其所。不过,我们应当尽量地减少那些不必要的牺牲。我们的干部要关心每一个战士,一切革命队伍的人都要互相关心,互相爱护,互相帮助。

今后我们的队伍里,不管死了谁,不管是炊事员,是战士,只要他是做过一些有益的工作的,我们都要给他送葬,开追悼会。这要成为一个制度。这个方法也要介绍到老百姓那里去。村上的人死了,开个追悼会。用这样的方法,寄托我们的哀思,使整个人民团结起来。

第三节 命题演讲技巧

一、演讲稿的特点及撰写要求

演讲稿是演讲者在演讲前事先准备的供演讲用的文稿。演讲稿是演讲内容的主要依据,是一种实用性很强的应用文。

1. 演讲稿的语言特点

(1) 演讲语言要准确简洁。

演讲虽然是一种口语表达形式,但要求使用规范化、准确、简洁的语言去表述。演讲语言要确切、清晰、简洁地表达所要讲述的事实和思想,解释事物的本质和联系。

(2) 演讲语言要通俗易懂。

演讲稿不同于一般的书面文章,要使用口语化、个性化、规范化的语言。首先,演讲稿是用于口语化表达的,而口语具有丰富多变的特点。其次,演讲要用自己的语言说出自己要表达的内容,体现出演讲者的个性。再次,演讲必须使用规范化的语言,要使演讲的内容为听众所接受。

（3）演讲语言要形象生动。

形象生动的语言可以把抽象深奥的理论具体化、浅显化，使听众更容易接受并得到启示；也可以给听众逼真的印象，从而打动听众；还可以直接作用于听众的视听感受，使演讲产生强大的说服力。如果将"梵蒂冈宫，有屋宇一万五千余间"换说成"梵蒂冈宫里的屋子多得惊人，如果你每天换住一间房子，40年也住不完"，这样说就会给人一种切身感受。

2. 演讲稿的撰写要求

演讲稿的撰写，既要遵循一般的写作方法，又要兼顾演讲的特殊要求。具体要做到以下几点。

（1）精心准备，有的放矢。

演讲是建立在对一系列相关内容进行深入细致的调查基础上的。如果不调查、不研究、不了解，就不能做到有的放矢，也就不能使自己的演讲产生实际效果。通常要事先了解几个方面的情况，以便做好充足的准备。

① 了解演讲场合。

撰写演讲稿要考虑演讲时的场合，即自然环境、社会环境、历史背景、思想动态、学术文化气氛、风土人情等因素。

② 了解听众的基本状况。

演讲者在撰写演讲稿之前要了解听众的政治素质、文化水平、年龄结构及主要思想倾向等情况，因为这直接关系演讲者应该向听众提供什么信息，输出多大信息量，把问题阐述到什么程度为宜等重大问题。

③ 确定演讲具体内容和表达方式。

演讲中涉及的背景材料和专业知识，要求真实确凿。对于要建立或反驳的论点，需要的论据和采取的论证或表达方式，要认真谋划。如果去一个民族地区发表演讲，那么要了解当地的风俗习惯和人文环境，从中选出适合自己演讲的内容进行演讲稿的撰写，甚至可以在演讲时穿着当地的民族服饰，拉近与听众的关系，获取认同感。

（2）明确主旨，突出中心。

演讲者在演讲中所表达的中心思想或者基本观点就是演讲的主题，也称为主旨。它体现了演讲者对所阐述问题的总体性看法。作为一名演讲者，演讲的主题要正确、鲜明、集中、深刻，这样才能更好地表达自己的观点。明确主题的时候应特别注意两点：一是主题要适时，就是适合社会的需求，具有时代感。还要适合听众当时当地的需求。同时也要考虑听众的年龄、职业和文化程度。二是主题要单一。演讲如果讲太多主题，更加会说不清楚需要表达的中心思想。

例如，在庆功会上，如果是厂长或者总经理在进行演讲，那么在事先准备演讲稿时，首先要确定演讲的主旨就是激励全体员工再接再厉，争取获得更大的成绩。演讲者可以从以下三个方面展开：一是已取得的成就来之不易，二是不能满足已取得的成绩，三是提出争取更大胜利的新目标。

（3）合理布局，科学组合。

演讲稿的基本结构由开头、正文、结尾三个部分构成。演讲稿结构的基本要求是协调和谐。

一般来说，演讲稿的主体架构应该包括以下几个方面。

① 题目。"题好一半文"，演讲的题目是一篇演讲稿的有机组成部分，演讲的内容决定了标题，而标题则鲜明地显露出内容的特点，是对演讲内容的高度概括。演讲的题目，不仅与演讲的形式有关，更重要的是与演讲的内容、风格、情调有着直接的关系。如选择《党在我心中》为演讲题目，就要以中国共产党为关键词，且必须与"我"联系起来，讲述我的经历、我的见闻，这是题目限定的。如《为改革高唱赞歌》《尊重知识，尊重人才》这类题目，揭示主题，警策醒目，能使听众产生有正确指向的心理定势，与演讲者同步思考。如《草——地质队员的象征》《叶的事业》《科学的春天》这类象征、比喻的题目，形象生动，惹人联想。

② 中心论点和分论点。中心论点最好用一个准确完整的句子明确表达出来，以便于思考和推敲，分论点点明大意即可。例如在《文明在我心中》的演讲稿中，中心论点为"文明礼仪从我做起"，分论点为"人无礼则不生，文明礼仪展示个人品德风貌""事无礼则不成，文明礼仪团结社会力量""国家无礼则不宁，文明礼仪彰显大国气度"。

③ 演讲材料。演讲材料是演讲者为说明演讲主题所选取的论据及事实。一篇演讲稿，材料的充分可靠和典型程度，都是衡量其质量的尺度之一。演讲材料包括以下几类。

A. 直接材料，即从现实生活中得到直接材料。这是演讲者在生活、工作、劳动、学习及其他社会活动中所见所闻、所思所感的材料，也是演讲者自身通过对社会生活的观察、体验、感受和调查研究所得到的第一手资料，是最重要的材料来源。

B. 间接材料，即从书本或者各种媒体中获得间接材料。这是演讲者从报刊、书籍、电视、网络等获得的材料，也称为"第二手材料"。演讲者可能由于时间和空间的限制，不能从亲身体验中获取材料，因此，间接材料的收集也成为演讲者占有材料的重要手段之一。

C. 创建材料，即从分析研究中获取材料。创建材料是演讲者通过对大量的直接材料和间接材料的归纳分析所得出的新材料，是演讲者加工处理材料的智慧结晶。

④ 结构和过渡。根据内容的轻重缓急，演讲者要恰当安排结构层次，设计好过渡，用连续的标记符号排列好顺序，以使眉目清晰。

徐良的《血染的风采》以自己的成长经历为线索，按时间先后顺序来安排层次。整篇演讲，脉络清晰，有条不紊，在叙述中适当加以抒情议论，声情并茂，道出了他成长的轨迹，以及战士们及其亲属对祖国和人民的无私奉献，显示了20世纪80年代的军旅风采。其主要层次如下：

1982年考入西安音乐学院（编织着一个艺术家的梦）

  1985年年底申请入伍（说明为什么投笔从戎）

  最初的军旅生活（找到了大学生与战士的差距）

  血与火的考验（认识到军人的天职在于无私地奉献）

  负伤之后（感激党、人民和战友的关怀）

  军人亲属们的伟大贡献

  《井下工有颗金子般的心》演讲稿讲述矿工无私奉献的动人事迹，运用一连串的设问和排比，具有很强的感染力和震撼力，渲染了情感，升华了主题，顺利把演讲推到高潮：

  ……当你真正喜欢上金首饰的时候，你是否喜欢这些有着金子般心灵的采金人？当你美滋滋地戴上金戒指的时候，你可否知道，由于作业中的高压风、水的侵蚀和风钻的强烈振动，多少个凿岩机工得了白指病？当你乐颠颠地戴上金耳环的时候，你是否聆听到了井下工渴望理解、向往友谊、憧憬爱情的心声？当你笑盈盈地挂上金项链的时候，你是否也把苦中求乐甘愿奉献的井下工挂在了心上？……

  ⑤开头和结尾。演讲稿的开头应该短小、精巧、新颖。好的开头能为全篇演讲稿定下基调：是庄重严肃，还是喜庆欢快，或者诙谐幽默。比如在某大学举办的《青年与祖国》的演讲比赛上，由于种种原因，当时的会场嘈杂难静。这时有一位同学上台，他刚讲了开头就立即扭转了混乱的局面，紧紧抓住了听众的心。他说："我想提一个问题。"台下的听众立即被他这种新奇的开头形式所吸引。他停顿了一下，继续说："谁能用一个字来概括青年和祖国的关系呢？"这时，台下听众议论纷纷，气氛活跃。他立即引导说："可以用'根'字来概括这种关系。"接着，他讲述上海男人名字喜欢用"根"字的原因，并归纳说："我们青年有一个共同的姓，就是'中华'；有一个共同的名，就是'根'。'中华根'应该是中国青年最自豪、最光荣的名字！"话音刚落，全场顿时掌声雷动。这样的开头，新颖别致，出人意料，让人耳目一新，激起听众浓厚的兴趣。

  演讲稿结尾能用心设计，也会产生奇妙的效果。如安洋的演讲稿《我们要做中华的脊梁》的结尾：

  历史是漫长的，人生是短暂的。我等诸君，生逢良时，年遇妙龄，应该挑起历史的重担。天下兴亡，匹夫有责。中华民族的振兴，祖国的繁荣昌盛，我们有着义不容辞的责任……伸出我们的双手吧，拿出我们的才智吧，献出我们的青春热血吧，我们是中华儿女，我们要做中华的脊梁！

  （4）入情入理，情理交融。

  成功的演讲是能够动之以情、晓之以理的。演讲稿中的"理"，通常是反映客观规律的真理、高尚的人生哲学和伦理道德观念、科学文化知识等材料内容，用理论奠定基础。演讲稿中的"情"，既指对听众的感情，又指对所描述的人、事物及道理的情感。情感有了理性的渗透，就不至于泛滥；理性有了情感的支持，就不至于冷漠。郭沫若的《科学的春天》、闻一多的《最后一次讲演》，都是情理结合的佳作。前者是诗情和哲理的结合,后者是真理与激情的华章。

我们中华民族在人类文明发展史上曾经有过杰出的贡献。现在,在共产党的领导下,我们民族正在经历着一场伟大的复兴。恩格斯在谈到十六世纪欧洲文艺复兴时曾经说过,那是一个需要巨人而且产生了巨人的时代。今天,我们社会主义祖国的伟大革命和建设更加需要大批社会主义时代的巨人。我们不仅要有政治上、文化上的巨人,我们同样需要有自然科学和其他方面的巨人。我们相信一定会涌现出大批这样的巨人。

科学是讲求实际的,科学是老老实实的学问,来不得半点虚假,需要付出艰巨的劳动。同时,科学也需要创造,需要幻想,有幻想才能打破传统的束缚,才能发展科学。科学工作者同志们,请你们不要把幻想让诗人独占了。嫦娥奔月、龙宫探宝,《封神演义》上的许多幻想,通过科学,今天大都变成了现实。伟大的天文学家哥白尼说,人的天职在勇于探索真理。我国人民历来是勇于探索,勇于创造,勇于革命的。我们一定要打破陈规,披荆斩棘,开拓我国科学发展的道路,既异想天开,又实事求是,这是科学工作者特有的风格,让我们在无穷的宇宙长河中去探索无穷的真理吧!

(5) 研究逻辑,注重文法。

演讲稿的情理结合还需要借助逻辑和文法。在撰写演讲稿时,应充分注意"演讲既是一门科学,也是一门艺术"这一特点,把逻辑和语言有机结合在一起。撰写演讲稿时应注意逻辑要求和文法的使用。首先要合乎逻辑构成的总体。概念要明确,判断要恰当,推理论证要遵守逻辑规则和规律,通篇安排应该具有内部的必然联系。其次要注意层次、段落、句子之间的联系。要运用文法正确体现并列、顺承、分合、选择、递进、转折、假设、条件、因果、目的等种种意念关系,这些局部问题上也要有严密的逻辑关系。最后要有充分的论证。以说理为主的演讲稿要有充分的论证,特别是提出新颖独特见解时,更要严密论证。

以恩格斯《在马克思墓前的讲话》为例,它的逻辑主体架构是:开场白、主体部分(马克思在理论上的重大贡献、马克思的伟大革命实践、马克思对无产阶级革命事业的卓越贡献)、结束语。

(6) 认真修改,精益求精。

演讲稿的修改必须统观全局,从大处着眼,先校正主题,然后根据主题要求,采取增、删、调、变、修等手段,从内容、结构、语言方面进行修改。它遵循"先整体,后局部""先观点,后材料"的法则,顺着"观点—材料—语言"的顺序进行。从修改的范围来看,演讲稿的修改,主要包括内容和形式两方面。具体来讲,即矫正观点、增删材料、调整结构、变更手法、修饰语言等。

认真修改是演讲稿趋于完善的必不可少的步骤。好的演讲稿往往几易稿件,甚至经过几十次的修改才能形成。毛泽东特别强调写文章、做演讲的社会责任感。他还引用鲁迅的意见，写完后至少看两遍，竭力将可有可无的字、句、段删去。《抗日游击战争的战略问题》发表前，他进行了逐节修改。出版时他又反复叮咛郭沫若：校对须注意，你自己至少校一次。注意标点符号，不能弄错一个。

二、演讲时的呈现

演讲者要有效地表达自己的思想、观点，使演讲更加精彩，不仅要在演讲前充分准备，还要在各个环节上抓住听众的注意力。演讲主要由开头、正文和结尾三部分组成，也是我们常说的凤头、猪肚、豹尾。

1. 漂亮的开头

"好的开始是成功的一半。"对于演讲来说，也是如此。演讲的开头是演讲者与听众之间沟通的桥梁，是演讲者给听众留下的第一印象。从心理学的角度分析，演讲者进入角色的前2～5分钟是其思想集中度、思维敏捷度和语言规范化水平最高的时期。如果开头能像凤凰头上的凤冠一样吸引人，就会取得旗开得胜的好效果。

纵观古今中外的著名演讲者的开头，概括起来有以下几种方式。

（1）开门见山，说明要领。

演讲开头简明爽快地说出要演讲的主题是一种比较常见、成功的方式。如李斯《谏逐客书》的开头直接指出："臣闻吏议逐客，窃以为过矣。"然后用事实做论据进行分析推理，使得听众一目了然地把握演讲的要领。又如：

> 我今天演讲的题目是：应该感谢她们！感谢她们？她们，是谁呢？她们，不是驰骋疆场的勇士，可是驰骋疆场的勇士不能没有她们；她们，不是胸佩勋章的英雄，然而，又有多少英雄把勋章戴在她们胸前；她们的名字不曾写在国防建设的功劳簿上，但是，她们的生活却熔铸在保卫祖国，保卫"四化"这一伟大的事业中！

（2）设问祈使，引起悬念。

以设问或祈使的方式开端，是演讲中常见的方法。这种方法的运用可以使得听众感到亲切，拉近演讲者与听众的关系。教育家马相伯在一次广播演讲中一开始就问道："请看，今日的中国，是谁家的天下？"这个发问发人深省、催人奋进。

例如，蔡畅在《一个女人能干什么》的演讲中通过提问来激发听众的兴趣，再经自问自答的形式来阐发自己的观点，这样就给听众留下清晰的印象：

> 今天，我讲一个问题，一个女人能干什么？一个女人能干什么呢？我的回答是：能干，什么也能干；不干，什么也不能干。能干又不能干，不能干又能干。为什么这样说呢？要确定女人能干不能干，有两个条件。一个是要看环境，另一个是要看个人的努力。如果环境好，自己不去努力，只靠人家那就什么也不能干。如果自己努力干下去，就可以得到好的结果。如果努力干，就是从那些小的具体工作到管理国家大事都能够干，如果不干，就会变成社会的寄生虫。

(3) 幽默风趣,笑中开场。

幽默风趣的开头往往妙趣横生,既有语带双关之意,又不失犀利点评。演讲时以幽默的方式导入,不仅能够较好地表现演讲者的智慧和才华,而且能使听众在轻松愉快的气氛中进入角色,接受演讲的内容。有一位姓胡的人开始演讲,第一句就说:"我姓胡,所以我接下来说的是胡言,各位发现不妥之处可千万别当真。"这一番话一下子拉近与听众的距离,也让自己紧张的情绪得到放松。

著名作家老舍喜欢幽默。他在某市的一次演讲中,开头即说"我今天给大家谈六个问题",接着,他第一、第二、第三、第四、第五,井井有条地谈下去。谈完五个问题后,他发现离散会的时间不多了,于是他提高嗓门,一本正经地说:"第六,散会。"听众起初一愣,不久就哄堂大笑,鼓起掌来。

(4) 运用金句,巧用名言。

在演讲中,适当地运用名人名言开头,可以强化演讲开头的分量,给听众留下难忘的印象。例如一篇演讲的开头引用了臧克家《有的人》的诗句:

> 有位诗人说过:有的人活着,他已经死了;有的人死了,他还活着……

(5) 现身说法,亲近吸引。

演讲者由自身的某些特征或到某地、出席某些会议的感受谈起,往往能从眉宇间及语言表达上给听众一种极强的感染力。例如,抗战期间著名作家张恨水在成都大学演讲就以自己的笔名开场:

> 今天,我这个"鸳鸯蝴蝶派"作家到大学区来演讲,感到很荣幸!我取名"恨水"不是什么情场失意,我取名"恨水"是因为我喜欢南唐后主李煜的一首词《乌夜啼》。(朗诵该词)我喜欢这首词里有"恨水"二字,我就用它做笔名了。

(6) 讲述故事,顺水推舟。

用形象性的语言讲述一个故事作为开头会引起听众的莫大兴趣。但是这样要遵循几个原则:要短小精悍,要有意义,要与演讲内容有关。

> 1957年,当苏联第一颗人造卫星上天的消息传到一贯自认为最先进的美国时,朝野上下一片震惊。美国人首先在自己的教育上找差距,一场大论战结束了20世纪影响最大的杜威实用主义教育的统治地位,随之而来的是轰轰烈烈的教育改革运动。不久就有了阿波罗号和联盟号在太空中与苏联平分秋色的局面。
>
> 今天,为了应付新技术革命的挑战,西方发达国家都在着手整顿教育,大力加强智力投资,培养有知识、有适应能力和富于创新精神的一代人。重视教育、改革教育以适应飞速发展的时代。因此,我们也应该注目于我们的教育。

(7) 借用道具,引出主题。

演讲时适当借用道具来引出主题,能给听众带来不一样的直观、形象的感受。"红土地之歌"演讲比赛的演讲者——一位攻打老山的战士上台时抱着一个红布包,党旗覆盖在上面。他敬完军礼后说:"同志们,今天站在这个讲台上的不是我,而是他们。"接着，他把红布包一层一层打开，最后拿出两本书，说：

这本书叫《风浪集》，记述老一辈革命者的丰功伟绩；这一本，我把它叫《无名集》，上面记载了这几年倒在我身边的战友的名字，他们是"我心中的太阳"，这便是我今天演讲的题目。

2. 饱满的正文

演讲稿的正文指开头与结尾之间的文字，是演讲稿的主体部分，直接关系演讲的成功和失败，其基本要求有以下几方面。

（1）紧扣主题，语不离宗。

开场白提出了问题，主体就要紧接着加以阐述。如果开头提出了一个问题，主体却去讲另一个问题，上下不接茬，势必造成整篇演讲的结构松散，甚至文不对题。从开头到结尾，展开论证也好，进行叙述也好，演讲都要紧扣主题。演讲者必须抓住主干，理清脉络，分清主次，懂得轻重，不可"开口千言，离题万里"。

（2）条理清楚，层次分明。

材料的组织安排，一定要井然有序，有条不紊。必须在科学分析的基础上，把散乱的材料分门别类，分清主次和先后，把它们组织安排好，从而更充分、更有力地表现主题，因此要安排好讲述的层次。划分层次的主要方式有以下3种。

① 并列式。并列式的各层次之间地位是平等的，可以调换。如《青春是什么》的演讲稿，其主体内容分4个方面：青春是一粒种子；青春是一轮朝日；青春是一部著作；青春是一首乐章。脉络清楚，层次井然，听众能把握要领。

② 递进式。先将演讲主旨进行分析解剖，然后逐层进行论述和证明，从而形成剥笋式的论证步骤（跟并列式比较，它的层次一般是不可调动的）。比如《为了孩子的明天》：开头——提出当前学生"高分低能"的事实后，第一层分析了出现这种现象的外部和内部原因，第二层论述了过分追求分数对学生的种种危害，第三层指出将学生从"苦海"中解救出来的具体措施。全文由现状分析到追究根源，又由根源分析到指出危害，最后提出解决问题的办法，步步深入，很自然地为结尾的号召做了铺垫。这种方式的特点是由表及里，由浅入深，步步推进，具有较强的说服力。

③ 对比式。它将不同事物或同一事物的不同方面进行对照，通过分析对比其相同处或相异处说明一个道理。事物的前后和正反都可形成对比。例如《诚信，做人之本》的演讲稿，就是从诚信者如何步入成功，失信者如何走向失败正反两方面进行对比论述，从而给人以很大的启示。俗话说，有比较才有鉴别，对比式用得好，不用多费口舌，道理就可不点自明。

（3）酿造高潮，跌宕起伏。

演讲的内容应当有意识地设计高潮，使得演讲有张有弛、有起有伏，使得整个结构富于变化、多姿多彩，以其结构的艺术性吸引、打动并说服听众。高潮是演讲者感情最激昂、气势最雄劲的时刻，又是听讲者情绪最激动、精神最振奋的瞬间——即演讲者与听众感情上产生强烈共鸣的时刻。安排在结束前最为得体。高潮不仅能渲染气氛、产生良好的现场效果，而且能加深听众的印象。要形成高潮，首先要靠真知灼见的思想，其次要有铺垫蓄势、衬托对比、设问答疑等技巧，最后靠能激发听众的语言、幽默的神态动作等产生感染力和说服力。例如丘吉尔出任首相后的第一篇演讲。当时，"二战"正拉开序幕，欧洲大片土地沦陷于法西斯铁蹄之下，丘吉尔在国家命运存亡的紧要关头，用下述语言将整个演讲推向高潮：

我没有什么可以贡献，有的是热血、辛劳、眼泪和汗水……你们问，我们的策略是什么？我说：我们的策略就是用上帝所能给予我们的全部能量和全部气力在海上、陆上和空中进行战争……你们问，我们的目的是什么？我可以用两个字来回答：胜利——不惜一切代价去争取胜利，无论多么恐怖也要去争取胜利，无论道路多么遥远艰难也要去争取胜利；因为没有胜利就没有生存。

还可以运用反复式、排比式等方式酿造高潮。

假如我们想得到自由，并拯救我们为之长期奋斗的珍贵权力的话，假如我们不愿彻底放弃我们长期从事的曾经发誓不取得最后胜利而决不放弃的光荣斗争的话，那么，我们必须战斗！我再重复一遍，必须战斗！

要胜利，不是拖而是打！要胜利，不是消极的抗战而是积极抗战！要胜利，不是国内的分裂而是国内的团结！要胜利，不是政治的压迫而是政治的民主！

有办法！办法就出在陕甘宁边区！办法就出在八路军、新四军和敌后抗日根据地！办法就出在中国人民的身上！办法就出在真正抗日的党派和军队中间！办法就出在中国共产党尤其是我们的毛泽东同志的手中！

3. 精妙的结束语

接近结尾时，听众要么因久坐而显得精力疲乏，要么情绪被演讲者的精彩演讲所感染，这会对结尾的要求相应提高。精妙的结尾既是结尾，又是高峰；既是收场，又是考验；既要别开生面，又要自然而然。可以采取以下几种常见的结尾方式。

（1）收拢全篇，深化主题。

演讲结束语最常用的方式，就是用精练的语言，总结全篇的主要内容，概括和强化主题思想。这不仅帮助听众回忆前面所讲的内容，而且能够画龙点睛，给听众留下完整的深刻的印象，使得整个演讲显得结构严谨，首尾呼应。例如：

敬爱的老师们！当我们情愿或不情愿地跨入教师这支队伍，登上三尺讲台的时候，请你千万别忘了，我们的一言一行、一举一动都被孩子们看在眼里，学在心上，我们要对孩子负责，对未来负责，我们是塑造人类灵魂的工程师，来不得半点马虎，不要小看自己，我们要自尊自爱，自信自强，决不能愧对人民教师这一光荣的称号！老师们，千万别忘了咱们是教师！

（2）鼓起激情，促使行动。

一个充满激情的演讲者总会试图让听众的情绪跌宕起伏，结尾时运用一些情绪激昂和富有鼓动性、号召性的语言，注以巨大的情感力量，把听众的情绪推到最高峰。古今中外的演讲家多善于运用这种方法收场。例如：

　　春分刚刚过去，清明即将到来。"日出江花红胜火，春来江水绿如蓝。"这是革命的春天，这是人民的春天，这是科学的春天！让我们张开双臂，热烈地拥抱这个春天吧！

　　我认为这是美的号召，美的命令。我们伟大祖国已经进入了一个新的振兴中华的历史时期，我们要笑着向昨天告别。"大江东去，浪淘尽，千古风流人物！"我们中华民族的历史舞台上，曾经出现过多少震撼天地的英雄人物啊！曾经出现过多少动人心魄的画面啊！但它们终于随着历史长河滚滚流去。子在川上曰："逝者如斯夫！"……让我们每一个人都响应美的召唤，争取做一个献身于四化建设的具有时代美的风流人物吧！

（3）引用名言，前呼后应。

借用名人名言作为结束语，能产生"权威效应"和"名人效应"。一般来讲，人们对于名人有一种崇拜的心理，借用名人名言可以给演讲的内容提供有力的证明，还可以把演讲推向一个高潮。例如：

　　鲁迅先生曾说："横眉冷对千夫指，俯首甘为孺子牛。"这是鲁迅先生的方向，也是鲁迅先生之立场。在人民面前，鲁迅先生痛恨的是反动派，对于反动派，所谓之千夫指，我们是只有横眉冷对的，不怕的。我们要以眼还眼，以牙还牙。假如是对人民，我们要如对孺子一样地为他们做牛的。要诚诚恳恳、老老实实为人民服务。我们要有所恨，有所怒，有所爱，有所为……人民的世纪到了，所以应该像条牛一样努力奋斗，团结一致，为人民服务而死。鲁迅和闻一多，都是我们的榜样。

　　朋友，我们所有做儿女的朋友们：孝子诚可贵，孝行价更高，让我们把赤诚的孝心化作孝的行动吧！愿古老文明的祖国不断改革开放，日益繁荣昌盛；祝千千万万个父母福如浩瀚东海，寿比万年南山！

（4）重申重点，强化记忆。

成功的演讲者往往在演讲结尾重申演讲的重点或者核心词语，以强化听众的记忆。例如：

　　朋友们，自卑是事业的大敌，立志、工作、成功是人类活动的三大要素。立志是事业的大门，工作则是登堂入室的旅程，这旅程的尽头，就有成功在等待着你，并庆祝我们努力的结果！不要说我们失去了什么，而是问我们贡献了什么！

（5）展望未来，鼓舞斗志。

有些演讲在结尾处展望未来，表达日后的决心，鼓舞大家的斗志，这也能起到很好的演讲效果。例如：

　　睁眼看吧！朋友们，竞争它来了，那么生动而威仪地来了。竞争是风，疾风吹过，坚实的枝条上硕果累累、生机勃勃；竞争是雨，暴雨扫过，留下来的是岩石般的坚韧和无畏的忠诚；竞争是激越的战鼓，进取在豪情万丈，更加斗志昂扬；竞争是崎岖的山路，攀登者在一个又一个险峰上领略无限风光。竞争，我要大声地为你叫好：竞争万岁！

一位年轻的厂长向工人们演讲，在告诉他们工厂目前的困境之后，充满信心地说：

　　面包会有的，工资会有的，奖金会有的！如果不能兑现，我就是拍卖我家的房子也要给大家发工资！你们都是我的姐妹兄弟，相信我，有我的饭吃，就有大伙的饭吃！人心齐，泰山移。一年后，我们一定会走出低谷！

（6）余味无穷，发人深省。

一些演讲者在即将结束演讲时故意假设与本意相反的一种情况，使剧情反转，导致似乎前后矛盾但又顺理成章，进而引发听众对演讲主题的进一步思考，让人有"余音绕梁，三日不绝于耳"之感。例如：

　　各位朋友，当我结束自己的演讲，走下这小小的讲台时，如果能听到您热烈的掌声，这无疑是对我莫大的鼓励，无疑将成为我前进路上的动力。但是，如果您走出会场，回到家里，仍然用"好儿不当兵，好铁不打钉"的陈旧观念，去责怪您要参军的儿子，责怪您要找军人做丈夫的女儿，那么，我宁愿不要这掌声，宁愿悄悄地、悄悄地走下这讲台……

第四节　即兴演讲的含义和特点

一、即兴演讲的含义

即兴演讲也叫即兴讲话，是与有备演讲相对而言的演讲，是一种不凭借文字材料进行表情达意的口语交际活动。即兴演讲可分为两种。一种是真正意义上的即兴演讲，指演讲者事先未做准备，被眼前的事物、场面、情景所触发，临时兴起，当场发表演讲。另一种是在演讲比赛中，演讲者在完全不知道演讲题目，不能对演讲内容做充分准备的情况下，根据演讲比赛的规则，当场抽取演讲题签，根据题签上的演讲题目而进行的命题演讲。即兴演讲需要演讲者具备敏捷的思维能力和敏锐的语言感应能力。

二、即兴演讲的特点

1. 临场性

即兴演讲是演讲者被眼前的事物、场面、情境所触发，从而激起兴致而产生的一种临时性的演讲。它既不能像命题演讲那样可以事先准备好演讲稿，也不能像论辩演讲那样，对有关情况事先加以调查研究，进行模拟训练，而是必须依靠临场准备，临场发挥。因此，临场性就成为即兴演讲最突出的特征。

2. 触发性

即兴演讲多半是现场有感而发，思考时间短，出语速度快，因此，演讲者必须从眼前的事、时、物、人中找到触发点，临场引发，快速组话，表达出真实思想。例如国务院原副总理、经贸部原部长吴仪在国际谈判中尤其鲜明地体现了这一点。1991年年底在中美知识产权谈判中，美方一见面就出言不逊，说："我们是在和小偷谈判。"吴仪立即回击：我们是在和强盗谈判。请看，你们博物馆里的展品，有多少不是从中国抢来的！

3. 短暂性

即兴演讲多是演讲者临时兴起，事前没有准备，即使做了一点准备，也多是打一个腹稿。即兴演讲一般是主题单一、篇幅短小、时间短暂的演讲。即兴演讲在日常生活中使用面很广，如小范围社交聚会中的欢迎、欢送、哀悼、竞选、就职、答谢、婚礼、寿庆等场合下的发言或讲话。对于教师而言，在主题班会、迎新仪式、毕业典礼、节日联欢等场合下，即兴演讲也有广泛的运用。演讲者多为表达自己的心意、看法或者情感，不要求做论证严密、逻辑性强的报告，因此即兴演讲的时间不会太长，多为1～5分钟，有的甚至几句警策式的话语，便能激发听众的感情。

4. 敏捷性

即兴演讲还有一个特点，那就是敏捷性。它要求演讲者思维敏捷，构思快速，迅速抓住"选题"和"定格"这两个关键点。选题指选择话题，它包含选择主题和确定题目。选题的好坏直接关系即兴演讲的成败和价值的大小。定格指即兴演讲的格式，要给即兴演讲定下一个基调，演讲时根据定好的"格"填上适当的词语。

第五节 即兴演讲技巧

即兴演讲通常是在一定的场合下，事先未做准备，只是根据需要而做的临时发言。因此，即兴演讲在思维的敏捷性、语言的逻辑性和口头表达的雄辩性方面都有更高的要求。即兴演讲虽然难度较大，但是只要我们能掌握一些行之有效的即兴演讲技巧，并有意识地反复训练，是可以获得"脱口而出"这种高层次的演讲能力的。

一、构思技巧

1. 模式构思法

以一个基本模式框架作为快速构思的依据，使即兴演讲既符合人们的思维习惯，又能把信息传达清楚，话题集中。常见的有以下三种。

(1)"三么"框架构思模式。

在即兴演讲前短暂的准备时间里，快速思考三个最基本的问题，即"是什么""为什么""怎么办"。例如：

孩子厌学现象已经越来越突出（举例），已成为教育界的一个毒瘤。孩子为什么会厌学？我认为原因有几点：第一……第二……第三……那么作为一名教育工作者，我们能做些什么呢？我想，首先……其次……再次……

"三么"框架构思法经常在即兴演讲竞赛中使用，但在实际运用中要注意两点：一要注意分辨即兴演讲竞赛题的类别，是属于论点式还是论题式。论点式题目（如《珍惜青春》《人生的价值在于奉献》）规定了演讲的主题，演讲者要调动自己的知识积累和生活经验，从"三么"的角度来构思。论题式题目（如《青春使命》《人生的价值在哪里？》）只规定了演讲的论述范围，演讲主题的"三么"框架只是演讲前和演讲中的思维模式，而不是口语表达模式，表达时要选准"切入口"，不露"三么"的痕迹。例如：

题目：生活中有诱惑也有陷阱。请以"学会说'不'"为题发表一个演讲。

尊敬的各位评委：

你们好！我今天演讲的题目是：学会说"不"。

很多人都会觉得不可思议，说"不"，我很小的时候就会说了，现在还需要学吗？那只是你学会了"不"这个汉字，却并不能很好地领会它内在的意义。更多的时候，我们要学会向不良的习惯说"不"，向不道德的行为说"不"，向违法乱纪的做法说"不"，向糖衣炮弹说"不"！只有做到了这些，才是真正地学会说"不"，才是一个真正有原则的人。

一个没有原则的人，就没有动力向自己的懒惰说"不"；一个没有原则的人，就没有胆量向乱穿马路的人说"不"；一个没有原则的人，就没有机会向贪污腐败说"不"。而一个没有原则的人，早晚会被原则所束缚。

我们想要学会说"不"，先要树立正确的人生观、价值观，明确自己的原则。这就需要我们有过硬的思想政治素质、较强的业务能力和心理素质。多在工作和生活中向优秀的同事看齐，多向优秀的榜样学习，多向优秀的行为靠近。也只有这样，我们才能更好地学会说"不"，更好地践行自己的原则，去抵御生活中的诱惑和陷阱。

我的演讲到此结束，谢谢！

这篇即兴演讲是属于论点式演讲，因此演讲者从"三么"的角度来构思：学会说"不"是什么？（第二自然段）为什么要学会说"不"？（第三自然段）怎么学会说"不"？（第四自然段）该演讲结构完整，层次分明，逻辑清晰，言简意赅。

(2)"三点归纳式"构思模式。

这种模式的特点是参加各类活动时养成边听边想的习惯，随时做好即兴演讲的准备——如果现在让你讲话,你讲什么、怎么讲。注意用"三点(要点、特点、闪光点)归纳"的方式进行思考,归纳前面所有说话人的要点,提取前面某个人或某些人讲话的特点,捕捉前面某个人或某些人讲话的闪光点。例如:

说到师德,许多选手都引用了一个传统的比喻:"教师像蜡烛一样,照亮了别人,燃烧了自己。"这种崇尚奉献的"蜡烛精神"固然可贵,但如果我们当老师的都把自己燃烧尽了,毁灭了,何以继续照亮别人呢?新世纪的教育不仅需要"蜡烛精神",更是呼唤"路灯精神":像路灯一样不断充电,给每一个黑夜带来光明;像路灯一样忠于职守,见多识广;像路灯一样不图名利!

(3)"卡耐基魔术公式"构思模式。

这种构思模式有3个步骤:① 援引例子,② 提出观点,③ 警句收尾。这种模式先把实例的细节告诉听众,说明具体的意思,接着提出看法,陈述缘由,最后向听众强调,如按所说的去做,会有什么好处。这样可以为毫无准备的演讲者赢得思考的时间,同时又能够避免冷场。如果演讲者无法即刻投入题目中去,可以立即进行举例,以此引入话题。演讲者所举事例生动、具体且恰当,能自由而又无缝隙地提出观点,并能够出口成章,以警句收尾,使得听众感到内容丰富,新颖有趣。要达到这样的境界,演讲者就要有广博的知识、独特的洞察力、丰富的阅历和见识。

例如,演讲者想呼吁听众为贫困儿童慷慨解囊,可以先描述一个因缺乏经济援助而陷入绝境的病例,为期望中的行动铺路后,再进行有目的的演讲。再如:

题目:港口的船是安全的,然而这并不是它被建造的目的。请根据主题发表即兴演讲。

我想先和大家共享一篇文章,初三语文课本上有一篇苏联作家普里什文的散文《林中小溪》,大家还记得那条小溪吗?勇往直前,向前向前,只为汇入大洋。遇到困境时便搏击,遇到坦途时更毫不留恋,最终汇入了大洋!因为,留恋坦途与沿途的风景并不是它的人生目的。

同样,船被建造就是为了去远航,去搏击风浪。而港口虽安逸却并不是它被建造的目的。

我们的人生也一样,生命的意义在于去充实,去挑战。

作为一名教师,我坐在下面,是安全的。可是这是我此次培训的目的吗?

不由又想起汪国真的那句诗:"既然选择了远方,就只能风雨兼程。"所以,我上台来了。这里或许不够安全,但这里必将有充实我自己的精神财富,更有我战胜怯弱的勇气。我想,这才是我此次"出发"的目的!

让我们做林中的小溪,做出港远航的轮船吧!用知识充实我们的生命,用勇气去挑战困难,去追求生命的意义吧!

2. 链条形构思法

链条形构思法又称"线形结构",它是延展性思维的体现。其特点是先确定演讲的主旨，以此为意核，作为导向定势，通常为开篇首句；然后，句句紧扣意核（首句），单线纵向发展，形成一个环环相扣的链条。例如：

题目：拥有初学者的心态是了不起的。请以此为主题发表即兴演讲。

我所理解的初学者的心态是热爱之心、投入之心、不畏之心、不馁之心。

所谓热爱之心是对所专注的事业投入百分百的热情。因为爱所以爱，没有任何的矫情与功利。

所谓投入之心是对所专注的事业投入百分百的精力，甚至到达废寝忘食的地步。想我初当教师之际，为了上好一节课，能用两周的时间去查阅去解读去钻研。记得工作后在学校开的第一节课是《兰亭集序》，为了上好这节课，每一张幻灯片都掐时间，每一次阅读都掐音乐，拿父母做学生实验过若干次，对着镜子练习过若干次。我想这就是初学者之心，因为热爱而投入。

初学者的心态还有不畏之心和不馁之心。那就是一种初生牛犊不怕虎的豪情与敢想敢做的冲劲。若此刻的我是刚刚工作的我，那么今天第一个冲上台的必定是我。那个时候，天不怕地不怕，想到会立刻去做，从不害怕失败。在经历过失败后也能睡上一觉后像打了鸡血。我想，那也是初学者之心。

而如今，社会的评价和职业的倦怠让我丧失了初学者之心，我开始抱怨开始懒惰，直到碰到了我的高中同学，他也是一名教师，工作十年获得若干教学、论文的奖项，更重要的是他一直有梦想有追求，永葆一颗初学者之心。

我问他，你是如何保持初学者心态的？他告诉我：读书让人心静，所以对待自己的职业就会永葆热情，不惧怕失败。寡欲让人心清，不去计较物质就可以让自己对钟爱的事业投入百分百热情，于是就能去投入。

我想，拥有初学者的心态是了不起的。我也可以找回！

二、选题技巧

1. 散点连接

散点连接指将几个表面上看似没有关联，有些甚至相对的景物、词组，通过一定的语言表达方式，巧妙地连接起来，组合成为一段话，表达出完整的意思，如关键词"校友会""咖啡""遭遇"。根据这些关键词进行连接，例如：

一次校友会后，几个老同学在某同学家里见面，主任问我喝什么饮料，我说："来杯咖啡吧。咖啡，加点方糖，甜中有苦，苦中有甜，二者混杂在一起，有一股令人难忘的味道。我想，它正好与我们这一代人的遭遇相似，与我们的人生回味相同。"

"校友会""咖啡""遭遇"这三个普通的词通过演讲者的巧妙连接，运用比喻，不仅形象地说明了"我们这一代人的遭遇"，同时也表达了这种遭遇令人回味无穷的意思。

"语言不是蜜,但它可以粘住一切。"从上述例子中可以看出,无论是多么"散"的事物,只要认真研究它们之间的关系,给予演讲内容一个中心思想,用这个思想统率"散点",再用恰当的语言方式来表达中心思想,就会在即兴演讲中取得意想不到的效果。

2. 借题发挥

借题发挥指借用谈论另一个题目来表示自己真正的意思。在即兴演讲中,可以有意识地运用这种"言在此意在彼"的手法来选材立意。在即兴演讲时,恰当地利用当时当地的某些场景、情境来阐发题意,既可以增强演讲的诙谐风趣,又可以达到深化主题的作用。例如马寅初任职北大校长时,曾经到中文系教师郭良夫家里贺喜新婚,他的到来让现场气氛顿时热烈起来,主婚人让他讲几句话。马寅初没有推辞,诙谐地笑着说:"我只有一句话想公开对新娘子说说。我想请新娘放心,因为根据新郎的大名,他就一定是一位好丈夫!"

马寅初的即兴演讲从当时的情境中找到话题,借新郎名字表达出对新婚的祝福。

借题发挥是一种很有生命力的演讲手法,但演讲者在使用这种手法时要注意"此"和"彼"虽然不是同一回事,但两者之间必须有一定的联系,不要将两个毫无联系的事物生硬凑到一起,否则容易造成牵强附会、矫揉造作之嫌,出现"两张皮"的现象,严重影响演讲效果。

3. 发掘话题

在受到邀请、几乎没有时间准备的情况下,即兴演讲可以从现场发掘话题。

(1)从演讲场合找话题。

听众总是因为一定目的、在同一时间和地点进行聚会。即兴演讲者可以根据聚会的原因、时间和地点,来确定自己的演讲话题。即使在事先准备好的演讲中,演讲者也可以根据演讲场合临场发挥,把演讲主题表现得更加淋漓尽致。例如闻一多曾经在一次纪念五四运动的学生夜间集会上发表演讲,他触景生情地打了一个比喻:

我们的会开得很成功!朋友们,你们看:(此时他指着从云缝中钻出来的月亮)月亮升起来了,黑暗过去了,光明在望了,但是乌云还等在旁边,随时还会把月亮盖住……

闻一多结合现场环境的变化进行比喻,深刻而形象地表达了革命者对前途的坚定信念和对形势的清醒认识,同时也激发了学生的爱国之情。

(2)从听众身上找话题。

听众的心理状况,听众的构成成分,比如籍贯、职业、年龄、性别、文化水平等信息,都可以成为即兴演讲的话题。

(3)从前者的演讲中找话题。

善于演讲者往往也善于倾听,在听的过程中受到提示和启发,以激发自己的演讲灵感。对前面的演讲话题,后面的演讲者可以拾遗补漏、转换角度,甚至可以就之前的某一个点的启发而构思一篇精彩的演讲。这种情况也适用于领导、嘉宾讲座结束时，演讲者作为主持人进行的总结性发言。

 即兴演讲词欣赏

校长致新教师的欢迎词

各位新老师，你们的到来，给我们注入了新鲜血液，掌声证明：对于你们四位，我们是热烈欢迎的。在生理学的意义上，血液有O型、A型、B型、AB型之分。我不知在座的各位老师是何种血型，也未曾做过调查。不过，你们可以相信，在非生理学的意义上，我们都是AB型，能接受任何血型，我们又都是O型，能输给任何血型。在以后的日子里，我们新老"血液"一定能友好、融洽地相处。据说，人体的心脏是世界上最卓越的"水泵"，每天泵出的血液达七至八吨，你们四位每时每刻泵出的"新鲜血液"与原来的"血液"汇流在一起，无疑，我们学校将更加充满生机！

在"蜀秀礼仪小姐大赛"决赛中的即兴演讲

尊敬的评委、在座的各位朋友：

你们好！唐代大诗人白居易有一首诗："江南好，风景旧曾谙。日出江花红胜火，春来江水绿如蓝。能不忆江南？"我的名字就是"能不忆江南"的"江南"。

哭，伴随我降临到这个世上，而微笑，却陪我走过了21个春秋。小的时候总有很多梦想。我曾向往着塞纳河的潺潺流水，也曾向往着卢浮宫的艺术珍藏。长大以后，我如愿地考上了四川外国语大学法语系，去继续追求这个美丽的梦想。我相信好梦成真！

Mesdames et Messieeurs, Bonsoir！（法语：女士们，先生们，晚上好！）

我热爱艺术，热爱大自然，热爱她们的灵韵，热爱她们的博大浩渺，更热爱她们的崇高的结晶——美！

一个社会需要美，一个民族需要美，一个国家需要美，一个人也需要美。需要美的外表，更需要美的心灵、美的情操。追求美是人类的高尚行为，高尚的美都应该追求。我来参加这次"蜀秀礼仪小姐大赛"，就是为了追求美、展示美和学习别人的美。同时，我觉得，作为一名大学生，应该投身于时代的潮流，接受社会的检验，接受一切挑战和机遇。如果说经过风吹浪打的水手才能战胜大海，那么，我愿把社会当成大海，用它的每一朵浪花磨炼出坚强的自己。

春风又绿江南岸。愿美的春风飘落神州大地的每一个角落，飘在你的心中。

我的演讲到此结束，谢谢！

竞赛式命题演讲实例

命题1：人天生是软弱的。唯其软弱而犹能承担起苦难，才能显出生命的尊严。

帕斯卡说过："人是一支有思想的芦苇。"

是呀，"寄蜉蝣于天地，渺沧海之一粟"。个人的生命与天地及历史相比，是如此渺小和短暂。尽管我们可能有强健的肌肉，俊美的外形，却是这个星球最伟大的生灵。因为人有着其他生灵所没有的思想和尊严。

生命短暂，活着并能承担起人生的苦难，有尊严活才拥有生命的意义。

那么，怎样才能有尊严地活？我认为：那便是勇于挑战生命中所有的苦难。

人生苦短，我们可能会遭遇来自身体和外在的诸多磨难苦难甚至灾难。

对此，是逃避还是勇于面对？

帕斯卡终生多病多灾，却用强大的内心、深邃的思想让其短暂的一生辉煌，在诸多领域做出了卓越的成就。

盲聋哑的海伦·凯勒不愿如蝼蚁般苟延残喘、毫无尊严地活着，便用强大的毅力让自己单调的生活丰富，既完美了自己，又感动了他人。

再看看其他人吧，如林肯，如霍金，如达人秀的刘伟，又如汶川地震中的千千万万的幸存者。

我们每一个普通人也都有可能遭遇疾病、不幸、失败等苦难。

是的，生命是软弱的，自然的一阵风、一口水、一次抖动都有可能轻而易举毁灭我们。但是，如果我们拥有强大的意志力，去挑战生命中的每一次苦难，去战胜苦难，活出生命的意义，实现生命的价值，方能显出人的尊严。

命题2：没有比人更高的山，没有比脚更长的路。

初看到这个命题时，我暗自惊喜，这是我初中最喜欢的一句诗。再看，这让我想到了陈玲玲老师的那一句：你能走多远，关键在于你能看多远。

是呀，心中有山，心便在山顶；脚下有路，路便达远方。其实，这山顶，这远方，不就是我们心中的梦想吗？

那么，我们该如何到达远方呢？我想，主要还在于目标、实践和毅力。

杜甫说："会当凌绝顶，一览众山小。"广告语说："山高人为峰。"是呀，心中有了坚定的目标，便可有个美好的梦想：登临山顶，俯视人间，睥睨世界，欣赏最美的风景。

当然，登山之路是要一步一个脚印走出来的。我们要用脚步去丈量每一个目标，所以，实践不能少。倘若只是心中有山，脚下没路，有目标无实践，高处的山岚和远方的风景便会沦为梦境。

心中有目标，脚下有实践方能一步步接近梦想，而行百里者半九十，唯有在我们疲惫和懈怠时辅之以毅力，那种不放弃的精神，方能真正问鼎苍穹。

工作几年来，我有梦想有收获，我的心中有我的山，有我的路。我一直梦想有一天我能做高山之巅的风景，我能看到远方的风景。于是，我对自己说："带着目标、实践、毅力上路吧。去登山，去远方看风景！"

命题3：给每棵野草绽放的时间

看到这个题目，我一下子就想到了我们班的小X。两年前，他就像一棵角落里的野草，卑微而渺小，没有好成绩，没有好人缘。他的脸上很少有笑意，青春期的孩子个个如花般明艳，唯独他如花园中最不起眼的小草，被人忽视被人唾弃……后来，他休学了。他的离去没有激起一丝波澜。

就在我们快忘记他的时候，前几天，我接到了他的电话，邀请我去他家做客。再见他时，发现他的诸多变化：穿着时尚得体，目光炯炯，神采飞扬，原先的怯弱消失殆尽。他告诉我，他休学后留了一级，于是跟得上大家了，今年还得了好几个奖呢。更重要的是，他变得自信开朗，自理能力很强，为我做了七八个菜，色香味俱全；单车骑南京，独行香港北京，与外国网友聊英语……

那一刻，我终于看到了一棵野草开始开花了。那一刻，我也开始反思：那样的一个孩子，我们凭什么认为他开不了花，仅仅就是因为他成绩上不如意吗？其实，每个孩子都有自己的成长节奏，有些快有些慢罢了。为什么我们不能蹲下来，弯下腰，静静地等待那花开的时刻，倾听花开的声音？

于是，我对自己说："能成栋梁的树都是长得慢的树，给每一棵草绽放的时间，假以时日，辅以呵护，他必将给你惊喜！"

命题演讲训练

一、全命题演讲训练

请选择下列一个题目，写一篇5分钟的演讲稿。要求层次清楚、内容充实、结构完整、文字流畅。

1. 我有一个梦想
2. 什么是幸福？
3. 奋斗的青春最美丽
4. 我心中的英雄
5. 青年与理想
6. 关于责任的思索
7. 也说"走自己的路，让别人说去吧"

二、半命题演讲训练

1. 在你的心中，朋友是什么？请围绕"朋友"这一主题，自拟题目，写一篇5分钟的演讲稿。要求：选准角度，确定立意，自拟标题；不要套作，不得抄袭；不得少于800字。

2. 中国共产党走过百年历程。在党团结带领人民进行的伟大斗争中孕育的革命文化和社会主义先进文化，已经深深融入我们的血脉和灵魂。我们过的节日如"五四""七一""八一""十一"，我们唱的歌曲如《义勇军进行曲》《没有共产党就没有新中国》，我们读的作品如《为人民服务》《沁园春·雪》《荷花淀》《红岩》，我们景仰的革命烈士如李大钊、夏明翰、方志敏、杨靖宇，我们学习的榜样如雷锋、焦裕禄、钱学森、黄大年，等等，都给予我们精神的滋养和激励。我们心中有阳光，我们脚下有力量。我们的未来将融汇于中华民族伟大复兴的新征程，我们处在一个大有可为的时代……

请以"可为与有为"为主题，写一篇演讲稿。要求：选准角度，确定立意，自拟标题；不要套作，不得抄袭；不得少于800字。

3. 2014年，中共中央总书记、国家主席、中央军委主席习近平在会见庆祝第三十个教师节暨全国教育系统先进集体和先进个人表彰大会受表彰代表后，在北京师范大学强调全国广大教师要做"有理想信念、有道德情操、有扎实知识、有仁爱之心"的好老师，为发展具有中国特色、世界水平的现代教育，培养社会主义事业建设者和接班人做出更大贡献。

请以"我的教师梦"为主题，写一篇演讲稿。要求：选准角度，确定立意，自拟标题；不要套作，不得抄袭；不得少于800字。

即兴演讲训练

一、运用散点连接技巧，开展即兴演讲

下面有几组意义上互不相干的词语，通过一定的语言表达方式，将每组词语巧妙地连接起来，组合成一段话，表达出一个完整的意思，开展3分钟的即兴演讲。

1. 梦想、青年、奋斗
2. 读书、手机、口才
3. 平凡、成就、时代
4. 志气、骨气、底气
5. 警察、太阳、笑脸
6. 沙滩、钢笔、衣服、酒水

二、运用借题发挥技巧，开展即兴演讲

你的朋友小明在科研上取得重大突破，获得科研大奖。小明邀请你到他的庆功宴上一同庆祝。作为他的好朋友，这时有人要你说几句，你会怎么开展即兴演讲？要求：看题后2分钟内开始作答，演讲要富有感情，简明扼要。

三、运用发掘话题技巧，开展即兴演讲

你去参加一个你喜欢的画家艺术展的开幕式，主持人突然有事无法按时到场，这时你被要求作为临时主持人救场，进行开幕式发言，还有2分钟就要上场了，你会怎么进行演讲？

四、从以下题目中任选一题，开展即兴演讲

1. 你是一年级新生的班主任，请以"自尊、自立、自强"为题在第一次班会上发表演讲。

2. 在教师年度总结大会上进行优秀教师评选，大部分同事把票投给了你，你也希望当选，但是之前与你有过矛盾的王老师说你过于表现自己，与同事工作配合不好。这时，领导让你上台做一个简短发言。

3. 以"如果你曾歌颂过黎明，那么也请你拥抱黑暗"为主题进行即兴演讲。

第五章 辩论口才

第一节 辩论的含义和特点

辩论有着悠久的历史。早在古希腊时期，智者学派的哲人们就通过辩论的方式探求世界的本源。我国春秋战国时期，不同学术流派间的辩论更是促成了百家争鸣局面的产生。事实上，辩论最早可以追溯到人类语言的诞生。当人们有了语言后，在自我意识的驱动下，不同的认识与观点相互碰撞，由此产生的语言交锋就成为辩论。在漫长的历史中，辩论与我们的生活不断交融，成为人们输出观点的重要方式，极大地促进了人类社会的发展。

一、辩论的含义

辩论，是"辩"与"论"的结合，即用一定的道理批驳对方的观点，揭示其中的矛盾，同时对己方的观点进行解释说明，表达自己的见解，以求最后得到正确的认识或共同的意见。我们也可以认为辩论的最终目的就是达成共识。春秋时期的思想家墨子在《墨子·小取》中提出了"夫辩者，将以明是非之分，审治乱之纪，明同异之处，察名实之理，处利害，决嫌疑"的观点，也肯定了辩论在明辨是非、考察名实、解决疑惑、达成共识上的作用。

而辩论之所以有意义，在于所辩论的事物有分歧与争议。对于约定俗成或举世公认的观点或事物，往往没有辩论的必要，人们甚至无法在这一类事物中找到能作为辩论交锋的分歧点。但对于一些热点的社会话题，如是否应该取消高考加分等，总是众说纷纭，始终难以达成一致，这就为辩论创造了广阔的舞台。

二、辩论的特点

辩论作为一种语言活动，在观感与文字的应用上与演讲、朗诵等大不相同，以语言对抗为表现形式的辩论兼有一定文学性的同时强化了逻辑，弱化了抒情，使其成为一项独具特色的语言艺术。辩论具有以下几方面的特点。

1. 辩论人员的双边性

辩论是一项双边活动，语言的对抗是其最突出的表现。基于此，辩论参与的主体必须是两个或两个以上持有不同观点的人，这样才具备了辩论的主客双方，辩论才能进行。值得一提的是，自辩并不是辩论，因为其归根结底是个人在意识中对某一事物的考量，用权衡、考虑等字眼来形容自辩则更为妥当。

2. 辩论观点的对立性

如前文所述，只有存在争议的事物才有辩论的意义和价值。或是或非，双方都能有一定的辩论空间和相当的举证责任，并由第三方（观众、评委等）来进行裁决，才有辩论的可能。同时，对立性越强，辩论的过程也越激烈，观感上就越好，否则就会演变为"鸡同鸭讲"的尴尬局面。为此，现在的很多辩论赛在选取辩题的时候，辩题正反双方的对立性越强，就越容易被选用。如2021年华语辩论世界杯总决赛小组赛的辩题"对于女性的职场焦虑，男性能/不能感同身受"聚焦了现今讨论比较热烈的男女平权问题，既有一定的现实意义，也能在辩题的选取上让整场比赛更加精彩和热烈。

3. 辩论内容的延展性

辩论从来都不是线性的，对于某一辩题，往往可以从不同的角度切入。通过不同角度的破题，论证的方向也更广阔，可以延展的知识也越多，甚至有时需要运用到多种知识体系来辅助论证。正因为辩论的内容具有延展性，在现行的辩论训练中，前期的资料查询和知识积累逐渐变得更为重要，恰如本杰明·迪斯雷利在《年轻的公爵》里说的那样，"雄辩是知识之子"。

4. 辩论论证的严密性

辩论是逻辑性最强的语言活动之一。在辩论中，论证的逻辑是否完整与严密，对于最后胜负的影响往往是决定性的。辩论本就是破与立的结合，发现对方论证的漏洞，驳斥对方的论点，同时对自己的论点进行合理有力的输出。倘若不能做到论证的严丝合缝，就会给对方更多进攻的空间，让自身在整场辩论中陷入被动的局面。

5. 辩论过程的应变性

辩论场上的局势瞬息万变，就如同打仗一般，辩论中的正反双方都在论证中竭力抢占对方的战场，守住己方的战场。要懂得适时地随局势变化而做出反应，才能选取合适的策略站稳脚跟，最终取得胜利。

6. 辩论追求真理的目的性

如前文所述，辩论的目的在于追求真理，取得共识。古希腊的智者学派、春秋战国时期的诸子百家都把辩论当作探索真理的利器，为人类文明史书写了灿烂辉煌的篇章。

第二节　辩论的类型

辩论渗透在生活的方方面面，不同的场合、人物和形式催生出了风格各异的辩论类型，这些类型大致分为以下几种。

一、自由性辩论

自由性辩论在辩论的时间、地点及参与人员上并没有明确的限制，同时也没有一定的规则，所辩论的一般为日常琐事、邻里矛盾等生活中常见的事务。这种辩论在生活中较为普遍，出现的原因在于生活中对于某件事所持观点的不一致，从而自发地开始辩论。虽然最终目的仍然是为了达成共识，但是因为缺乏评判的标准，常常演变为"声高者赢"的闹剧，有些时候会因无法分出胜负，不能产生结果而不了了之。

二、专题应用性辩论

专题应用性辩论涵盖的范围广阔，通常会根据某一具体的主题而开展辩论。此类辩论因其具有应用性及目的性较强的特点，规则与表现形式都较为规范，参与人员也会有一定的限制，所以是最具现实意义的一类辩论，其辩论的结果也会成为解决某些事务的重要参考。其中比较典型的专题应用性辩论有如下几类。

1. 法庭辩论

法庭辩论是指在诉讼活动中，控辩双方就起诉书中陈述的相关事实、法律条例等进行辩论的活动。法庭辩论是法庭审理的重要内容，通过开展法庭辩论，能帮助法院核实证据，查明案情，从而做出正确判决，是对犯罪量刑的重要参考。如美国著名的辛普森案，就是法庭辩论结果影响判决的一起非常典型的案件。

2. 议会辩论

议会辩论常见于欧美等议会制国家。某项议案能否通过，一定程度取决于提案者在议会辩论中表现的好坏。而一些西方国家的政府首脑选举，也常常通过议会辩论的形式进行。

3. 学术辩论

学术辩论常见于一些学术会议或一些答辩的现场。这类辩论专业性很强，受众也往往较少，但通过学术辩论所产生的成果普遍具有重要的价值，在学术界受重视的程度较高。本科生、研究生的毕业答辩，在某种意义上也是一种学术辩论。

三、竞赛式辩论

竞赛式辩论即我们常说的辩论赛。相比上文所述两种形式的辩论,辩论赛的竞技性和观赏性更为突出,也有一些辩论相关人士认为辩论赛是一种新颖的表演形式。辩论赛的过程往往比较精彩与激烈,但在辩论中双方更为注重立论、驳论及口才发挥等技术上的因素,而不刻意追求观点的正确与否。与其他辩论形式相比,辩论赛更适合作为一种开拓思维和锻炼口才的方式。

近年来,辩论赛事在各大高校广泛开展,甚至有了继已停办的国际大专辩论赛之后的诸如华语辩论世界杯、国际华语辩论锦标赛等世界范围内的辩论赛事,点燃了众多辩论爱好者的热情,极大地促进了辩论艺术的普及和发展。

关于竞赛式辩论,下一节将着重进行介绍。

第三节 竞赛式辩论

竞赛式辩论(以下统称辩论赛)的模式发源于欧洲,经历数百年的发展,在评判标准、赛制、人员及辩题选取标准上都有了巨大的变化,这些新元素构成了现今华语辩论赛的基础。以下将从赛制、胜负评判、辩位设置进行介绍。

一、赛制

赛制,即关于比赛的规则和具体安排,在辩论赛中,我们可以理解为规则的集合,也可以用来代指单场比赛的具体流程。传统辩论赛中设有开篇陈词、攻辩、攻辩小结、自由辩论、总结陈词等环节,根据赛制的不同,具体每个环节的时长及辩手发言的次序和形式也都会有所不同。近年来,对于一、二、三、四辩"人尽其用"的观念逐渐得到广大辩手的认同,一些更为复杂且能充分发挥辩位作用的赛制被启用,如华语辩论世界杯近年所用的赛制,如表5-1所示。

表5-1 华语辩论世界杯赛制

环节	环节解释	参与辩手	时间
环节一(立论质询)			
正方立论	正方对本方观点进行阐述	正方一辩	3分30秒
反方质询	反方二辩质询正方一辩,共计时2分钟。回答方只能作答不能反问,质询方可以打断,但答辩方拥有5秒钟保护时间,保护时间内质询方不得打断	反方二辩 正方一辩	2分钟

续表

环节	环节解释	参与辩手	时间
反方立论	反方对本方观点进行阐述	反方一辩	3分30秒
正方质询	正方二辩质询反方一辩，共计时2分钟。回答方只能作答不能反问，质询方可以打断，但答辩方拥有5秒钟保护时间，保护时间内质询方不得打断	正方二辩 反方一辩	2分钟
质询小节	反方二辩就质询内容进行小结	反方二辩	1分30秒
质询小节	正方二辩就质询内容进行小结	正方二辩	1分30秒
环节二（对辩盘问）			
双方攻辩	正方四辩与反方四辩进行对辩，时长为各1分30秒，由正方先开始，双方以交替形式轮流发言，辩手无权终止对方未完成之言论。双方计时将分开进行，一方发言时间完毕后，另一方可继续发言，直到时间耗尽为止	正方四辩 反方四辩	3分钟
正方盘问	正方三辩盘问，时长为1分30秒，正方三辩可以质询对方除三辩外的任意辩手，答辩方只能作答不能反问，答辩方不计入总时间，质询方在5秒保护时间结束后可以打断答辩方发言	正方三辩 反方一辩 反方二辩 反方四辩	1分30秒
反方盘问	反方三辩盘问，时长为1分30秒，反方三辩可以质询对方除三辩外的任意辩手，答辩方只能作答不能反问，答辩方不计入总时间，质询方在5秒保护时间结束后可以打断答辩方发言	反方三辩 正方一辩 正方二辩 正方四辩	1分30秒
正方小结	正方三辩质询小结，时长为1分30秒	正方三辩	1分30秒
反方小结	反方三辩质询小结，时长为1分30秒	反方三辩	1分30秒
环节三（自由辩论）			
自由辩论	由正方开始发言。发言辩手落座为发言结束，即为另一方发言开始的计时标志，另一方辩手必须紧接着发言；若有间隙，累积时照常进行。同一方辩手发言次数不限。如果一方时间用完，另一方可以继续发言，也可以向主席示意放弃发言	所有辩手	4分钟
环节四（总结陈词）			
反方陈词	总结陈词	反方四辩	3分30秒
正方陈词	总结陈词	正方四辩	3分30秒

在这个赛制中，一辩摆脱了传统赛制中比较边缘化的身份，被摆在了一个重要的防御位置，而二、三辩作为进攻手，能进攻的机会也比传统赛制要多，这对于比赛的精彩程度有着巨大影响。但即使环节增多了，时间也拉长了，总的来说，辩论赛的赛制实质上也仍然是独立陈词及对辩环节（又称交互式问答）两种。

1. 独立陈词

独立陈词即单独一位辩手发言，在无人干扰的情况下陈述观点。我们比较熟悉的一辩的开篇陈词，二、三辩的申论、驳论及攻辩小结，四辩的总结陈词等都属于这一类。

这类环节由于具有限时陈述完毕及对手不可打断发言这两个特点,往往成为当前环节辩手的"独角戏"。辩手不仅需要倾注更多的时间用于赛前的文稿打磨及应对准备,而且在包括眼神、语调、手势、语速等方面的表现力也有更高的要求。例如,四辩在总结陈词时,若能声情并茂地捋清整场比赛双方的交锋点,并在最后通过个人表现的感染力成功地拔高价值,加上能够做到脱稿演说,那么就会给评委留下很深的印象。

2. 对辩环节

对辩环节即双方辩手交互式发言,常见的包括攻辩、质询、盘问、对辩及自由辩论等。与独立陈词不同,对辩环节的交互性很强,对于观众来说也比较具有观赏性,对辩手的语言功底、判断力、反应力的要求也更高。总的来说,对辩环节可以分为提问及对问两种形式。

提问包括质询、盘问等。提问时只允许一方提问,另一方只能回答,不能反问,提问方可以打断。在这种情况下,提问方的权限较大,既能决定"问什么"和"怎么问",而且还能打断回答方的发言。受到这些因素的影响,评委在打分时也会有一定的偏向性。如果认为提问方的输出是无效的,那么回答方就可被认为防守成功。对于一些新人辩手来说,不懂得合理运用打断的权限,把提问变成一次陈词,空耗时间,这是比较普遍的问题。

对问包括对辩、自由辩论等。在对问时双方都有提问的权利,双方都分开计时,在充当提问方的同时又是回答方。在这种模式下,双方能输出的观点都很有限,但却往往能创造出最明显的舞台效果,这是观众比较喜欢的。

二、胜负评判

辩论赛胜负的评判标准通常取决于双方发言的内容和语言。内容上要足够充实,有能为人接受的论点及充实的示例和数据作为补充;同时,在语言上要能对答如流、清晰流畅。总的来说,要求内容充实,场面漂亮。

然而,受到赛制不同等因素影响,在现在的华语辩论环境中,对于辩论胜负的评判标准繁多。但最核心的还是取决于评委的水准。作为与辩手、主席并列的辩论赛三大参与者的评委有着年龄、学历、价值观念等方面的差异,这对于评价胜负乃至整个赛事的层次都有重要的影响。

一般来说,辩论赛时评委的评判比较鼓励实行"白纸裁",即不含过多的个人立场,只要某方辩手的发言没有过于违背常识或某些客观事实,对方辩手未能攻破其论点,那么就不应该带入个人想法进行评分。比如,某个辩手如果说出"鸦片战争是美国发动的"这种与历史事实不相符合的观点,那么就应该予以扣分,但如果说"鸦片战争是某些列强发动的战争",那么就是评委可以接受的观点。而对于某些权威书籍中相互矛盾的说辞,如陈寿在《三国志》中记载了马谡的三种死因,辩论双方采用了其中两种不同的观点，评委也可以根据辩手现场的表现来选择采信表达更为流畅的一方。

但我们不难发现，在现在的辩论赛中，"白纸裁"型评委并不一定是最好的选择。例如，某华语辩论世界杯总决赛中出现了一些官员或社会名流出任评委的"社会裁"，还会出现由辩手担任评委的"辩论裁"，也会出现由一些行业专家担任评委的"专业裁"。这些评委都很有实力，专业知识深厚，对于所辩论的话题有自己独到的见解，他们能结合自身阅历，更深入地探讨、评价某一话题，对于辩手的技巧、知识量等也能做出充分的考量。有了这些身份、经验等皆不同的评委共同执裁，反而能拔高整场辩论的高度，一些想欺负评委不懂行的辩手，也会聪明反被聪明误。

但不可否认的是，在一些辩论赛场上，也有所谓的"心证裁"，即评委带有自身的立场，这些评委严重影响了比赛的公平。

值得一提的是，现有华语辩论赛的打分方式也是多样的。既有传统的打分制，也有现在流行的三票制（印象票、环节票、决胜票）和一票制等，不一而足。

三、辩位设置

众所周知，辩论赛的辩位可以分为一辩、二辩、三辩和四辩，这四个位置分工明确，在辩论赛的不同环节承担着重要的作用。随着赛制的革新，每一个辩位在一场辩论赛中的定位也愈发明晰。

1. 一辩

一辩在一场辩论赛中被认为是立论手，负责在开场进行开篇立论，统领全局。而一辩的立论最为关键的在于一辩稿要写得十分充实。不少人误认为一辩稿就是由一辩一个人完成的。其实不然，一辩稿是集体智慧的结晶，需要通过赛前集体讨论来完成。

在人选上，一辩可以选择仪态、语调、音色较好的辩手担任，这样在立论时就能把一辩稿更为"华丽"地演绎出来。但也因为这样，一辩常常被认为是辩论队里的"花瓶"。这自然与以往的辩论赛赛制更注重攻辩手的发挥有关，但近年来，随着辩论赛赛制的革新，一辩除了开篇陈词外还需要应对来自对方二辩、三辩的进攻，守住自己在一辩稿中所立的论点，其战略地位愈发重要。

2. 二辩

二辩是通常认为的进攻手之一。在一场辩论赛中，二辩的主要进攻方向来自两个方面，一是在赛前准备中通过预判对方论点而准备的问题，二是对方一辩在一辩稿中所提的论点。由于二辩的发言较早，且对方"立足未稳"，所以对于后续划分战场、选定进攻方向往往能起到巨大的作用。基于此，二辩在攻辩时需要言语犀利，思路清晰，为后来队友的发挥奠定基础。

3. 三辩

三辩是另一位进攻手。与二辩不同，三辩的发言与盘问都已经处于比赛的中后期，观点和事例、数据的输出都已比较丰富，但比较零散，缺乏体系化。三辩的职责就是通过盘问和盘问小结把前期的交锋点整合起来，针对争议较大的论点进行进攻与防守。在均势对局中，三辩的盘问环节往往能成为胜负评判的分水岭。

4. 四辩

四辩的职责主要在于总结陈词。在整场比赛的最后，通过总结场上的交锋点，对双方的得失进行系统性的概括，既能够为己方的论点做最后的输出，也能在最后将对手的问题总结起来一并交予评委。总结陈词的时间一般比较长，长段的论述往往可以兼具逻辑性和感染力，所以我们常常能看到有在总结陈词环节翻盘的实例。

第四节 辩论技巧

前文叙述了辩论赛的赛制、评判标准和每一个辩手应负的职责，但必须明确的是，辩论是一门技术活，除了需要日常对知识的积累之外，还需要充足的技巧训练，包括一辩稿的写作、攻辩问题的设计及辩论语言的运用等。由于竞赛式辩论体系较为完整且对于学生来说较为熟悉，所以以下将以辩论赛中的各个环节为脉络，从破题、开篇陈词、质询盘问、自由辩论、总结陈词、例子选择、备赛与训练方法7个方面来介绍辩论的技巧。

一、破题

破题，即对辩论赛的辩题进行分析，从而确定战略方向，为一辩稿论点的提出做出准备。现有的辩题按照类型划分主要分为15类，分别是非辩题、比较辩题、利弊辩题、可否辩题、可能辩题、前提辩题、应该辩题、先后辩题、轻重辩题、对立辩题、本末辩题、主次辩题、必然辩题、必要辩题和大小辩题。其中较为常见的是非辩题和比较辩题，我们接下来对这两种辩题的破题策略进行分析。

1. 是非辩题

顾名思义，是非辩题是判断是与不是的辩题。这种辩题一般立足于当下的社会现状，会运用到大量的现实事例及数据。具体思路是要找对应关系，剖析辩题中两种事物分别有什么特点，看这些特点是否相互匹配。如在"金钱是/不是万恶之源"辩题中，就要看"钱"与"万恶之源"的特性是否对应，由此来判断是与不是。

2. 比较辩题

比较辩题，即比较双方优劣的辩题。通常，我们会通过罗列双方各自的优点来作为论点，但如此破题往往会演变成各说各话，演变成优点的堆砌而非好坏的对比。所以经验比较丰富的辩手通常会采用三种方法来破比较辩题。（1）采用标准法，找到一个强大的、能让人信服的标准，如在"年轻人闯荡大城市，应该/不应该买房"这一辩题中，可以用"何者能让自己生活压力更小"来作为判断标准。（2）采用关系法，分析两者的相互关系，从以何者起主导作用为方向来破题，如在"好对手/好伙伴更重要"这一辩题中，可以研判好对手和好伙伴何者在自己个人的发展中起主导作用。（3）采用置换法，把要比较的两个事物置换为两个新的概念，再来比较优劣，如在"对于企业而言，物质资源/人力资源更重要"这一辩题中，可以把物质资源置换为金钱、资源，把人力资源置换为人才，再进行下一步的讨论。

值得注意的是，近年来出现了较多的政策性辩题。这种辩题可能会采用是非、比较等多种形式。但总的思路是厘清这个政策提出的"需、根、解、损"，综合研判政策提出的背景、根源、解决方案、损益比来破题，如"应/不应该放开三孩"这一辩题涉及国家政策，需要探寻它提出的背景，综合考虑当今中国的社会状态。

二、开篇陈词

开篇陈词又称为开篇立论，是整场辩论赛的主导环节，也是一场辩论赛的前哨战，能极大影响评委的第一印象。在开盘陈词中，一辩应当充分利用语言的魅力，将一辩稿娓娓道来。语调应该比较平缓，语速应该较慢，咬字应当清晰，让评委与观众甚至是对手能够听清自身一辩稿的内容。

同时，一辩稿的写作也至关重要。一篇一辩稿800—1200字（依据陈词时间决定），框架主要是"（社会背景+）定义+标准+论点"。在写作时，应该在破题的基础上继续进行概念的解析，明确比较的标准。以下将从定义、判断标准（以下简称判标）、论点三个方面来谈谈一辩稿应该如何写作。

1. 定义

在大部分一辩稿中，第一句往往是"开宗明义，定义先行"。对定义的解释，虽然文字篇幅较少，却是立论的重中之重。定义给得好，可以缩小己方论证义务，扩大对方论证义务，由此延伸出了辩论赛中常见的交锋——定义争夺战。

一般来说，概念越抽象、模糊，争议空间越大，如"酒香不怕巷子深/酒香也怕巷子深"这一类的俗语类辩题的定义，或是"爱""恨"等模糊的词语。反之，一些明确、具体的定义，分歧就越小。为了避免陷入纯定义之争，很多比赛都会给辩手提供一个"题解"，解释辩题中一些较为模糊的概念，辩手可以基于此在一辩稿中提出自己的定义。这些定义的种类常常包括以下几种。

（1）霸道定义。

霸道定义的优点是通过提出一些比较霸道的定义，如引用某些伟人言论，尽力压缩己方的论证义务，近乎无限地扩大对方的论证义务。但这种定义一定程度上违背了辩论本身的特性，对于整场比赛的观赏性也会带来不良的影响。如"真爱会/不会被现实左右"中，若是反方将真爱定义为"不被外界动摇、不被现实左右的情感"，正方辩论空间则会被大幅挤压，但凡提出一个"被左右"的例子，反方都可以说那个不是真爱。

（2）温和定义。

温和定义指利用汉语言的复杂性，去阐述一些比较模糊但能为各方接受的定义。如"功能/不能补过"中"补"，无论是解释为"降低负面影响，减少后续伤害"，还是"对原状的恢复"，都可以说得通，以此留足了辩论交锋的空间。

（3）空心定义。

空心定义指在定义时写下一句似是而非的话，用抽象的词去解释抽象的词。在定义一些难以定义的诸如有"幸福"等词的辩题时，空心定义可以在形式上补全框架，让演讲稿的整体更加自然。如"有权/有钱更能让人幸福"中，幸福本就是难以定义的词，可以将其定义为"让人快乐的事"来补全结构。

2. 判标

判标是一辩稿中的非必要内容，如一些非比较性辩题不需要给出判标，如"博彩业兴旺发达是/不是社会进步的象征"没有进行比较，就不需要专门写明判标。而当辩题中存在比较且比较标准较为模糊的时候，就需要明确一个判标。如"中国未来十年发展内部/外部压力更大"这个辩题中，"内部和外部谁面临的问题更多，压力就更大"就可以成为一个判标。

提出判标应对一些辩题时作用巨大，提出判标的一方会比没有判标的一方更具优势，一辩稿也会更为完整。需要注意的是，双重判标属于诡辩的一种，在一辩稿写作时应该尽量避免。

3. 论点

论点是一辩稿中最重要的部分，是支撑己方持方的理由及论据，这些论据需要综合数据和实例，全面地进行阐述。

在一辩稿中，通常会将论点列为三个，这三个论点不见得会全部用上，或者作用有限，不会成为辩论的主战场，但也能合理利用一辩陈词的时间，使得自己的体系更为完整。

在常规的立论方法中，一般会采取以下几种方式来写论点。

（1）优势罗列法。

即使用"立场+优势"的格式，把自身持方的所有好处罗列出来，这是最常见也是最流水线化的做法，可以迅速完成一篇一辩稿。如"应该先成家/立业"中，若是正方的持方，可以罗列出"成家可以慰藉疲惫心灵，成家可以找到一个生活助力，成家可以让人幸福"3个论点，迅速形成一篇一辩稿。但是这种方法略显老套，在面对一些优势不明显的持方时，也作用有限。

(2)二层分析法。

即使用"论点+价值倡导"的格式,通过两个论点分析己方的优势和对方的劣势,再提出价值上的倡导,给观众、评委以充足的比较空间。这对于后续环节中开辟战场,有着巨大的作用。如"大力整治网络直播对文化繁荣利大于弊/弊大于利"这一辩题中,可以分别论述整治网络直播的好处与不整治的弊端,最后再对整治网络直播发出号召。

(3)主体分析法。

通过罗列不同的主体,从不同角度来剖析辩题。如"应该/不应该禁止校外补课"这一辩题中,可以从学校、家长、学生三个主体进行分析,探讨禁止校外补课的利弊,从而使己方观点更为全面。

(4)时间线分析法。

可以根据不同的时间来罗列论点,这种方式适用于一些有时间变化的辩题,可以让整体的思路更为清晰。如"领袖更应该具有思想/能力"中,可以从古代、近代、现代三个时代等多个维度分析。

此外,还可以通过纯粹的解析定义、模糊框架等方式来写论点,受篇幅限制,这里不再赘述。但万变不离其宗的是,论点的写作要有其规律可循,要有一定的体系,最好每个论点间能相互沟通联系,从而使己方观点更为坚固。

以上是一辩稿中定义、判标及论点的写作方法,接下来通过一篇比较典型的一辩稿,看看它是如何展开定义、判标和论点的。

群众应该要求领袖成为道德楷模

开宗明义,群众与领袖是一对相对应的词语。群众泛指人民大众,领袖指领导群众的人,也指国家、政治团体、群众组织等的领导人。道德楷模是道德上仿效的榜样,是群众对自身要求的投射。(定义)我方的判断标准是何者更能为社会树立一个积极的价值观。(判标)

接下来,我方将从三个方面阐述论点。

对于群众而言,要求领袖成为道德楷模能为群众塑造好的榜样(论点1),以此来提升群众的素质与道德水平。社会对每个人都有相应的道德要求,对于有一定社会地位的人而言,他们也被赋予了更高的期待。作为领袖,群众自然也应该对他们有更高的要求,这样的要求既能对领导起到监督作用,又能够鞭策群众,使他们的道德更加完善。史书记载,因黄河流域的部落联盟领袖大禹平治天下,四海呈现一片安宁、祥和的太平景象,所谓"天下大和,百姓无事"。大禹也因其显赫功德和人格被尊称为华夏最著名的圣王。(合理性)人无完人,领袖也一样。但一个在道德方面对自己严格要求、不断进步的领袖,能够为千千万万同样不完美的人民群众树立一个合格的精神榜样。响应群众的要求,成为道德楷模,强调的是领袖以身作则的带领性、示范性作用。(示范性)

对于领袖而言，要求领袖成为道德楷模能促进领袖进步。（论点2）群众的督促可以促进领袖的道德建设，提高其领导能力。英国经济学家琼·罗宾逊指出：任何一套经济制度都需要一套规则，需要一种意识形态来为他辩护，需要一个人的良知使他去实践它们，国家也不例外。在东方文化中，中华民族以仁、义、礼、智、信作为道德规范，领袖作为这套规则的使用者、实践者，亲身诠释道德规则才能让人信服并拥护他的领导。领袖响应群众的要求成为道德楷模，能让领袖更富有个人魅力，甚至决定一个国家的兴衰。夏朝的末代帝王桀文武双全但荒淫无度，暴虐无道，大臣伊尹以尧、舜的仁政来劝说桀，希望桀体谅百姓的疾苦，桀却告诉伊尹："人民跟我的关系，就是太阳和月亮的关系。月亮没有灭亡，太阳会灭亡吗？"这句话传到夏民耳里，没想到夏民竟指着太阳恶毒地咒骂桀："若太阳什么时候会灭亡，我这个月亮愿意跟你同归于尽！"这便是成语"时日曷丧"的由来。

从国家的角度来看，领袖代表的是国家形象，是整个领导班子的学习模范，是人民群众的代表，代表整个国家的道德水平。（论点3）群众要求领袖成为道德楷模可以促进国家形象的提高，同时增强民族的自信心。例如周总理的良好的道德品质受到了国内群众与国际社会的认可，使国际社会对中国的看法大大提高。领袖在群众的要求与督促下日益完善自我，成为群众的典范与表率，群众受到领袖的感召，也积极地提升自身素质，双方共同作用形成一个良性循环。群众与领袖同心同德，举国之力朝着同一个目标努力建设，更有利于国家未来的发展。

三、质询盘问

质询盘问的核心是"问题"，在这一环节中，需要解决怎么提问与怎么回答两个问题。

如何提问，在于对问题的设计。设计问题主要采用独立提问和成套设计。

独立提问指用于进攻的单个问题，这种问题准备的难度较小但攻击性较强，适合在短兵相接时连环抛出。如在"宫斗剧的热播是/不是文化病态的表现"这一辩题中，若正方提出"宫斗剧有诸多历史谬误"的论点，反方就可以向正方提问："难道学历史不能去看纪录片而要选择去看宫斗剧吗？"这不仅能对对方的论点进行进攻，也可以对对方将要抛出的基于此论点的攻击进行防御。然而，独立问题虽然好用，但缺乏体系化，在战线较长的自由辩论中，难以起到划分战场进行重点进攻的作用，所以也有其局限性。

成套设计的问题则有其预设的体系，这往往需要前期进行大量的准备，通过设计问题进行引导，预设好对方的回答来进行进攻。这种方式类似于设置陷阱，虽然过程烦琐但往往能一击致命。在辩论赛中出现频率较高的成套问题主要有是非题、确认反驳、单点深挖、诱导提问和虚假陈词5种。

1. 是非题

是非题即先用"对不对""有没有"等话术抛出一个比较模糊、攻击性较弱的问题，诱导对手回答是或否，再根据前期的准备，无论对方回答是还是否都能有后续的问题进行跟进，不断压缩对方的还手空间，使对方最终对于该问题只能逃之夭夭或宣告投降。

2. 确认反驳

确认反驳，即用"先和对方达成一个共识"等话术先确认对方的论点，和对方在某个提法或观点上达成共识，之后再针对这一提法进行提问。这种方法可以迫使对方亮明观点，把底牌暴露后再跟进打压对方的观点，在辩论中也是行之有效的策略。但其关键在于能否成功预判对方的论点，这对前期准备的要求很高。如在"传播中国酒文化更应该依靠酒香/吆喝"这一辩题中，反方就可以预设对方会用"酒香不怕巷子深"作为论据，从而与对方确认后再提出"很多酿造工艺很好的酒因宣传力度不足而被埋没"的观点，来对正方进行攻击。

3. 单点深挖

单点深挖即针对辩题中涉及的某一个点进行深入挖掘，通过对其不断进行深入的解析，从而打乱对手阵脚，将对手打入未知区域，暴露更多的破绽。采用这种方法的准备一般比较简单，思路也比较明确。如下面"门当户对是/不是落后的婚姻观"这例。

  问：对方辩友，什么叫作门当户对？

  答：就是双方家庭的社会地位和经济状况相当。

  问：社会地位相当具体指什么？

  答：嗯……就是两个家庭在社会中影响力的大小和受认可程度。

  问：受社会认可程度怎么看出来呢？

  答：有多重指标吧，学历、职业之类的吧。

  问：也就是说，学历和职业相同就是社会地位相当吗？

  答：当然不是，还有其他标准，比如权力、威望之类的。

  问：权力、威望又怎么衡量呢？

  答：反正就是结婚前去了解一下情况。

  问：所以说，你们两家结婚前还要调查一下对方学历、权力这些？

  答：我们不是这个意思。

  问：那是什么意思？

  答：……

  问：所以说了那么多，你们始终讲不清楚什么是门当户对，又是如何衡量的，我真担心将来结婚变成查户口哟！

4. 诱导提问

诱导提问与确认反驳类似，都是通过一开始的示敌以弱，不断诱敌深入，最后对对手进行猛烈进攻。在使用这一种方法时，可以提前准备一个错误但能为对手接受的观点，在对方确认后进行猛烈的反驳，从而让对手陷入被动的境地。比如在"戏说历史有利于/不利于文化进步"中，若反方问正方"你是否知道张飞是一位豹头环眼、手持丈八蛇矛的武将？"时，对方回答了"是"，那反方就可以继续跟进，回答"三国时期根本不用蛇矛作为武器，看来你对正史不太了解啊，看起来小说还是不利于历史文化进步哟"，从而让对方陷入被动。

5. 虚假陈词

虚假陈词则利用陈词的形式来进行提问，虽然听起来是提问，但是实际上在陈词。这种方法可以压缩对方的逃避空间，不断输出自己在一辩稿中的观点，让对方不得不正面还击，基于此，虚假陈词是一种不错的迫使对方决战的方法。如把陈词稿中的"乱花钱是一种不省钱的行为"稍加变式为疑问句，变为"我们做人做事，乱花钱都是不应该的，你承认吗"，那么就可以在输出一辩稿观点基础上进行提问。

如何回答，在于能否对对方提出的问题进行破解，阻止对方的观点输出的同时输出自己的观点。常用的回答方法有几种。首先可以选择逃避问题，说一些似是而非的话，让自己不至于落入对方的陷阱；其次可以直接对对方的观点进行回应，否定对方的观点；最后可以否定对方问题提出的前提，让对方在前提上站不住脚。总的来说，回答者要头脑应该清晰，具有较强的临场应变能力，这同样是二辩、三辩这样的攻辩手所应该具备的素质。

值得一提的是，在某些辩题中，受定义争议较大的影响，在质询盘问环节常常会爆发定义之争，对定义的问题争论不休。虽然有《新华字典》《辞海》等权威书籍可供参考，但定义的争夺从不会停歇。为此，要掌握一定的应对定义争夺战的方法，其中切割、归谬是最常用的方法。切割就是把讨论的定义切割成数个内容，把不利于己方的部分剔除，做到"重新定义＋概念区分"。而归谬就是对对方的逻辑进行归纳，推导出谬误的结论，做好"逻辑归纳＋举出反例"。以上两点就是应对定义争夺战最好的方法。

四、自由辩论

自由辩论是一场辩论赛的高潮，也是对一个团队的默契及大局观的最大考验。关于自由辩论中提问及回答的方法，在质询盘问部分也都有涉及，这里仅说明在自由辩论中应该注意的要点。

1. 演绎表达

在演绎表达上，辩手提问顺序及哪个问题由哪个辩手来问的选取上，要尽量安排风格契合的辩手，根据问题所需要的语境、语气进行选择，对于语句长短、感情色彩多少等，也需要仔细考量与打磨。比如，在讲到"网络直播兴盛弊大于利"中关于因为被不良的直播风气影响而走入歧途的孩子时，可以运用痛心、无奈、愤怒的语气，在说理的同时感染观众。同时，在这一环节中应该尽量生动，使用一些名人名句或古诗词，避免枯燥乏味。再如在"大学毕业后更应该就业/考研"这个辩题中，正方谈到"就业可以帮助国家缓解人才的缺口"时，可以引用李大钊的"铁肩担道义，妙手著文章"来营造气势。

2. 时间安排

在自由辩论中偶尔会出现个别辩手"越说越嗨"的情况，从而忘乎所以，不仅会容易犯下只答不问的错误，把问答变为陈词，更会忘记了时间的把握，导致时间安排不合理。所以，在自由辩论中，每一位辩手的发言时间应该比较均衡，对于一些进攻点的时间安排也要合理。当某一个进攻点久攻不下时，就不要死磕到底，要懂得适时地调整进攻方向来节省宝贵的时间。通常来说，在4分钟的自由辩论中，每个论点的进攻时间不应该超过1.5分钟，对于一些在前期交锋中已经被破的论点或已经达成共识的论点不必再纠缠。而在实战中，若对方自由辩论时间已经耗尽，己方应该充分利用剩下的时间不断输出问题，扩大己方优势。

3. 辩手分工

在自由辩论中，通常不会只在某一战场、某一问题上纠缠到至死不休，所以需要有一定的战术安排来进行进攻方向调整。为此，队伍中应该安排好至少一人负责抛出问题，作为自由辩论的先锋官，两人负责主攻，再有一人进行补充与总结，使得自身队伍攻守完备。同时，每个人负责的问题提前设计好，这样可以有效避免在比赛时发生手忙脚乱的现象。

五、总结陈词

总结陈词是一场辩论赛的最后一个环节，也是很多辩手认为的辩论赛中最后的"翻盘点"，由此可见，总结陈词的作用是巨大的。与开篇陈词不同，虽然都是大篇幅的陈词，但对于一些辩手来说，总结陈词的内容并不会在赛前成稿，而是根据现场比赛的情况进行梳理与总结，对对方的观点进行批驳，再对自己的观点进行补充。同时，总结陈词也应该区别于演讲，应该更注重逻辑，不应该舍本逐末过于追求情感上的表达，避免适得其反。

负责总结陈词的四辩往往各具特色，根据不同的特色，总结陈词也会呈现不同的风格。以下是几类常见的四辩风格。

1. 情感流四辩

对于口才较好，表现能力较强，比较善于抒情的辩手来说，往往喜欢在总结陈词中用较为华丽的语言进行梳理，最后上升价值高度，通过抒情的价值倡导来感染评委与观众，如果处理得当会产生极佳的舞台效果。比如在"在发生危害人的生命与财产事件时，旁观者应该/不应该采取直接行动"这个辩题中，若正方四辩在总结陈词时富含感情地说："如果我们每个人在执行正义前都瞻前顾后，那么还会有见义勇为吗？那些惨遭侵害的人又该怎么办呢？难道我们的良心允许我们这么淡漠吗？"那么这几个疑问句的运用，助推了感情的输出，将会给评委极大的震撼。此外，排比句、感叹句的使用也是常见的话术。

2. 沉稳流四辩

风格比较沉稳的辩手往往通过抽丝剥茧,一项一项地进行梳理来进行总结陈词,这种风格条理清晰,便于评委与观众理解。他们常常运用"首先我先批驳对方观点……接下来我将陈述我方观点……所以综上所述……"这样的体例来进行总结陈词,质朴却不失威力。

3. 幽默流四辩

幽默的辩手会用比较俏皮的语气来进行总结陈词,使用一些比较有趣的例子,同时使用如"咯""呢"之类的语气词,在不频繁使用的情况下可以拉近自己与评委、观众的距离,产生较好的效果。

六、例子选择

由于论点及后续的论证需要论据的支撑,所以例子的选择对于辩论时的说服力和攻击力是有巨大影响的。例子一般分为实例和数据两种。

1. 实例

实例是辩论中最常见的论据,它可以有效拉近辩手与评委、观众的距离,使得自身的辩词不会让人感到枯燥乏味。实例可以取自历史事件与人物、时政新闻、热点事件及身边的事例等,而在选取的时候也应该谨慎。一般来说,时政新闻与热点事件的使用率会比较高,因为很多辩题本身就是脱胎于社会的热点事件。这些例子一般都具有代表性,且有官方媒体或社会名流进行评论,有一定的权威性,能够得到广泛认可。历史事件及人物使用的次数同样不少,权威性也足够,但是对辩手文化素养要求很高。部分辩手采用历史作为论据只是为了附会,具体史实可能不清晰,导致结果不尽如人意,甚至会说出一些不符合史实的言论。身边的事例虽然接地气,但是缺乏权威性,使用率并不高。值得一提的是,在讲述实例的时候可以使用一些类似截图、历史类书本等小道具,会一定程度地提高观感。

2. 数据

数据作为论据时,一般是用于一些社会性较强的辩题,在哲理性辩题等辩题中则不适用。在选取数据的时候,一般需要广撒网、精选鱼,在查阅大量资料的基础上精选出其中适配辩题且于己有利的数据,以此获得优势。

七、备赛与训练方法

要打好一场辩论赛,日常的积累与前期的准备是至关重要的,这也是一个辩论队团队文化与精神的养成过程,为此,我们需要在备赛与训练上下足功夫,以下是几个重点。

1. 大力建设一支有凝聚力、战斗力的辩论队

辩论场上的发挥，与队伍本身建设关系巨大。在日常的队伍建设中，队长、副队长等领导层应该积极组织培训与讨论，在上场辩手名额有限时也能够尽量把全员召集起来讨论辩题，提升成员参与感。同时，也可以多组织一些友谊赛、团建等活动，增进彼此间的友谊。

2. 合理利用视频资源

网络上关于辩论的视频资源很多，这些都能成为提升辩论水平很好的素材。应尽量选取一些新的、和现今辩论环境比较贴合的视频，并尝试自己写赛评，在对名局、名手的点评中提高自我。同时，在准备比赛的时候，也可以参考一些相关方面的视频资料。

3. 强化阅读，丰富文化积淀

正所谓"书中自有黄金屋"，丰富的阅读量能深化辩论的理论基础，同时还可以积累可用的实例，在辩稿的成文过程中能发挥巨大的作用。

4. 利用模辩强化基本功

模辩是辩手训练最常用的训练方法。通过对某一辩题分队伍进行模辩，可以有效锻炼辩手的辩论技术、口才、心态及应变能力。在赛前对比赛辩题进行模辩，也可以深化对辩题的认识，发现前期准备中的不足之处，从而优化自己的辩论体系。

5. 经常为辩手开展专项讲座与训练

为了提高辩手水平，可以开展一些专项的培训会，如写作培训、即兴演讲培训等，也可以开展包含立论、陈词、质询、驳论、结辩等的全套训练。

6. 养成复盘的好习惯

在打完一场辩论赛之后，可以通过复盘的方式进行总结，对每一个环节的表现与每一个事例的使用进行回顾，这对于改正不足、提高水平有非常大的帮助。

辩论训练

根据以下辩题开展辩论，进行班级辩论赛。

1. 人际交往中，隐忍/坦率更能消解矛盾
2. 网络社交媒体把人变得更好/更糟
3. "我是为你好"，是/不是道德绑架
4. 短视频的火爆是精神丰富/匮乏的表现
5. 中国式烧钱营销是可取的/不可取的市场竞争手段
6. 应该/不应该接受不义之善举
7. 大学生面对父母反对的恋爱应该/不应该坚持

8. 网络小说的发展对文学的发展利大于弊/弊大于利
9. 做人应该率性而为/克己复礼
10. 仁者无敌/仁者未必无敌
11. 保护弱者是/不是社会的倒退
12. 宅文化让生活更精彩/颓废
13. 沉默/舆论更可怕
14. 如果爱可以量化是/不是对人更好
15. 道义比利益/利益比道义对人际关系的影响更大
16. 人的功利色彩增强是/不是社会进步的体现
17. 效率必然/不一定牺牲平等
18. 舆论对于官二代、富二代的关注利大于弊/弊大于利
19. 媒体应该/不应该进行选择性舆论宣传
20. "拼单名媛"现象是/不是对消费主义的解构

第六章 交际口才

第一节 交际口才概述

一、交际口才的含义和作用

1. 交际口才的含义

交际口才指的是人与人之间在社会交往活动中,能够使用准确、生动、形象的语言表达自己的思想、意愿和情感的一种能力或才能。简言之,交际口才就是人们在交际过程中驾驭语言的能力。

2. 交际口才的作用

当今社会,随着经济与科技的发展,人与人之间交往的频率越来越高,交往的形式也愈加丰富。掌握交际口才这项技能可以帮助人们建立自信,在社交活动与事业中极大地提升自身社会交往的个人魅力,达到事半功倍的效果。在事业上,思维敏捷、能言善辩是一个人事业成功的保证。通常善于用准确、贴切、生动的语言表达自己思想感情的人,办事比较顺利,做事也更容易成功。在人际交往中,任何人际关系的建立、发展、巩固、改善、调整都要依靠一定的语言艺术。交际口才水平的高低直接关系人际关系的好坏。能够娴熟地运用交际口才技巧,是人际互动取得成功的重要因素之一。

二、交际口才的特点

1. 平等性

参与交际活动的人在人格和机会上都是平等的,没有尊卑、主次之分。交谈中,每个人都可以根据自己的实际情况阐述自己的立场,表明自己的观点;在相互倾听的基础上,以口头语言为载体,在了解别人观点的同时,使别人了解自己的观点。因此,在交际活动中,交际双方应该在人格上互相尊重,礼貌待人,使用平等的表达方式和语言。

2. **随机性**

交际活动中的口头表达与逻辑性、目的性非常明晰的演讲、辩论等活动不同,交际口才具有典型的随机性特征。首先,交流的话题是随机的;其次,语言的使用是随机的;再次,交流的人员是随机的、不固定的;最后,表达方式也是随机的。

3. **制约性**

在运用交际口才的过程中,要充分考虑交际活动的环境、交流对象和交谈话题等制约条件。首先,在交际活动中,表达者要注意自己所处的环境,切不可说不合时宜的话,以免造成误会和尴尬。其次,在交际活动中,所选的话题具有制约性。涉及个人隐私的话题在社交场合是不能提的。不仅如此,人们还应当根据不同的对象选择不同的话题,要使自己的话与对方的话题相呼应,否则就会驴唇不对马嘴,导致交际失败。

三、交际口才的基本要求

1. **讲究礼貌**

荀子曰:"人无礼则不生,事无礼则不成,国家无礼则不宁。"良好的交际口才是构成和谐生命的音符。要想与他人交际并建立起良好的关系,语言表达一定要文明、优雅,注意使用礼貌用语。说话时态度应和蔼,面容和善,措辞平和,多使用"您好""请""谢谢""对不起""打搅了""好吗"等礼貌谦逊的语言,这样更容易赢得对方的好感。在聆听对方讲话时,也应该专心致志,点头微笑,适时附和。我们身居礼仪之邦,要做礼仪之民。身为现代公民,要做运用文明礼貌语言的高手。

2. **内容合适**

要注意根据交际场合和交际内容选择话语内容和表达方式,切忌话语啰唆。在人际交往中,要依据不同对象、不同场合、不同身份,把握言谈的得体度、分寸度、深浅度。不要抢白,不傲慢无理,不夸大其词,不当众批评,不涉及隐私。另外,还要注意自己的体态语,避免诸如眼神不定,不敢正视对方,用不安的细小声音说话,等等。说话时要尽量用明确的语气,这样可避免对方认为你毫无自信、拿不定主意。

3. **音量适宜**

说话时的音量高低要与说话场合相适应。如果是在大厅、野外等空旷的地方与人交谈,为了让对方听得更清楚,音量可以大一些。如果在公共场所或朋友住所与人交谈的话,音量应该适当放小,以不影响他人为原则,以能够让对方听到为宜,有时候适度小声还可以给人一种亲切感。

第二节 交际口才技巧

交际过程中只有形成一种良好的情感氛围才能产生较好的交际效果。因此在日常交际活动中，掌握交际口才中的称呼、寒暄、拜访、接待等技巧非常重要。以下将从介绍与寒暄、拜访与接待、赞美与批评、劝说与拒绝这几种不同的场景探讨生活中常用的一些交际口才技巧。

一、介绍与寒暄

1. 介绍

介绍是一种涉及范围广、实用性很强的口头表达方式，是社交中人们相互认识，建立联系必不可少的手段。介绍主要指人与人之间的介绍，可以分为自我介绍和介绍他人两种形式。有时作为被介绍的一方也要注意礼节，做到镇定自若，落落大方，不卑不亢；口齿清晰，音量适中，语速恰当。

（1）自我介绍。

自我介绍是把自己介绍给陌生的交际对象，以达到与对方认识、增进了解、建立关系的一种手段。自我介绍是进入社交的一把钥匙，人与人之间的相识交往是从自我介绍开始的。

① 基本内容。

自我介绍的内容主要包括姓名、职务、工作单位、住所、籍贯或出生地、毕业学校、特长与兴趣爱好，有时还需要介绍经历、年龄。例如：我叫×××，毕业于×××学院，现在××单位工作，请多多关照。如果是非正式场合，自我介绍可以随意一些，为的是给别人留下深刻的印象。

② 方法技巧。

A. 巧报姓名。自报姓名是自我介绍的第一步。为了加深自己在别人心目中的印象，使对方听清并记住自己的姓名，往往要对"姓"和"名"加以注释，注释得越巧妙越有新意，给人们留下的印象就越深刻。例如："我叫刘鸿韬，大家可能记不住我的名字，您打扑克牌吗？记住六红桃，就记住我了。"这种采用有趣的谐音方式的姓名介绍往往能够让对方很快地记住自己。

B. 褒贬有度。自我介绍既要客观陈述自己的基本情况，也要褒贬有度地进行自我评价。自我评价时，要注意恰到好处，不宜用"非常""特别"等表示极端的词过分夸耀自己。自信又自知，饱满又有余，容易激起人们与你交往的愿望。例如："我叫王美丽，不知道父母为何给我取美丽这个名字。我没有标准的身高,也没有苗条的身材,更没有漂亮的脸蛋,这大概是父母希望我虽然外表不美丽,但不要放弃对一切美丽事物的追求吧。"幽默、乐观的自我介绍能引起人们开怀一笑与敬意,以一种幽默的姿态向人们显示自己积极的人生观与价值观,敢于正视自己的不美丽,反而让她变得更加有魅力。

C. 突出个性。社交场合的自我介绍,以独辟蹊径、突出个性、留下印象为最佳。因此,自我介绍时切忌千篇一律,八股模式。先说姓名,再说工作单位、职业、文化程度的介绍虽然没错,但很难给他人留下深刻的印象。

D. 诙谐幽默。诙谐幽默的语言新鲜活泼,能够给交往对象留下难忘的第一印象。例如:"我叫朱伟慧,我的名字读起来像'居委会',正因为如此,大家尽可以把我当成居委会,有困难的时候来反映反映,本居委会力争为大家解决。"这样趣味十足的介绍,一下子就拉近了自己和他人的距离,也更容易让人产生好感。

* 观看影视片段,你觉得哪些人的自我介绍比较好?
【资料:电视剧《一起同过窗》自我介绍片段】

(2)介绍他人。

在介绍他人时,得体的介绍能够让陌生的双方沟通了解,继而建立关系;不妥的介绍可能会使双方或一方感到尴尬,造成不快,影响进一步交往。

① 基本内容。

介绍他人,是介绍者站在第三者的立场,使被介绍双方相互认识并建立关系的一种交际活动。他人介绍像一条纽带,既要做好"媒人",促进双方关系的建立,又要兼顾自己同双方的关系,让陌生的双方一见如故。

A. 介绍的顺序。介绍顺序要合乎礼节,先把男士介绍给女士,先把职位低的人介绍给职位高的人,先把年轻人介绍给年长者,遇到交叉的情况,则需要根据具体场景灵活把握。

B. 介绍的内容。介绍的内容可以从双方兴趣切入。例如,把一位教师介绍给一位生意人,可以这样说:"××是位教授,她丈夫是××公司的总经理。"可以从介绍特长入手,促进了解。例如:"××曾是校园里的乒乓球冠军,现在对乒乓球仍然很感兴趣。有机会的话你俩可以切磋切磋。"还可以从赞美评价提起,促进合作。例如:"你俩都是搞企业管理的。据我所知,王教授在这方面也是个行家,外号'管理通',你们一定会谈得很投机。"

② 方法技巧。

A. 直接陈述。用简单明了的语言,直接介绍。例如:"这位是我的同事××,他也喜欢唱歌,你们肯定兴趣相同。"三言两语说出一个人的特长,能在最短的时间里完成介绍任务。

B. 征询引见。采用询问句式，征得同意后再引见。这种方法不仅表示对双方的尊重，而且易于被双方接受，产生亲切感。例如："院长，我可以把这位先生介绍给您吗？""经理，你想了解新产品的销售情况吗？这是推销员小谷，他可以给您介绍您想知道的情况。"

（3）被人介绍。

当有人将你介绍给别人时，作为被介绍人，应站在另一被介绍人的对面，表情和动作要自然，展现良好的精神状态。被介绍的同时应礼貌地向介绍人和其他人微笑或者点头致意。被介绍完毕后应得体地和别人问好、寒暄，或者和对方握手，并说"您好""认识您很高兴""久仰久仰""请多关照""请多指教"等。

* 观看两则影视片段，评价介绍者和被介绍者的表现。
【资料：电视剧《平凡岁月》和《欢乐颂》介绍他人片段】

2. 寒暄

（1）基本内容。

寒暄的意思是问候与应酬，今泛指见面时彼此问候起居或泛谈气候冷暖之类的应酬话。寒暄语是自我推销和人际交往时最常用的口才方法，以此让沟通与交际的渠道变得顺畅，营造良好的和谐氛围。寒暄时要尽量做到以下几点。

① 自然切题。寒暄的话题十分广泛，比如天气冷暖、身体健康、风土人情、新闻大事等，但是寒暄时具体话题的选择要讲究，话题的切入要自然。在导游交际中最容易切入的话题就是当地的风物情况，这是导游必须表示出职业兴趣而游客又必然感兴趣的话题。

② 建立认同。切入了自然而得体的寒暄话题，双方的心理距离就会有效地缩短，双方的认同感就容易建立起来。

③ 调节气氛。有了自然而得体的话题，有了认同感，再加上寒暄时诚恳、热情的态度、语言、表情及双方表现出的对寒暄内容的勃勃兴致，和谐的交际气氛也就自然地创造出来了，这样就为下一步的交际打下了良好的基础。

（2）方法技巧。

① 问候型寒暄。这是常见的寒暄方式，真挚深切的问候，对加深人与人之间的感情很有必要。例如："你好，好久不见，最近可好？""工作还顺利吧，可要注意身体啊！"在熟识的人之间，还可以使用"上哪去呀？""吃过饭了吗？""怎么这么忙啊？"等问句，这些寒暄语并不表示提问，只是见面时交谈开始的媒介，并不需要回答。

② 言他型寒暄。这是指在交谈进入正题之前，先谈其他事物的寒暄方式，不直接讲明来意。这种寒暄方式是引入交谈正题的润滑剂。话题应自然引出，诸如天气冷暖、小孩的学习情况、老人的健康状况及最近发生的新闻趣事等，都可以作为寒暄的话题。

③ 赞美型寒暄。即给他人赞美和激励。例如："你的课讲得很精彩，上次开教学会，

院长还专门表扬了你。""我在校刊上看到你的诗歌,写得真好。""女大十八变,越长越漂亮了。"这种寒暄既能取悦对方,又能融洽双方的关系。

④ 幽默型寒暄。寒暄中加点幽默成分,可以协调气氛,讨人喜爱,产生情绪认同感。例如:"我说今天你怎么这么开心,原来是老公高升了。"

⑤ 攀认型寒暄。就是抓住双方共同的亲近点,挑选双方都有兴趣或都有共同感受的话题,并以此为契机进行发挥性问候,以求得心理上的接近或趋同,拉近双方的距离,为双方进一步交谈创造一个融洽、和谐的气氛。

* 观看节目片段,观察选手们都是如何自我介绍和寒暄的,效果怎么样。
【资料:节目《令人心动的录用通知》面试者们初识寒暄片段】

优秀案例

A:这副对联是你自己写的吗?写得真不错!
B:过奖了。我不过是跟××老师学过一段时间。
A:你也是××老师的学生,我也曾跟他学过。
B:太好了。看来我们应该称师兄弟了。

二、拜访与接待

拜访与接待是一项重要的社交活动。日常生活中,亲朋好友要相互探望,离不开拜访与接待;工作中迎来送往,也离不开拜访与接待。拜访与接待是社交活动中的两种常见的形式,借助这种交际活动,人们可以达到相互了解、沟通信息、加深感情、增进友谊的目的。

1. 拜访

拜访是为了礼仪或某种特定目的而进行的访问、会晤。拜访前,要记得先和对方约定好时间。例如:"金教授,我明天8点左右拜访您可以吗?大约会花费您半个小时。"就日常拜访而言,拜访过程中使用的语言包括进门寒暄语、正式会谈语和临行辞别语三个部分。

(1) 进门寒暄语。

到了被拜访者的家门口,如果被拜访者家的门上装有门铃,可短促地按一下。如果没有门铃,可以轻轻敲几下门。注意,即使被拜访者家的大门开着,也应该礼貌地问一声:"请问,××在家吗?""屋里有人吗?"得到回答后方可进入。如果是首次拜访,可以说:"一直想来拜访您,就是抽不出时间。""没打扰您吧,真是不好意思。""路上堵车,让您久等了。"如果是再次到访,双方关系趋向密切,可以亲切地打声招呼:"好几个月没来看您,挺想的。""咱俩又见面了,真是很高兴。"关系再密切一点的,还可以开玩笑说:"我又来打扰你了,不讨厌吧!"

(2)正式会谈语。

主客寒暄之后,客人应选择适当的时间,用言简意赅的语言说明自己的来意,以免耽误主人过多的时间。一般说来,交谈时间以半小时为宜(朋友之间的随意性拜访除外)。谈得太多,既可能影响拜访主旨的表达,又可能出现"言多必失"的情况,最终会影响拜访目的的实现。

(3)临行辞别语。

辞别语即拜访结束后的告别语,使用时可以进门语相呼应。如果进门时说:"初次登门,让您久等,真不好意思。"辞别语就要说:"今天初次拜访,您为我耽误了很多时间,非常感谢!"如果主人热情相送,应该表达感谢,请主人留步:"十分感谢您的盛情款待,再见!""就送到这里,请回吧。"还可以邀请对方来自己家做客。例如:"老同学,告辞了。您什么时候也到我家坐坐!""也请你们一家人来我家聊聊。"

2. 接待

孔子云:有朋自远方来,不亦乐乎。客人来访,态度要友好,接待要热情,送客要诚恳挽留。

(1)热情迎客。

客人登门拜访,一定要笑脸相迎,热情接待。开门见到客人,可以惊喜地说:"欢迎,请进,请进!""稀客,哪阵风把您给吹来了?""欢迎,欢迎,请上座。"如果记得来客姓名,直呼称谓或其名,会使客人感到更加自然、亲切。如果一时半会儿想不起来,可以婉转地说:"上次没听清您的字,对不起,能告诉我吗?""您今天这身打扮,我都快认不出来了,您叫……"询问客人的姓名,要见机行事,当着客人的面,不好意思询问,那就等客人走了以后再打听也无妨。

(2)诚心待客。

客人进门后,要及时端茶递水,将茶水送到客人手上或放在客人面前的茶上,并说"请""不用客气,请品尝",以表示诚心与敬意。与客人交谈时,态度真诚,语气平和,以聆听为主。客人前来求助,即使无能为力,也要体谅对方的心情,不要一口回绝,可以说:"您老先别急,我尽量想想办法,一有消息马上告诉您。"客人前来提供信息,宜用感叹语气,表达自己的感激之情,如:"非常感谢!您提供的消息真是雪中送炭啊!"

(3)礼貌送客。

客人如要告辞,先要诚恳挽留,如果客人执意要走,则不必强留。送客要送至家门外,并说"您走好""您慢走""别忘了,常来家玩"等。如果客人请主人留步,主人要目送客人走远,不要急于转身关门。关门时声音要轻,否则客人可能会对主人的态度产生误解。

三、赞美与批评

人们不仅需要真诚的赞美，也需要善意的批评。赞美是鼓励，批评是督促，它们是形式上对立、目的上统一的两种口语交际技能。

1. 赞美的方法技巧

学会赞美他人是社交成功的有效砝码，也是一门十分有用的学问，主动、适当地赞美别人，能够促进双方关系向友好方向发展。

（1）直接赞美。

要注意赞美必须是真诚的。只有名副其实、发自内心的赞美，才能最大程度地发挥出它的光辉和魅力。

① 表扬优点。老师对学生、领导对部下的赞扬都可以直截了当地当面提出。在社交场合，可从才华、事业、成功、气质等方面赞美。

② 挖掘优点。罗丹说过："世界上并不缺少美，而是缺少发现美的眼睛。"人人都有自己的长处，都有自己的闪光点。在社交场合，必须学会用慧眼去发现别人值得赞美的地方，只要你细心观察，就不难发现值得赞美的内容。

（2）间接赞美。

有的人不太习惯当着别人面说好听的话，认为直接赞扬近似于谄媚，那么可以运用恰如其分的间接赞美，有时其效果也不亚于直接赞美。

① 借地赞人。即通过赞扬对方的职业、单位、习俗、地域等，达到间接赞美交往对象的目的。例如："你们南方人都很小巧漂亮。""听说你们学校很厉害，出了好几个高考成绩名列前茅的学生了。"

② 借比赞人。即把被赞美的对象和其他对象进行比较，在比较中突出其优点。用"比××更……"或"在××中最……"等句式。

③ 借感赞人。就赞美对象的某一点表达出自己的良好感受。这样的赞美只是赞美者自己的感受，比较灵活，可以不受其他条件的限制。例如："您的气质能给人一种非常亲切的感觉。"

④ 借口赞人。赞美的话由自己说出难免有点恭维、奉承之嫌。借口赞人，即借他人之口，行赞美之实，也很巧妙。例如："你真是心灵手巧，难怪某某总是夸你！"

2. 批评的方法技巧

如果说赞美是生命的阳光，那么批评则是人生的雨露。人生在世，孰能无过？有了过失，就需要旁人指点评说，方能明辨是非，健康成长。批评是一门艺术，最能体现一个人的说话艺术。

（1）先扬后抑。

戴尔·卡耐基说："当我们听到别人对我们的某些长处表示赞赏之后，再听到他的批评，心里往往会好受得多。"因此，批评前先由衷地赞扬对方的长处，创造融洽和谐的交谈氛围，既能化解被批评者的对立情绪，也能达到比较理想的批评效果。

（2）委婉暗示。

直接尖锐的批评有时候是相当令人难受的，聪明人往往采用委婉批评的方法来指正别人的缺陷，借用其他委婉的语言形式巧妙地表达批评之意。可以用故事或笑话暗示，老少皆宜，形象生动。

（3）自我批评。

可以先自我批评，再批评他人。如果我们在批评他人之前能够先谦虚地承认自己也犯错误，那么别人再听到对自己的批评时，就不会感到受不了了。

（4）幽默提醒。

被批评者在接受别人的批评时，心理状态往往是紧张、压抑、焦虑、恐惧，甚至对立的。这些心理状态，在接受上级、长辈批评时表现得尤为突出。幽默提醒式的批评，往往以半开玩笑、半认真的方式说出。其轻松的语言，诙谐的语调，温和含蓄，引人深思，发人深省，有利于消除被批评者的恐惧和不安，让其在笑声中心情舒畅地接受批评。

四、劝说与拒绝

在现实生活中，矛盾无处不在，争论无时不在。有时在与他人争论问题时，往往会出现有理说不清、有情抛不明的情况。说服他人需要充足的理由，更需要掌握说服的方法和技巧。

1. 说服的技巧

在人际关系沟通中，双方为实现各自的利益而存在一定的对抗性，因此，双方会凭借自己的语言技巧试图改变对方的立场、态度，使对方接受自己的意见，按照自己的要求去想、去做。说服的技巧主要有以下5种。

（1）晓之以理。

就是讲道理。简单的事情、小道理，用一两个典型事例，再加上简明、扼要的分析就可以讲清楚。复杂的事情、大道理，涉及多方面的因素，触动一点就牵动全局，必须全方位、多层次、多角度地进行一系列的说服工作，从多方面展开心理攻势，并以严密的逻辑推理，水到渠成地得出结论。用道理来说服对方是经常使用的说服方法，注意使用委婉、征询的语气，循循善诱，以理服人。

（2）动之以情。

说服对方不仅要晓之以理，还应动之以情。用真诚的态度、满腔的热情来感化对方，使其从内心深处受到感动，从而改变立场、态度，接受建议。例如，小孩超高不买票，可能是不少司乘人员遇到过的难题，如果要劝说其家长买票，不妨这样说："这位小朋友真可爱，长得可真高呀，估计超过1.2米了吧！买张儿童票好不好？"

（3）权衡利弊。

趋利避害是人类的天性。说服需要综合分析，需要有的放矢，更需要设身处地地为他人权衡利弊，以达说服之目的。例如，有一辆公交车刚启动，突然一位乘客大声喊道："师傅，我看病的3000元钱丢了！"司机将车停在路边，锁好门，微笑着对乘客说："这位大姐看病的钱丢了，心里一定特别着急。如果在座的生活上真有困难，可以找我，我的工号是3366826，我每天都在6路运营，只要您来找我，我一定给您帮助。但是现在您一定要将钱还给这位失主。现在让我们将眼睛闭上半分钟。"过了一会儿，地上出现了3000元钱，乘客的钱失而复得了，公交车继续前行。

（4）善用比喻。

面对他人突如其来的提问，有时很难用几句话说清楚，这时如果运用生动、浅显的比喻，则能化难为易，收到事半功倍的效果。例如，龙永图解释复杂的世界贸易组织的贸易问题时说过一段话："加入世界贸易组织，一旦发生贸易摩擦，对我们中国有什么好处？这就好比一个大个子和一个小个子打架，大个子喜欢把小个子拉到阴暗角落里单挑，而小个子则愿意把冲突拿到人多的地方去，希望有人出来主持公道。我们之所以愿意通过世界贸易组织多边争端机制解决问题，也就是想让大家来评评理。"

（5）以退为进。

当说服进入了僵持状态，应当采取以退为进的方法，让一步，进十步，千万不能盛气凌人，凭一时之气，一腔之怒，以狠制人。

触龙说赵太后

春秋战国时期，赵惠文王崩逝，年幼的孝成王即位，他的母亲赵太后摄政。秦国趁乱大举进攻，赵太后向齐国求救，齐国提出条件，一定要以长安君为人质才能出兵。

长安君是孝成王最小的弟弟，也是赵太后最小的儿子，赵太后对长安君的疼爱使她拒绝了齐国的要求。大臣们纷纷劝赵太后以国家为重，赵太后被逼得急了，就说："如果再有人要我把长安君送去当人质，我就将口水吐到他的脸上。"

左师触龙来见赵太后，先是抱歉说自己年老体衰，但好久没见赵太后，特来问候一下。赵太后与触龙聊了起来，触龙问赵太后饮食如何，然后请求太后为自己的小儿子安排一个职位，顺理成章地把话题引到自己如何疼爱小儿子上。同样疼爱小儿子的赵太后自然对这个话题感兴趣。

等引起赵太后的共鸣之后，又说起赵太后的女儿燕后的事情来，点明父母疼爱自己的孩子，就必须为他的长远利益考虑。触龙自始至终都没有提到让长安君做人质的事，但是他以聊家常的方式，让赵太后明白了个中道理，最后同意长安君去齐国做人质。

动之以情、晓之以理的交谈，任何人都无法拒绝。触龙见到赵太后先从生活起居说起，营造出一种同病相怜的氛围；再通过自己对小儿子的关心，引出赵太后对长安君的关心；最后从高度上讲清楚真正的母爱是什么，在触龙的循循诱导下，赵太后被说服。

2. 拒绝的语言技巧

拒绝别人是件令人遗憾的事，但很多时候迫于现实情况，再遗憾该拒绝时还是要拒绝。在生活中，如果学会了拒绝艺术，就能化难为易，也可能化敌为友，使友谊长存。

（1）真诚拒绝。

拒绝是一道难题，也是一门艺术。当他人提出某些要求，而自己又爱莫能助时，就应诚恳地说出实情，以求得对方的理解。人们的领悟能力存在差异，道理也有大有小。对领悟能力强的人，可以讲大道理；对领悟能力弱的人，可以讲小道理。有时候如果语义暧昧、模棱两可，反而会引起对方的误解，甚至导致双方关系的破裂。

（2）委婉拒绝。

当必须拒绝对方的要求，但碍于人情关系、利益关系等方面的原因，又很难说出一个"不"字时，婉拒就很奏效。

① 抑己扬他。贬低自己而抬高对方也是一种拒绝的方法。例如，拒绝媒人提亲，可以说："她太优秀了，我儿子根本配不上她。"不管是不是事实，其效果都要比直接拒绝让对方容易接受。

② 模糊搪塞。遇到不想回答或不愿回答的问题时，外交官们总爱用"无可奉告"回应。生活中，当我们遇到诸如此类的问题时，同样可用这句话来拒绝。

③ 拖而不答。例如："这件事我先跟领导说说，您看行吗？""今天没时间了，我们明天再谈，到时候我给您电话？"让对方意识到你拒绝的态度，可能就不会再来打扰。

④ 沉默不语。沉默是金，沉默也是最好的拒绝。当不太熟悉的人送来请帖，邀请参加婚宴，当不认识的人向你提出借钱等要求，你也可以不予回答，不予理睬，或者运用摆手、摇头、耸肩、皱眉、转身等身体语言和否定的表情来表示自己拒绝的态度。

＊ 观看影视片段，思考在这样的情况下我们还可以如何拒绝。

【资料：电视剧《三十而已》拒绝他人片段】

交际口才训练

一、自我介绍

1. 如果你被邀请参加学校的一项文娱活动，并表演节目，你将如何自我介绍？

2. 为自己设计一篇参与公司面试时的自我介绍词，找一个同伴模拟真实的面试场景。

要求：在不同的场景之下自我介绍应该使用不同的语言风格，注意突出自身的特点和优势。

二、访友待客

三人一组，其中两位同学以毕业离校多年的学生身份分别去拜访一位久未联系的辅导员，另一位同学扮演辅导员，并对两位拜访者的表现进行点评。

要求：进门前调节情绪。进门后热情问候、寒暄，语气有较浓的感情色彩。不要急于坐下，维持热情，继续说关切的话。主动开口，让对方了解拜访目的。注意聆听，不插话，保持对话题的相应热情和理解，适时赞美对方，有分寸地对答，彬彬有礼地告别。

访友待客是为了联络感情、开阔视野、拓宽社交范围。交谈时，除了要有热情谦逊的姿态外，还要坚持以对方为中心的原则，以听为主，答语简明而有分寸。谈自己的见解可以以对方的某些话为起点，先顺承，然后转向自己的认识，争取认同，使交谈更加和谐、愉悦。

三、沟通赞美

1. 在选修课上，选择一位不太熟悉而又沉默寡言的同学进行交谈。

2. 阅读下文，说说如果你是寝室长，该如何与他们沟通？

小飞同学性格开朗，不拘小节，早上起床后经常拿别人的杯子刷牙。小丰同学父母都是医生，小丰从小就十分讲究卫生，对小飞的行为非常看不惯，心里充满了怨气，好几次因为杯子问题与小飞发生争吵，导致寝室同学关系非常紧张，充满不和谐的音符。

要求：在沟通和劝说时可以先从对方兴趣爱好谈起，触动其心里的"热点"。从对方的烦恼谈起，并给予理解，引起谈兴。从自己或别人对对方的看法谈起，启动双向交流。从自我暴露谈起，引起"回报效应"。同学是学生人际交往的主要对象，同学关系是学生人际关系的主要内容。同学之间的交往如果顺利，大家心情舒畅，身心健康，否则心情郁闷，身心受损。

3. 将来，你事业有成，在同学聚会上，你怎样谈自己的成功？怎样赞美别人的成功？别人赞扬你，你怎样表现谦虚的风度？

要求：生活中不仅要学会赞美他人，也要知道如何欣赏自己，在谈到自己的成功时不要过于夸大，也不应妄自菲薄。赞美别人一定要真诚友好，发自内心。在别人赞美自己时，一定要表示感谢。

四、劝说拒绝

1. 运用劝说技巧，劝说你的一位朋友改掉一些不良嗜好。

2. 劝说一位近来精神不振的同学鼓起勇气，迎接新生活的挑战。交谈时，把自己置身其中，在同情、理解对方的基础上，委婉地说出自己的想法。

3. 假设你是学院某社团的负责人，如果由于同学对该团不了解，加入社团的积极性不高，你打算怎样说服他们参加自己的社团？

要求：劝说时，先谈共同性话题，形成亲切感；然后转接，从侧面谈与主题有关的话题，就近迁移到正题。要多谈对方的长处、优势，调动其潜在的积极性。劝说是一种由心理置换到心理相容的说服过程，需要"晓之以理，动之以情"。沟通是一种体察对方特定处境，迅速选择恰当的表达方式以争取配合或认同的口语交谈形式。在社交过程中，劝说别人做某种事情或使别人对某种事情表示同意，需要一定的语言表达技巧。

4. 两人一组，和同学讲一件印象最深的关于拒绝他人或被他人拒绝的典型事例，然后互相点评。例如：你新买了一部照相机，一位不太熟悉的朋友想借用。你不愿借给他，你是怎么拒绝的？

要求：总结出大家认为值得学习的拒绝方式，分辨这些是属于哪种类型的拒绝，他们的语言都有什么特点，可以适用于哪些对象和场景。

第七章 面试口才

第一节 面试概述

一、含义

面试是测查和评价人员能力素质的一种考试活动。具体地说,面试是一种经过组织者精心设计,在特定场景下,以考官对考生的面对面交谈与观察为主要手段,由表及里测评考生的知识、能力、经验等有关素质的一种考试活动。

二、类型

面试常见的类型有以下两种。

(1)结构化面试。也称标准化面试,是相对于传统的经验型面试而言的,指按照事先制定好的面试提纲上的问题一一发问,并按照标准格式记录下面试者的回答和对他的评价的一种面试方式。

(2)无领导小组面试。将考生组成一组(5—7人),进行与工作有关的问题的讨论(1小时左右),让考生自行安排组织,让评价者来观察考生的组织协调、口头表达、辩论说服等方面的能力和素质是否达到拟任岗位的要求,以及自信心、进取心、情绪稳定性、反应灵活性等个性特点是否符合拟任岗位的团体气氛,由此来综合评价考生之间的差别。

三、特点

面试有以下两个特点。

(1)直观性。面试主要通过观察考生的外部行为来评价其素质。

（2）整体性。面试着重测评整体素质。包括应考者的仪表、风度、举止、口语表达能力、应变能力、综合分析能力和有关实际工作能力。

四、方法

面试主要采用以下几种方法进行。

（1）面谈法。考官通过与考生的交谈来评价考生的素质。

（2）问答法。这种面试以拟录用职位所需要的基本素质和潜力为依据，拟定测试素质、测试项目、测试点、测评标准、编制面试题本，以主考官为主提问，单个竞聘者回答，然后每个考官独自评分的竞聘面试方法。

（3）情景模拟法。设置一定的模拟情况，要求被测试者扮演某一角色并进入角色情景去处理各种事务及各种问题和矛盾。考官通过对考生在情景中所表现出来的行为进行观察和记录，以测评其素质潜能，看其是否能适应或胜任工作。

第二节　结构化面试技巧

一、结构化面试测评的内容

结构化面试测评的内容和要素主要包括以下6个方面。

1. 语言表达

主要从以下3个方面评价：（1）口齿是否清晰？语言是否流畅？（2）用词是否得当？意思表达是否准确？（3）内容是否有条理和逻辑性？

2. 举止仪表

主要从以下3个方面评价：（1）穿着打扮是否得体？（2）言行举止是否符合一般的礼节？（3）有无多余的动作？

3. 综合分析能力

主要从以下4个方面评价：（1）能否对问题或现象做深入剖析？（2）对问题或现象的产生根源有无认识？（3）能否针对问题或现象提出相应对策？对策是否可行？（4）有无独到见解？

4. 应变能力

主要从以下4个方面评价：（1）面对压力或问题时情绪是否稳定？（2）思维反应是否敏捷？（3）考虑问题是否周全？（4）解决办法是否有效可行？

5. 人际交往能力

主要从以下3个方面评价：（1）有无主动与人合作意识？（2）能否与人有效进行沟通？（3）对人际关系的处理是否违背原则或者影响工作？

6. 计划组织协调能力

主要从以下3个方面评价：（1）能否根据工作目标预见有利因素和不利因素？（2）能否根据现实需要和长远效果做出计划、决策？（3）能否合理配置人力、财物等资源？

二、结构化面试的答题技巧

目前公务员、事业单位（包括部分中小学）公开招聘人员采用的结构化面试题主要有4类，分别是综合分析类、计划组织活动类、应急处理类和人际交往类。根据测试内容又可以分解为以下几种题型。

1. 社会现象（问题）类

根据此类试题的内容，又可以细分为以下3种题型。

（1）反面现象题。

此种题型要求考生对社会中出现的一些反面现象或负面问题进行评论，答题可按照"是什么，为什么，怎么做"，即"提出问题，分析问题，解决问题"的思路来回答。具体答题思路为：① 提出看法（危害、后果、影响），② 分析成因或阐述理由，③ 提出对策，④ 总结展望。

例题：高考有加分政策，有些高考状元被称为"山寨状元"，谈谈你对这一现象的看法。

参考答案：高考加分政策的引入本意是有助于消除高考"一考定终身"的弊端，引导应试教育向素质教育转变，更好地体现教育公平。但是现在有些高考状元被称为"山寨状元"，体现出人们对高考加分政策的信任危机，必须引起相关部门的重视。

现行的高考加分政策愈来愈沦为缺乏社会公信力的"山寨加分"，主要原因包括几个方面：一是某些政府官员法治意识淡薄，使加分过程被权势侵蚀，造假投机，名不副实，加分成为某些干部子弟的特权。二是加分政策本身设置过多，甚至到泛滥的程度。根据统计，各个地方设置的五花八门的高考加分政策近200项，过多的政策使得其失去了设置的本来意义，同时也为虚假操作提供了更多的机会。三是加分政策的具体操作不透明、不完善，为部分政府官员的造假提供了可乘之机。这一现象有损教育公平，也导致人们对高考制度的公平性产生怀疑。

要从根本上避免"山寨状元"的出现，重树公众对高考政策的信任，应该从以下几方面来做：一是通过宣传教育，增强相关官员的法治意识，使他们明确了解加分政策的意义，了解教育公平的意义；二是由相关部门进行论证，将明显缺乏合理性和必要性，跟素质教育无关，以及缺乏可操作性的加分项目废除；三是完善加政策的具体操作，包括加分项目的设置权、考核评价标准的设计及整个考核评价过程的公开性，以维护公众的知情权和监督权。

教育是一个国家的强国之本，深化教育体制改革是关系国计民生的大事，并且需要一个长期的过程。我国政府对教育高度重视，也已经在积极采取措施来维护教育的公平，假以时日，一定能有效改善现状，实现科教兴国的战略，构建和谐社会。

(2) 正面现象题。

此种题型要求考生对社会中出现的一些正面现象或正面问题进行评论，答题可按照"是什么，为什么，怎么做"，即"提出问题，分析问题，解决问题"的思路来回答。具体内容为：① 提出看法（赞成、支持），② 分析原因、意义或阐述理由，③ 提出对策，④ 总结展望。

例题：新版《中华人民共和国食品安全法》规定："网络食品交易第三方平台提供者应当对入网食品经营者进行实名登记，明确其食品安全管理责任；依法应当取得许可证的还应当审查其许可证。"对此新政，谈谈你的看法。

参考答案："实名制登记"意味着保障网络食品安全已成为法定条款，有利于维护消费者在网购时的合法权益，对规范和加强网络食品交易管理具有重要意义。

近年来，食品企业纷纷进军电子商务领域，方便、快捷的网络食品越来越为大众所接受。然而，网购食品也存在电商没有食品经营许可证、出售假品牌食品和"三无"产品的情况，侵害消费者的权益，导致网购食品产生的消费纠纷屡屡出现。其原因有：商家缺乏自我约束和管理，对违规违法行为的惩处力度不够，网络第三方交易平台没有为消费者"站好岗，把好关"。新版《食品安全法》的实施，进一步加大了对食品违法行为的惩处力度。同时，对食品安全实行最严谨的标准、最严格的监管、最严厉的处罚、最严肃的问责，加快建立科学完善的食品药品安全治理体系。

为了让新版《食品安全法》更好地落实，需要做到：第一，出台配套法律和相应的规章制度，完善细化执行层面的操作规定，切实保护消费者权益。第二，加强网络食品监管和引导，强化消费者证据保全和维权意识。第三，规范网络食品信息发布内容。在赔偿程序上，实行网上食品消费纠纷先行赔付，提高维权效率。第四，消费者须掌握相关法律知识，有意识地保留有利于自己的聊天记录等相关证据，切实维护自身合法权益。

相信通过以上的措施，将更好地维护消费者在网购时的合法权益。

(3) 辩证现象题。

此种题型要求考生对社会中出现的一些存在两面性的现象（如既有利也有弊的现象）进行评论，答题思路如下：① 一方面（利及理由），② 另一方面（弊及理由），③ 解决对策，④ 总结展望。

2. 名言警句类

此种题型要求考生对某句或某几句名言警句进行评论，答题的思路如下：（1）解释这句话的含义并提出看法，（2）阐述理由，（3）联系实际，（4）总结展望。

例题：有人说："一个篱笆三个桩，一个好汉三个帮。"又有人说："一个和尚挑水吃，两个和尚抬水吃，三个和尚没水吃。"你怎么看？

参考答案：我认为这两句话从正反两方面说明了团队协作精神的重要性，团队合作是做好工作的保证。

第一个句话从正面说明了这个道理，一个人再强，素质再高，也需要同事的配合和帮助，否则也成不了"好汉"。第二句话从反面说明这个道理，缺少了合作和团队精神，就不能发挥出集体的力量，人越多反而越糟糕。前者可以做到人多力量大，众志成城，是因为他们拥有同样的信念，而且最重要的是他们都是出自一份公心，而后者的相反结局是因为他们的私心太重，太自私。

同事之间相处，切莫学后者，有缘聚在一起，就应该相互帮助，凡事多为别人着想，一个好的集体，就应该拧成一捆绳，才有利于事业的进步。

我若有幸成为一名公职人员，一定会以这两句话作为座右铭，时刻提醒自己，要有团队合作的意识和团队协作的精神，在工作中一定要注意团队合作。

3. 寓言故事类

此种题型在题干中提供了一个寓言故事，要求考生回答故事给他的启示或提出看法等。答题思路如下：（1）故事启示，（2）阐述理由，（3）联系实际，（4）总结展望。

例题：农夫养了一只鸡，鸡每天下一个蛋。农夫想，如果每天多喂1倍的饲料，鸡就能多下1倍的蛋。从此以后，农夫就每天喂给鸡1倍的饲料。结果，鸡越来越肥，再没下过一个蛋。这个故事给你什么启示？

参考答案：这则故事给人很多思考，我觉得给我的启示主要有以下两点。

第一，工作中要尊重客观规律，按照事物自身的规律办事。故事中，农夫想通过增加喂鸡饲料来增加产蛋量的做法是不符合鸡的产蛋规律的。不管你喂多少饲料，一只鸡一般一天最多产蛋就是1至2个，饲料喂多了可能还不产蛋了。所以，我们工作中，应认知事物发展的客观规律，并按照客观规律办事。特别是定决策、做决定时更不能"想当然"办事，或者"拍脑袋"办事，而是应动脑筋，遵循事物自身规律办事。

第二，善于抓住问题的本质，治标还要治本。农夫的根本目标和出发点是每天增加鸡蛋，这是本质问题。解决这个问题的根本途径之一就是多养鸡，这是治本，而多喂鸡饲料，这是治标。我们现实工作中，"头痛医头，脚疼医脚"的现象时有发生，究其根本原因，是没有把握住本质问题所在。比方关于"高薪养廉"，虽不排除有其一定积极意义，但是治贪腐的"本"在于法律和规章制度的完善并严格执行到位，在于社会监管和舆论监督，更在于相关当事人自觉的政治觉悟、思想意识和道德素质水平的提高。只通过治标的"高薪"，搞不好就像农夫养的鸡，鸡养肥了，却不下蛋了。

总之，工作中我们应习惯转换工作思路，变换工作方法，懂得不断创新。还要勤于思考，善于动脑，并不断创新，这样的工作之路才会越走越宽，前景也会越发敞亮。这一点，不仅用到我们单位工作上，其实拿到我们国家经济建设上，甚至个人发展上，几乎都是当下竞争日趋激烈背景下的重要生存之道。

4. 即兴演讲类

此种题型要求考生按给定的主题进行即兴演讲。答题务必抓好关键词，采用即兴演讲的"三么"模式（是什么，为什么，做什么）进行回答。例如，请以"厌学"为主题发表即兴演讲。答题思路如下：孩子厌学现象已经越来越突出（举例），已成为教育界的一个毒瘤。孩子为什么会厌学？我认为原因有几点：第一……第二……第三……那么作为教育工作者，我们能做些什么呢？我想首先……其次……再次……

5. 计划组织活动类

此种题型主要考查考生的计划组织能力，答题思路如下。(1) 表态：指出活动的意义，表决心；(2) 制订计划：分析活动的对象、内容，制订详细计划，报领导审批，听取领导意见；(3) 实施活动：陈述活动的具体内容，突出活动的重点；(4) 总结汇报：活动结束后，对活动进行总结，并将具体情况写成报告，向领导汇报。

例题：假如你是派出所民警，领导让调查青少年犯罪，你怎么办？

参考答案：首先我会感谢领导对我的信任，我一定会认真调查，不辜负领导的期望。青少年作为一个特殊的群体，他们的健康成长，直接关系社会的健康和稳定。近年来，青少年犯罪率的居高不下现状，令人忧心。对青少年犯罪情况进行调查，对于预防青少年犯罪，促进青少年健康成长，意义非常重大。

要做好这项调查工作，我认为应该从以下几个方面着手准备：第一，根据领导的指示，成立调查小组，制定调查方案，明确调查的任务，做好分工。第二，依据调查任务的特点，确立调查的方式和调查的范围、对象。制订好调查计划后，我会报领导审批，听取领导的意见和建议。

要高质量地完成这次调查任务，除了做好相应的准备工作之外，我认为最重要的环节是要保障调查的全面性。所以，在调查过程中，我们既要到公安局、检察院和法院认真查阅我市青少年违法犯罪的相关数据，还要深入到监狱、劳教所、学校，与监狱管理人员、青少年违法犯罪者、老师们等展开座谈，充分了解青少年犯罪的心理状态和现实表现。同时我们还会以开座谈会的方式，邀请并认真听取专家对青少年违法犯罪典型案例的分析，并对调查所获得的材料或者数据进行整合、分类，从而对青少年违法犯罪的现状及特点做出科学的分析和推断。

调查活动结束之后，我会做好调查报告的撰写，并及时向所长汇报。

6. 应急处理、协调矛盾类

此种题型主要考查考生处理突发事件和协调矛盾的能力，答题思路如下：(1) 表态（保持冷静、镇静等）；(2) 了解情况；(3) 沟通协调；(4) 总结经验。

例题：单位培训，时间快到了，专家没到，你怎么办？

参考答案：单位组织培训，时间快到了，而所邀请的专家还没有到，这个时候我不能急，要保持冷静，并立即着手解决，马上联系该专家。

第一，如果专家已经在路上，则向专家确定他到达的准确时间，若可以按时到达，我会请一个工作人员在单位门口迎接专家，引导专家来到会场。若专家要拖延一会儿才能到达，那么我会先组织参加培训的同事学习培训章程，明确培训目的，然后等待专家的到来。

第二，如果专家因其他事情耽搁了，则向专家询问，他能否来到培训现场。若专家可以赶过来，则耐心地等待专家，并及时通知同事。若专家不能赶过来，则向专家说明我们培训的重要性与诚意，希望专家能赶过来。若专家实在不能赶过来，我会将此事及时向领导汇报，并跟单位同事解释原因，请大家谅解。征得领导同意后，向同事表态会尽快联系其他专家，组织培训，确保培训工作的开展。

总之，要想尽一切办法，确保培训的顺利进行。同时也要吸取这次事情的经验教训。培训开始前一天，要再次核对专家的时间。培训当天，要保持和专家的联系。另外还要做多手准备，以应对不时之需。

7. 人际交往类

此类题型主要考查考生人际交往能力，答题思路如下：（1）表态（工作第一原则），（2）了解情况（先反思，再跟他人了解），（3）分析解决问题（沟通原则），（4）总结提升（经验教训）。

例题：小王和小张共同完成一项任务，小王在工作中态度不好，总爱偷懒，导致工作滞后，领导批评了两人，小王还辩解说小张没有干活。假如你是小张，请问你会怎么办？

参考答案：和谐的同事关系是我们做好工作的前提和保证，假如我是小张，遇到这种情况，我会尽快调整情绪，保持心态平和，以工作为重，不因为小王的指责而产生不满，并将这种不满带入工作中去。要将事情解决好，不影响后续工作的开展。具体我会采取如下做法。

首先，自我反思，正确看待这件事情。由我和小王共同完成一项任务，那么我和小王都应该对工作负责，因此，工作滞后并不是小王一个人的责任，我在工作中也存在很多问题，比如态度不友好，没有就工作及时和小王沟通，没有处理好和小王的关系，导致团队不和谐，影响了工作。同时，我也存在戴着有色眼镜看小王的情况，片面认为小王态度不好，太偷懒，而忽视了小王在工作效率等其他方面的优势。其次，向领导承认错误。导致现在工作滞后这一结果，我存在着不可推卸的责任，我会主动向领导承认错误，并保证加快进度，尽快将工作赶上来。再次，主动和小王沟通。一方面我要和小王就工作开展认真仔细的沟通，就工作中存在的问题交换意见，形成统一方案，将工作中落下的地方尽快弥补上来。另一方面，我会和小王就日常的同事关系坦诚交流,请小王指出我在日常工作中存在的问题,并保证及时改正。最后,在今后的工作中,我会吸取教训,避免类似事件再次发生。我会主动跟同事沟通,时常和同事交流,跟同事处好关系,形成团队,共同做好工作。

第三节 无领导小组讨论面试技巧

一、无领导小组讨论概述

1. 含义

无领导小组讨论是面试中经常使用的一种测评方式,采用情景模拟的方式对考生进行集体面试。

这种测评方式将一定数目的考生组成一组(5—7人),进行与工作有关的问题的讨论,时间为1小时左右,讨论过程中不指定谁是领导,也不指定考生的位置,让考生自行安排组织,而让评价者来观察考生的组织协调、口头表达、辩论说服等方面的能力和素质是否达到拟任岗位的要求,以及自信心、进取心、情绪稳定性、反应灵活性等个性特点是否符合拟任岗位的团体气氛,由此来综合评价考生之间的差别。

2. 无领导小组讨论面试流程

无领导小组讨论面试流程如图7-1所示。

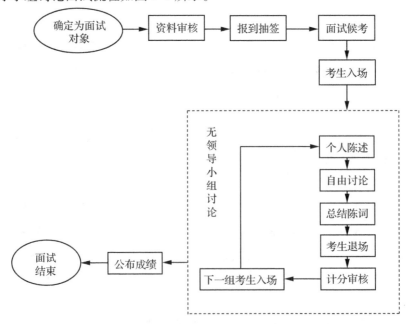

图7-1 无领导小组讨论面试流程

从图 7-1 可以看出，无领导小组讨论面试分为 4 个阶段。

（1）准备阶段。

① 考前准备。目前分组一般是报考同一职位的考生分在一组。在场地安排方面，无领导小组讨论面试的施测环境要尽量安静、宽敞、明亮等。考官与应试者之间的位置关系也是应该考虑的一个重要因素，最理想的测评环境是使用带有单向玻璃和摄像镜头的专业观察室，让应试者在观察室内活动，考官通过单向玻璃或监视器进行观察。指导语应该事先准备好，保证对每组应试者宣读的指导语都是一样的。

② 考生准备。考生了解试题，独立思考，列出发言提纲，时间一般为 3—5 分钟。

（2）个人陈述阶段。

每个人有 2—3 分钟的自由发言时间，发言过程中不许他人打断，不规定发言次序。在这个阶段，考生要结合自己对题目的理解来全面阐述对该问题的理解。

（3）自由讨论阶段。

个人发言完毕后大家展开自由讨论，继续阐明自己的观点，或对别人的观点提出不同意见，最后拿出小组的一致意见。理想的讨论时间为 30 分钟。

自由讨论阶段是无领导小组讨论的主要内容，考官主要通过这个阶段来观察考生的不同表现，以给考生一个综合的评定。而考生也要在这个阶段"八仙过海，各显神通"，将自己最好的一面表现出来。

（4）总结陈词阶段。

推举一名成员向考官陈述小组的一致意见。总结陈词阶段是无领导小组讨论的收尾阶段，这个阶段要注意：做总结陈词的考生一定要具备相关能力，总结陈词如果做得不成功会影响到自己的分数。总结陈词者一般由推荐或者自荐产生，具体要视情况而定。

3. 无领导小组讨论中的角色

（1）破冰者。

破冰者是第一个发言的考生。破冰者需要勇气，往往由性格比较外向的人来担当。破冰者的优势是首先阐述主要观点，影响讨论展开的方式和方向，抢占了转变为领导者角色的先机。破冰者的风险是自认为可以转变为领导者，容易引来后来者如潮的批驳，而错误的观点和骄横的态度则是失败的加速器。

（2）领导者。

领导者是引领整个讨论进行，不断进行总结和升华的考生。领导者必须透过现象看本质，不断分析他人的观点，不断将大家的观点整合成新的观点，形成完整的、有逻辑的体系。但是领导者也不是人人都能胜任的，必须在讨论中展示自己无人可比的理论水平和逻辑思维，同时领导者一般需要气势，有让大家心服口服的镇定和自信。如果不具备这些素质，很容易弄巧成拙，希望领导别人却没人听你的指挥，领导者无法应对，还可能会变得急躁，这些情况都会使这个人变成整场面试个人印象最差的人。

(3) 组织者。

组织者调动团队气氛，调和大家的意见，调配有发言权的考生。组织者和领导者的工作有相似性，他们一个主外，一个主内。这个角色有点像"和事佬"，但其作用是让讨论在一个大家都能说话的气氛下进行。组织者一般是一个性情平和，无论是说话风格还是思维都不太具有威胁性和刺激性的人。组织者最忌讳的是随波逐流，没有控制住局势，让大家吵成一团，或者是被别人的意见牵着鼻子走，这样的组织就失败了。

(4) 时间控制者。

时间控制者是注意时间进展，提示小组时间的考生。当很多对无领导小组讨论面试完全不了解的人组成一个小组时，很可能出现大家吵成一团，吵到最后被考官硬生生打断，没有一个结果，甚至连总结汇报都没有时间做的情况。因此，时间控制者是必需的角色。但是，随着考生对无领导小组讨论面试越来越了解，准备越来越充分，从讨论一开始大家就抢着争当时间控制者的角色，使得这一角色的扮演已不能完全用于判断考生的素质和能力。

(5) 总结者。

总结者即代表小组进行总结汇报的考生。书面整理和口头表达是两回事，所以争做汇报人是抢夺最后汇报权的方式。总结者一般是表现一直最好的那个人，其语言表达清楚流畅，言之有理，逻辑清晰，善于归纳和提炼观点。众望所归，考生们都会推荐其代表小组发言。

4. 无领导小组讨论面试的测评要素和评分细则

(1) 测评要素。

无领导小组讨论面试主要从语言、非语言、个性特点等几个方面去综合评价考生。语言方面包括发言的主动性、组织协调能力、口头表达能力、辩论说服能力、论点的正确性等；非语言方面包括面部表情、身体姿势、语调、语速、手势等；个性特点包括自信心、进取心、责任心、情绪稳定性、反应灵活性等。各阶段的观察要素如下。

个人陈述阶段：口头表达能力、论点的正确性、语调、语速、手势、自信心等。

自由讨论阶段：发言的主动性、组织协调能力、辩论说服能力、面部表情、身体姿势、语调、语速、手势、进取心、责任心、情绪稳定性、反应灵活性等。

总结陈词阶段：发言的主动性、口头表达能力、概括能力、进取心等。

(2) 评分细则。

无领导小组讨论的评分主要有6项：综合分析、组织协调、人际沟通、情绪稳定性、言语表达及举止仪表。

① 综合分析。思路清晰，善于抓住问题的关键，分析问题全面透彻、观点清晰、角度新颖，概括总结不同意见的能力强。

② 组织协调。善于消除紧张气氛并创造一个大家都想发言的气氛，能有效说服别人，善于调解争议问题。在讨论中能够求同存异，能够引导小组讨论方向，把握小组讨

论进程，恰当地引导小组做好任务之间衔接及各个程序之间的转换，能够设法平息成员间的争议，推动小组形成一致的意见。

③ 人际沟通。能够耐心倾听，理解他人的情绪和观点，有策略地与他人沟通，态度和方式得体。

④ 情绪稳定性。面对压力和冲突时，能够沉着冷静，自我控制，积极应对。

⑤ 言语表达。能够清晰地表达自己的观点和思想，语言生动流畅，能够有效影响他人。

⑥ 举止仪表。穿着自然得体，言谈举止表现出良好的素养。

（3）测评能力。

无领导小组讨论测评的主要能力有以下几种。

① 分析能力。能否充分利用各种信息，准确把握问题的实质。能否从多角度对问题进行符合逻辑且有深度的剖析，并在此基础上提出自己的观点。

② 领导能力。能否主动协调和争取持相同或相近观点的人，说服、整合其他观点，通过调动各方面的积极性，保证共识的达成。能否机智灵活地应对各种变化和意外情况。

③ 应变能力。能否迅速找出自己与他人观点的差异，并能够对他人提出的质疑或反驳及时准确地给予回应，同时善于倾听并敏锐察觉他人论点或论据的漏洞，提出质疑。

④ 自控能力。对待他人的态度是否积极友善。是否自信心强，情绪稳定，即使与多数人的观点不同也能举止得体，心态平和，沉着冷静，尊重他人。

二、无领导小组讨论题型

无领导小组讨论题型有 4 类：单一选择题、多项选择题、排序题、综合题。

1. 单一选择题

此题型往往从对立观点中二选一，或者从数个观点中选一。

例题：中国是礼仪之邦，注重人际往来，可现在有的演变为请客送礼、行贿受贿。针对此，有的人认为应该完善制度，有的认为该加大惩罚力度，有的认为应该加强作风建设。

假定你是本市纪委工作人员，你觉得应该采用何种方式（只能选一种方式）解决此问题，并设置方案。

2. 多项选择题

此题型往往提供多个选项，让考生从中再选择少数几个内容进行论述。

例题：2023 年我国普通高校毕业生达 1000 多万，需要就业的大学生人数和规模都十分庞大，高校毕业生就业形势依然十分严峻。某人大代表提出以下解决方案：

（1）创业补贴，对大学生创业给予补贴（具体措施若干）；

（2）税费减免，对于录用应届大学毕业生的企业给予税费减免优惠（具体措施

若干);

(3) 实习基地，选择若干个企业创办实习基地，为大学生提供实习指导（具体措施若干）；

(4) 鼓励大学生去参与西部建设，有考试加分等措施；

(5) 鼓励大学生去中小企业工作，给予中小企业贷款方面的优惠政策；

(6) 鼓励大学生去城乡基层工作。

要求：

假设你是劳动和社会保障部门的工作人员，请认真读题，并准备发言提纲。时间10分钟。

考生直接进入自由讨论，从以上措施中选择三个最重要的措施。讨论时间30分钟。

3. 排序题

此题型给考生列举了很多的选择，考生不仅需要选择，而且还需要对所选进行排序，在答题过程中需要具备严谨的逻辑，才能保证答题的准确性和说服性。

例题：你认为政府应采取怎样的措施才能够有效改变当前就业难的现状？请你按照轻重缓急的顺序进行排序，并说明理由。

(1) 改善就业环境；

(2) 稳定经济整体局势；

(3) 增加就业机会；

(4) 为应届生、农民工等就业提供便利；

(5) 提供就业信息；

(6) 逐步消除各类就业歧视；

(7) 做好就业帮扶；

(8) 强化监督管理；

(9) 保障就业人员合法权益。

4. 综合题

此题型融合了很多种题型，往往结合了结构化面试的题型，如人际交往类题型。

例题：

小张和小李是某机关同一科室的公务员。小张业务能力强，对本职工作和领导交办的事情都能高效高质地完成，成为单位的业务骨干，深得领导赏识。但是小张性格孤僻，不是很合群。小李工作上勤勤恳恳，十分敬业，但是能力一般，在业绩上并不突出。小张和小李关系很紧张，小张经常瞧不起小李，小李对小张也经常抱怨。

(1) 阅读材料阶段。请考生认真读题，并准备发言提纲，时间5分钟。

(2) 自由讨论阶段。考生直接进入自由讨论阶段，对小张和小李之间在人际关系方面存在的问题进行讨论分析,并为化解他俩之间的矛盾提出一些建议。请大家踊跃发言,并注意发言质量。时间30分钟。

(3) 总结陈词阶段。小组选派一名代表,在讨论结束后向考官汇报讨论的情况和结果。时间5分钟。

三、无领导小组讨论面试策略

考生在无领导小组讨论面试各个阶段的应对策略是不同的,以下从开始阶段、中间阶段、最后阶段三个阶段来介绍。

1. 开始阶段

主要指个人准备阶段和个人陈述阶段。这个阶段更多的是个人表现,考生须正确把握观点,理顺思路。内容上要充分论证,条理要清晰,富有逻辑性,从而使得考生能够脱颖而出,给考官一个好的第一印象。

2. 中间阶段

主要指自由讨论阶段。这个阶段每个人都参与交流,甚至是交锋,考生需要注重大局的控制。此阶段也是考生的统筹能力和驾驭能力体现的关键阶段。考生一定要明确,自由讨论并不是"你死我活",而是"你好我更好",要注重团队合作,要给别人发展和生存的机会,要体现出考生的德行和团队意识。切忌恶性竞争,以免导致两败俱伤。

3. 最后阶段

这个阶段是总结陈词阶段。这个阶段是一个人的表现,考生需要注重团队意识和团队奉献精神。纵然是一个人在表演,其他人在看,但并不代表你所发言的内容就只是你的观点,一定要明确,此部分的发言要体现出集体讨论的结果,才能赢得团队的尊重,也才能赢得考官的认可。

四、无领导小组讨论面试技巧

无领导小组讨论主要测试应试者的论说能力。其中既包括对法律、法规、政策的理解和运用能力,也包括对拟讨论题的理解能力、发言提纲的写作能力、逻辑思维能力、语言说服能力、应变能力和组织协调能力等。

无领导小组讨论与结构化面试最大的不同是,无领导小组讨论考查的核心是基于众多考生在交互作用场合下的综合能力。应对该种考试,有以下两大核心技巧。

1. 做最适合的自己

在无领导小组讨论考试中,考官一般不指定应试者的角色,所有的讨论过程均由应试者自己把控,这也是无领导的缘由。尽管这个考试并不指定应试者的身份,但是不排除在面试当中自动产生各种角色。一般情况下会产生以下几种角色。

(1) 纵横捭阖者。"纵横"即竖和横,"捭阖"即开和合,字面上理解是"自如地横竖开合"（达到操纵控制对方的目的）。不过，"纵横"有其特殊含义，是指战国时期的"合纵"与"连横"策略。战国时期七国争霸，齐、楚、燕、韩、赵、魏六国采取了联合对抗强秦的做法，谓之"合纵"；秦国则执行分化六国，使其服从秦国而逐个击破，谓之"连横"。因此，"纵横"（合纵和连横）也用来指称国际错综复杂的政治和外交斗争策略。这种角色适合那种平日就比较善于言谈、喜欢与别人辩论的人，但是在担任这个角色的时候，一定要注意不要只顾自己发挥，还要有团队意识。

（2）天然领导者。这种角色能够调动团队气氛，能够控制讨论进展方向，并且统筹兼顾，有领导风范；特别是当很多应试者没有充分发言的时候，他能调配发言权，给别人发言的机会。这种角色适合那种有全局观念、思维敏捷、观点犀利并且能够把控全局的应试者。

（3）时间控制者。此角色注意时间进展，提示小组时间。虽然这角色谁都可以扮演，不过，如果应试者平日不善言谈，又不敢与人辩论，那么可以在小组中承担此角色，至少让考官看到你有大局观念的一面。

（4）细节记录者。特别是当考题为多论点问题的时候，应试者如果做一个有心人，将大家的观点进行汇总，就会把握主动，且显示出你细心的一面。

（5）总结陈词者。此角色代表小组进行汇报总结。这种角色适合总结能力、表达能力都很强的应试者。

2. 做最完美的自己

子夏曰："君子有三变：望之俨然，即之也温，听其言也厉。"这句话很好地概括了无领导小组讨论的基本原则。具体而言，要在无领导小组讨论中胜出，应当在宏观上、理念上做到下面几点。

（1）"质胜文则野，文胜质则史。文质彬彬，然后君子。"

在整个面试的过程当中要有气度、有涵养，要以君子之风来辩论，而不是像市井小人那样互相谩骂。

（2）"君子博学于文，约之以礼。"

当别人发言时，应该用目光注视对方，认真倾听，不要有小动作，更不要因对其观点不以为然而显出轻视、不屑一顾的表情，不尊重别人就是不尊重自己。

（3）"君子义以为上。君子有勇而无义为乱。"

对于别人的不同意见，应在其陈述之后，沉着应对，不要感情用事，怒形于色，言语措辞不能带刺。保持冷静可以使头脑清醒、思维敏捷，更有利于分析对方的观点，阐明自己的见解。要以理服人，尊重对方的意见，不能压制对方的发言，不要全面否定别人的观点，应该以探讨、交流的态度在和缓的气氛中充分表达自己的观点和见解。

（4）"君子以文会友，以友辅仁。"

在陈述中，要注意自己的态度和语气。要保持团队良好的人际关系。既不要自视清高，也不要妄自尊大。说话喋喋不休的人会因为压制别人而有意无意地伤害他人。这些人因为不懂得交谈中的基本礼仪，不但不能达到他们谈话的目的，反而给人留下傲慢、自私、放肆的印象，破坏了交谈的气氛，很难达到彼此交流的目的。

要想提高无领导小组讨论面试的成绩，还需注意以下一些细节。

① 入场自信，统筹兼顾，一入场就显示出礼貌的一面。

能够照顾应试者找好座位，特别是一些细节，比如考场中桌椅乱放等情况，可能就是考官在考验你。找到自己的座位后，端正就座。

② 发言积极主动，掌握分寸。

无论是什么题型的无领导小组讨论，多发言的应试者总是容易引起别人的注意，但发言要有水平，不能胡说一通。这样可以争取充当小组中的领导角色。在面试开始后，一般不要急于表述自己的看法。仔细倾听别人的发言，从中捕捉某些对于自己有用的信息，通过取人之长来补己之短。待自己的应答思路及内容都成熟以后，再精心地予以阐述，最终达到基于他人而又高于他人的目的。

③ 奠定良好的人际关系基础。

处于一个团队中，不要太咄咄逼人，否则可能成为众矢之的。当对方提出的观点自己不赞成时，可先肯定对方的说法，再转折一下，最后予以否定。照顾别人的情绪，奠定良好的人际关系，能使自己从难以反驳的困境中解脱出来，又能使对方以较平和的心境接受。

④ 要抓住问题的实质，言简意赅。

讨论的核心在于观点的力度，以及抓住机会说服别人。在谈论自己的观点时，一定要旗帜鲜明，并且言简意赅，让人听了思路清晰。

⑤ 注意谈话的语气。

很多应试者谈到激动时就面红耳赤，还有人以自己为中心，完全不顾他人的感受，喋喋不休地谈论自己。这些人给他人的形象都只能是傲慢、放肆、自私。谈了半天话，倒不如不谈，因为他们不懂得尊重别人。

⑥ 不要失礼。

谈话时目光应保持平视，仰视显得谦卑，俯视显得傲慢。谈话中应用眼睛轻松柔和地注视对方，不要把眼睛瞪得老大，直愣愣地盯住对方。以适当的动作加重谈话语气是必要的，但某些不尊重别人的举动不应当出现。例如，伸懒腰，挖耳朵，掏鼻孔，摆弄手指，活动手腕，用手指向他人的鼻尖，双手插在衣袋里，看手表，玩弄纽扣，抱着膝盖摇晃，等等。这些举动都会使人感到你心不在焉、傲慢无礼。

要注意不要随意打断别人的谈话，假如打算对别人的谈话加以补充或发表意见，也要等到最后。谈话时不可东张西望，或显示出不耐烦的表情。应当表现出对他人谈话内容的兴趣，而不必介意其他无关大局的地方。

⑦ 注意记录与倾听。

特别注意要认真倾听大家的观点，并抓住大家讨论问题的关键争论点，这样才能一语中的地切中要害，把控讨论局面。

⑧ 机智与诚恳并举。

在论辩中，如果自己处于被动的不利地位，就不要再纠缠于原来的话题。这时可以及时转移话题，或抓住对方的一个弱点；也可以从新的话题上向对方发起进攻，使自己变被动为主动。

如果发现自己有明显的错误，最好趁对方发觉并予以指出之前，自己主动承认错误，这样可以避免受到无从反驳的批评，又因为主动认错而显得有风度，还可以变被动为主动，消除对方的戒备心理。

结构化面试各种题型训练

一、社会现象（问题）类

1. 社会上出现了假身份证和假文凭，制假、售假、买假屡禁不止，你怎么看待这种现象？

2. 某省事业单位公开招聘的200多岗位中70%要求硕士及以上学历。对此你怎么看？

3. "三月三"是壮族等南方广大少数民族和部分汉族的传统节日。2014年广西壮族自治区政府决定"三月三"全体公民放假两天，从此"三月三"成为广西法定的节日，也成为广西人民自己的节日。你怎么看？

4. 你怎么看待"啃老"现象？

5. 据报道，某部门启动了"中华小孝子培养工程"，将利用5年时间在全国培养百万中华小孝子。对此你怎么看？

6. 广西都安瑶族自治县高级中学原校长莫振高连续30多年用微薄的工资资助近300名贫困生，让他们进入大学；先后筹集3000多万元善款，资助近两万名贫困生圆了大学梦，被称为"化缘校长"。2015年3月9日，莫振高因病逝世，去世当晚，全校4600名学生自动集体熄灯，为他们心中的好校长默哀。他的学生们纷纷从全国各地赶来吊唁、守灵、送别。你怎么看待莫振高的事迹？

7. 近年来，高考舞弊现象仍有发生，对此你有什么看法？

8. 汶川地震中，有一所希望小学没垮塌，并且学生全部安全撤出，但其他很多学校垮塌了，师生死伤很多。谈谈你对此事的看法。

9. 当前青少年犯罪率呈上升趋势，在社会上引起了很大关注。你如何看待这一现象？

10. 为了推进"大众创业，万众创新"，政府出台相关政策，针对农民工、退役军人、大学生就业难问题,鼓励、支持他们自主创业。对此谈谈你的看法。

11. 医生字迹潦草,病历书写不工整,引发患者家属不满意,导致医疗纠纷,经过专业部门对病历进行鉴定也无法识别,最后相关部门根据规定,因字迹潦草、无法识别而导致医疗纠纷的医生承担40%的赔偿责任。对此你怎么看?

12. 春节期间,大多数人都回家过年,但是依然有医务人员坚守岗位。对此你怎么看?

13. 乡镇卫生院有一台彩超机,有孕妇来做彩超,但是没有技术人员,最后不得已转县医院治疗。对此你有什么看法?

二、名言警句类

1. 如何理解"为官一任,造福一方"这句话?这个"福"意味着什么?
2. 你对"不在其位,不谋其政"有何看法?
3. 有人说:"富人更富,穷人不能更穷。"结合实际谈谈你的看法。
4. 孙中山说:"要想着做大事,不要想着做大官。"拿破仑说:"不想当元帅的士兵不是好士兵。"你怎么理解这两句话?
5. 毛泽东去陕甘宁边区做调查,遇到老农民聊天,说"没有调查就没有发言权",你怎么看?
6. 哲学家说,每个人都有梦想,只要你勇敢地抬起自己的脚,整座山都在你脚下,你怎么理解?
7. 谈谈你对"再穷不能穷教育,再苦不能苦孩子"这句话的理解。
8. "要给学生一杯水,教师应有一桶水。"这是人们经常提到的一句话。谈谈你对这句话的认识。

三、寓言故事类

1. 你观察过篮球架吗?篮球架的高度比1层楼高,比2层楼低。篮球架的高度对你有什么启发?
2. 大雁南飞时,排成"人"字形,对此你有什么看法?
3. 相传古代有个叫柳下惠的人夜宿旅店,因天骤冷,一住店女子冻得快不行了,柳将其抱入怀中,一直坐到天明,没有非礼之举。谈谈"坐怀不乱"的故事给你的启示。

四、即兴演讲类

1. 假如你是旅游局工作人员,请以"环境·发展"为主题发表一篇演讲。
2. 在年度优秀员工评选中,大部分同事把票投给了你,你荣幸当选,但是之前与你有过矛盾的小王说你过于表现自己,与同事工作配合不好。领导让你上台做一个简短的获奖感言。
3. 你看见有一名男子正在向母亲索要20万元买车,母亲拒绝了。男子说:"你生我不给我钱花,生我干什么?"对此你怎么劝说?

五、计划组织活动类

1. 河水突然变黑，群众反映是企业排污造成的，领导让你开展调查工作。你怎么办？

2. 当地发生灾害，有几个志愿者来单位支援，领导让你负责此事。你怎么办？

3. 某市要开展"空巢老人家庭养老院"试点调研工作，领导让你拟订一个可行性建议方案。你准备怎么开展？

4. 很多人都去大医院看病。你认为如何做才能让大家去基层或者社区医院看病？

5. 某单位准备开展下乡扶贫工作，要出台工作计划，领导让你做好计划前期准备工作。你准备怎么做？

6. 单位准备组织"重走红军路"活动，由你负责。你准备怎么做？

7. 据网络媒体报道，某山区一所学校存在聘用无教师资格证人员担任老师的现象，引起了网络上的强烈关注。假设你是教育局工作人员，领导让你去调查此事。你该如何展开调查？

8. 你们单位领导要你组织一次爱眼日的宣传活动。对此你怎么开展？

六、应急处理、协调矛盾类

1. 你陪领导去参加会议，领导的发言稿是你准备的，而当领导即将上台时，忽然发现发言稿没有带。这时你该怎么办？

2. 单位组织慈善捐款，有同事在慈善捐款上写着"请尊重我的善心善款"。如果你负责此次捐款活动，你应该怎么办？

3. 你主持一个重要会议，但是领导车坏了，需要20分钟才能赶来。对此你怎么办？

4. 周末你一人在值班，一村民打电话过来，情绪激动，口音较重，你听不清楚。你该怎么办？

5. 下班时间到了，你刚收拾好东西要离开办公室的时候，有一个上访群众死活拉住你要反映问题，而你晚上要参加一个重要的接待活动。描述你当时的心境，并解释你会怎么做。

6. 你单位组织志愿者在五一期间去养老院给老人做好事，突然有一位被多次服务的老人说你们的服务是走形式，打扰了他们的休息，表示不满。你作为负责人该怎么办？

7. 因发展需要，很多群众需要搬迁，搬迁后群众因某些原因不能享受"原拆原迁"的相关政策，群众意见很大。领导让你去处理，你怎么做？

8. 你所在单位的某项业务办事流程烦琐，群众有意见。领导让你负责简化，你该怎么办？

9. 你单位开展政务公开项目，有群众反映公开的项目不全面。领导让你处理此事，你该怎么办？

10. 某市经检查发现有13家火锅店用地沟油，于是有媒体拥到单位门口。领导要你负责这事，你怎么处理？

七、人际交往类

1. 你和一个同学同时加入一个部门，做出的成绩相同。几年后他升迁了，而你没有。你是如何想的？

2. 你新到一个单位，有位老同志资历很深，看不惯年轻人，经常挑你毛病，屡次批评你。这种情况下你该怎么办？

3. 张某是一名高收入老师，不符合保障房申请条件，但是他让你的老师给你打电话，叫你帮开低收入证明。你该怎么办？

4. 单位安排你和一位副处长负责起草一份材料，但是最后材料出现了一些纰漏，处长在会上批评了你们，但是副处长说年轻人犯点错误是正常的。遇到这种情况你会怎么做？

5. 领导叫小王打印一份同事制作的文件并叫他签名，领导过目后发现该文件有文字表述错误及数据不实，然后当面严厉批评了小王。如果你是小王，你该怎么做？

6. 你新到单位，爱提意见，引得同事不满。你该怎么办？

7. 领导要求你和小张、小李共同完成一件紧急的事情。你们圆满完成后，在会上领导对你和小张进行了表扬，却对小李只字未提。你该怎么做？

8. 副主任让你起草一个很急的文件，接着主任又来让你去干另一件很着急的任务，结果你没有按时起草完文件，被副主任批评了。你该怎么办？

9. 同事上班玩游戏，你看见了会举报吗？为什么？

10. 你工作表现突出，但跟你一同进入单位的同事认为你爱出风头，看你不爽。你该怎么办？

11. 你刚到单位工作，找你的电话很多，你打给别人的电话也很多，有一位老同志看不下去，批评了你。你会怎么做？

12. 你到一个单位不久，领导和同事觉得你不适合这个岗位，暗示你辞职，但碍于面子没有明说出来。你该怎么办？

结构化面试训练

面试考官指导语：你好，首先祝贺你顺利通过了笔试，欢迎参加今天的面试。今天一共有4套题，每题回答限时3分钟，一共12分钟。回答所有问题前，你可以先考虑2分钟，不必紧张，回答时，请注意语言要简洁明了，把握好回答时间。最后祝你成功！好，现在开始。

一

农业科技小院，是涉农院校及科研单位把农业专业学位研究生长期派驻到农业生产一线，在完成理论知识学习的基础上，重点研究解决农业、农村生产实践中的实际问题，着力培养知农、爱农、兴农的农业高层次应用型人才。

这种集人才培养、科技创新、社会服务于一体的培养模式，实现了教书与育人、田间与课堂、理论与实践、科研与推广、创新与服务的紧密结合，辐射带动涉农院校深化研究生培养模式改革，引导研究生把论文写在中国大地上，助力脱贫攻坚，生动诠释了研究生教育培养什么人、怎样培养人、为谁培养人的重大命题。驻守农业科技小院的专家和研究生不仅是田野大课堂的学习者、受益者，也是乡村振兴的服务者、贡献者。

农业科技小院是产、学、研、用紧密结合的新模式，在创新农业科技、培养农技人才、助力农技推广等方面起到重要作用，建好农业科技小院，必能为乡村振兴提供澎湃动力。

1. 习近平给中国农业大学科技小院的学生回信中谈到，走进乡土中国深处，才深刻理解什么是实事求是、怎么去联系群众，青年人就要"自找苦吃"，新时代中国青年就应该有这股精气神。对此你是怎么理解的？

2. 你是乡村振兴局的工作人员，为宣传农业科技小院建设的优秀事迹，你单位计划组织宣讲推介会。如果此次活动安排给你负责，你将如何组织？

3. 小吴作为农科院校的研究生，前往农业生产一线进行调研。在调研过程中，他发现张大爷在给土地施肥上存在滥用农药的情况，不仅影响环境而且农作物长势不好。小吴结合所学专业知识给张大爷提出建议，但张大爷不听劝还说小吴乱指挥，小吴感到十分低落，向你抱怨。作为小吴的同事，你会如何劝解？

4. 你是村支书，在值班过程中有两位村民来闹事，表示听了驻村研究生的话，将之前种植的萝卜改种了番茄，但是在实际销售的过程中，番茄销量并不如萝卜，收入还减少了。对此你会如何处理？

二

1. 有人说，在工作中要不怕检查，更要怕不检查。对此，请谈谈你的理解。

2. 单位展开信息技术教育培训，有人提出了一些问题：内容不够丰富；实操要放在线下；人员参与少，激励不够。现在请你选一个你认为最重要的问题，并提出你的解决方案。

3. 领导安排你完成一项重要的工作任务，并没有给你说明具体的工作要求，你按照自己的理解开展工作，当工作完成一半的时候，领导却说你做错了，要你重新完成，你感到非常委屈。你会怎么办？

4. 你是社区工作人员，小区李大爷在顶楼种菜淋大粪，导致味道恶臭，邻居和他争吵了起来。领导安排你去处理，你会怎么办？

三

1. 当下，多地都在给"田秀才""土专家"等职业农民评定职称。有人为此点赞，认为有助于挖掘激励农业人才成长，提高广大农民学习和掌握现代农业科技知识的积极性和主动性，为建设新农村、实施乡村振兴壮大人才队伍。也有人表示质疑，认为农民的学历低，文化水平差，给他们评定职称会降低人才选拔标准，破坏职称评定规则。对此你怎么看？

2. 你是农业农村局的一名工作人员，你单位要在所辖的农村地区开展组织科技进农村的活动。作为负责人，你该如何组织？

3. 单位里面存在着一些员工对于无关紧要的事情、烦琐的事情做得很积极，对于一些紧急的事情却存在拖延的情况。对此，领导让你进行一次两到三分钟的一个讲话，请你现场模拟。

4. 村里面要修一条路，但是村民去阻挠。村民反映说修路安排的工作人员是邻村人员，没有安排本村的，不利于本村的人员就业。领导安排你前往解决争论。你会怎么做？

四

1. 商务部出台政策，让修拉链、修钥匙等回归民生。对此你怎么看？

2. 乡村振兴，人才振兴是关键。市农业农村委准备起草出台促进乡村人才振兴、成立专业合作社的指导意见，需要深入调研情况。如果你是市农业农村委工作人员，你如何组织此次调研工作？

3. 小李表面上不吭声，私下不服从领导安排，有一次领导安排好你和小李的工作之后，小李想要私下跟你换工作任务。你会怎么处理？

4. 农村农业开始现代化发展，某村准备购进一批现代化的自动化农机推广使用，实现机械种植、智能喷药。但是村民意愿不高，有的认为前期投入过大，还有的认为效果可能不理想。你负责这件事，你怎么解决？

五

1. 乡村振兴，年轻人要当主力军。谈谈你的理解。

2. 农业大学研制羊肚菌种植技术，在A村羊肚菌种植成功，单位让你负责将A村的成功经验推广到其他村庄地区。你怎么开展？

3. 某项工作前期你准备了很久，临时被领导要求换成同时期进单位的小陈，小陈和你说他准备不足，同时你想继续完成该工作。你要怎么和领导沟通？

4. 你负责单位新媒体平台的内容推送和发布工作，刚刚发布了一条相关的消息，同事指出推送的消息有错误。此时，你怎么处理？

六

1. 种子的重要性，关系着粮食安全。谈谈你的理解。

2. 农业新发展，始终要知农民、爱农民、懂农民。开展"新农人"示范培训班，你认为应该如何开展？

3. 单位小李平时下班早，工作按部就班，小张工作认真负责，经常加班加点，年底评奖评优的时候，处室领导推荐报送的人选是小李。如果你是小张，你怎么办？

4. 你是农业农村局的工作人员，正在某地开展某项农业调研，过程中遇到农民工兄弟反映欠薪问题,但这不属于你的职权范围。你要怎么处理?

七

1. 党的二十大报告指出,加快建设农业强国,扎实推动乡村产业、人才、文化、生态、组织振兴。乡村振兴人才是关键。对此你怎么看?

2. 你单位在公园门口开展农业政策法规宣传,领导让你负责。你会做好哪些准备工作?

3. 领导把你放在一个非常重要的岗位,有的同事说你能力强,有的同事对你议论纷纷。你该怎么办?

4. 业务大厅工作人员扇人巴掌,网上曝光后引发舆论,并有网友质疑说到时又会出现临时工出来担责。你作为单位负责人,该怎么处置这个事件?

八

1. 领导交给你和小罗一个任务,但小罗不会,全部推到你身上,导致你任务加重。你怎么处理?

2. 领导安排你组织一个活动,在活动前期邀请的嘉宾告诉你不能参加,但活动当天该嘉宾又说就在你们所在的城市,可以参加本次活动。请问你如何处理?

3. 当前社会上出现"520"、光棍节等人造节日,大家对传统节日冷漠,对人造节日追捧。对此你怎么看?

4. 辖区要开展一个关于野生动物保护的活动,主题是"没有买卖就没有伤害"。请问你怎么开展?

九

1. 现在建设"智慧城市",要进行一次成果展示,能够体现居民出行、养老、医疗、购物。领导让你负责此事。你认为工作重点是什么?

2. 现在一些支付平台进行虚拟种树,达到一定标准可以进行实体种树。对你有什么启示?

3. 某市要举办国际体育运动会,为保证安全,将要采购一批特殊急救设备,领导安排你进行前期调研。你将收集哪些信息?

4. 你们小组有三人,领导交给一项任务,时间紧,任务重,经常加班。组长老梁因病住院,还剩下一些工作没有完成,但后续工作没有进行安排。你该怎么办?

十

1. 某市要推行有关"工匠精神"的工作方案,主题是"弘扬工匠精神,树立时代先锋",领导要你负责。你该怎么做?

2. 许多地方将本地特色文化、音乐等传统文化编进中小学教材。对此你怎么看?

3. 单位要评选工作标兵,对几个候选人在工作、品德等方面评选。你怎样获得全面正确的信息?

4. 一位残疾人来办事,因为材料准备不齐全,很失落,一直请求帮助。如果是你,你会怎么做？

十一

1. 要给村干部进行基层电子商务培训，村干部培训积极性不高。作为此次培训的主要负责人，针对这个情况你如何与基层干部和培训老师分别沟通？

2. 某景区来了一个剧组，有演员来拍戏，有很多群众听到消息都过来围观造成秩序混乱。你作为景区的工作人员，怎么处理这件事？

3. 某办证部门，已经连续5个月没有给服务对象发放证件，办证部门给出的解释是特殊纸张，印制烦琐，但是经过媒体曝光后，办证部门很快进行了办证，并且还把积压了5个月的证件在10天之内办理完成并且发放出去了。对此你怎么看？

4. 你单位设置了一个意见箱，结果没有什么员工在使用，而且意见箱里的很多意见都没有进行答复。针对这个现象，你有什么创新性建议？

十二

1. 漫画题：中秋节，老人一个人在家吃饭，孩子在外面为了绩效、指标、加薪奔波。过节的时候父母看着一桌饭菜，不见儿女回家。谈谈你的看法。

2. 当前许多果农在水果销售渠道上有了创新，比如利用互联网销售。某果园的果农将果树编号、拍照，远程发给客户观察生长情况，待果子成熟后邮寄给客户，使收入提高了两三倍。请问这种现象对我们的工作有什么借鉴意义？

3. 领导让小罗写一个工作方案，小罗根据领导要求多次修改，并在网上抄了一部分，从上级文件抄了一部分，有人问他，你没有认真想过吗？他说他没认真想过。请问小罗的工作存在什么问题？请你对小罗的工作提出改进建议。

4. 你是受邀参加某小学组织普法宣传活动的嘉宾，结束的时候请你总结发言，请现场模拟。

十三

1. 材料大意：关于审批办事流程和简政放权，便民服务，互联网+，让群众少跑腿。你是政务服务中心的工作人员，政府服务模式需要创新，以提高便民服务质量，现在需要给办事大厅贴出一些标语，领导让你想4个两个字的标语，张贴在政务服务中心，并说明选择这4个词语的理由。

2. 你的领导让你准备发言稿，你加班一周完成了。在领导审批通过之后，你发现材料里的数据有一个小错误，但是影响并不大，领导也没发现，你该怎么做？

3. 你们村有个桃林，以销售桃子为主，以销售桃木梳为辅。现在村子要发展经济，帮助村民致富。请你列出3个点子（经营策略）并进行说明。

4. 你单位的同事分别遇到了一些工作上的问题：

小张：之前因为一些小错误被领导批评了，然后现在他有一些建议想提，但是不敢提，害怕枪打出头鸟。

小王：在单位里又写又说，但是每当他开会的时候，他要发表意见就总是很紧张，有些词不达意,不知道该怎么办。

小李:觉得基层工作很烦琐,他之前的专业用不上,新的知识又没空学。

你怎么去劝说他们,现场模拟。

十四

1. 习近平总书记说:"展望未来,我国青年一代必将大有可为,也必将大有作为。这是'长江后浪推前浪'的历史规律,也是'一代更比一代强'的青春责任。广大青年要勇敢肩负起时代赋予的重任,志存高远,脚踏实地,努力在实现中华民族伟大复兴的中国梦的生动实践中放飞青春梦想。"请谈谈你对这句话的理解?

2. 你到了乡镇工作,你的分管领导基层经验丰富,但是知识和学历都不如你。然而,在工作当中,你发现你和分管领导的观点和想法都不一致。你该怎么办?

3. 你单位举办一个活动月启动仪式。启动仪式在露天举行。但天气大变,突降大雨,且天气预报说短时间内雨都不停,该活动又没办法推迟或者取消。你作为负责人,你会怎么办?

4. 你作为一名选调生,组织上给你安排的工作地域和岗位跟你的预期有差距。你该怎么办?

十五

1. 材料内容:(1)读万卷书,行万里路;(2)腹有诗书气自华;(3)书山有路勤为径,学海无涯苦作舟;(4)书中自有颜如玉,书中自有黄金屋。请结合实际谈谈你的看法。

2. 有网友发帖反映你们村农家乐菜难吃,价格贵,不好玩,农家乐发帖回应说没有此事,并以名誉权受损说要告网友,引发网上热议。这件事导致你们村农家乐生意惨淡,造成经济损失。作为村干部,你该怎么办?

3. 领导要你带队去 B 市考察政务智慧管理平台应用的情况,学习他们的先进经验,领导让你做好前期准备工作。你该怎么做?

4. 领导告知小王处理事情的办法,但小王觉得自己的办法更好,没告诉领导就按自己的想法去做,后被领导严厉批评,他感到很委屈。作为她的同事,你会怎么安慰劝导她?请现场模拟。

十六

1. 《共产党宣言》发表时马克思30岁,恩格斯28岁。毛泽东参加"一大"时28岁。列宁最初参加革命活动时只有17岁。牛顿和莱布尼茨发现微积分时分别是22岁和28岁。达尔文开始环球航行时是22岁。爱因斯坦提出狭义相对论时26岁。神舟七号研发团队平均年龄33岁。结合以上材料,请选择一个角度谈谈你的看法。

2. 领导人称赞广西"坚持生态金不换",广西大力开展生态环境保护,特别是水生态保护。全国城市地表水水质前30名中,广西有10个地市入围,其中6个地市跻身前10名。针对广西在水环境保护方面取得的成就,某市要举办一个成果展,活动方案已做好,领导让你组织成果展内容的准备。请问你如何做?

3. 发展小店经济对促进就业、扩大消费、改善民生有重要意义。目前全国注册小店有8000多万户,带动就业约2亿人。商务部等七部门发布《关于开展小店经济推进行动的通知》提出了五年百城赋能百家企业、形成千个小店集聚区的目标,现要针对这些小店出台补贴政策。领导让你去展开相关调研。你怎么去做?

4. 某市要评选最美诚信经营者,有人投诉有参选人以不正当手段拉票,有人反应评选规则不合理,导致群众参与度不高同时有记者来采访。身为工作人员,面对群众和记者的质疑,你该如何回答?请现场模拟。

无领导小组讨论训练

无领导小组讨论考官指导语:大家好!欢迎大家参加面试,本次面试采取开座谈会的办法,就一个主题展开讨论。希望大家在讨论中就自己的看法积极发言。考官将根据你们在讨论中的表现,对你们进行评价。在讨论过程中,考官只作为旁观者,不参与讨论,不发表任何意见,完全由你们自主进行。注意在讨论开始后,请不要再向考官询问任何问题。讨论时间为60分钟。

一

1. 背景材料。

某大城市外来务工人员较多,为了解决外来务工人员的子女就学问题,一些外来务工人员子弟学校开办了,鹏程小学就是其中之一。但是外来务工人员收入不高,所以学校的教育设施比较简陋,师资力量薄弱,卫生状况很差。而且鹏程小学未在该城市教育部门登记备案,属于擅自开办。根据教育部门已有的文件,凡是未登记备案的教学机构一律要予以取缔。但是一旦取缔鹏程小学这样的外来务工人员子弟学校,大量外来务工人员的子女将面临失学辍学的危险。现在该城市教育部门对此事做了认真的研究,在研究中出现了如下两种意见:(1)撤销鹏程小学的教学资格,(2)破例保留鹏程小学的教学资格。

2. 情境要求。

如果你们是该城市教育部门的负责人,将按哪种意见处理?

请你们首先用5分钟的时间,从上述两种意见中选择一种并将选择的结果及简要理由写在答题卡上。在考官说讨论开始之后再进行讨论,讨论时间为30分钟。

3. 讨论任务。

(1)经过讨论,小组最后必须形成一个一致性的明确意见,即你们认为是撤销还是保留鹏程小学的教学资格(记住:只有一项选择)。

（2）小组选派一名代表，在讨论结束后向考官报告讨论的情况和结果。

4. 注意事项。

（1）如果你们小组在规定时间内没有形成一致的意见，那么你们各自的成绩将受到很大影响。

（2）选派代表报告完之后，其他成员可以进行补充。

（3）选派代表和其他人员的报告时间不包括在30分钟之内。

现在请大家开始考虑，并把选择结果及简明理由，写在答题卡上，5分钟后上交。（5分钟后，考官宣布）

讨论现在开始，30分钟后结束。

二

1. 背景材料。

能力和机遇是成功路上两个非常重要的因素。有人认为成功路上能力重要，但也有人认为成功路上机遇更重要。若只能倾向性地选择其中一项，你会选择哪一项？至少列举5个支持你这一选择的理由。

2. 讨论任务。

请用5分钟的时间，将答案及理由写在答题纸上。在此期间，请不要相互讨论。

在主考官说"讨论开始"之后进行自由讨论，讨论时间限制在30分钟以内。在讨论开始时，每个人首先用3分钟时间阐述自己的观点。注意：每人每次发言时间不要超过3分钟，但对发言次数不做限制。

请确认是否还有疑问，讨论期间，考官将不再回答任何问题。

3. 要求。

（1）整个小组形成一个决议，即对问题达成一致共识。

（2）小组选派一名代表在讨论结束后向主考官报告讨论情况和结果。

三

1. 背景材料。

做一个成功的领导者，可能取决于很多的因素。比如：善于鼓舞人，能充分发挥下属优势；处事公正，能坚持原则又不失灵活性；办事能力强；幽默；独立有主见；言谈举止有风度；有亲和力；有威严感；熟悉业务知识；善于沟通，能化解人际冲突；有明确的目标；能通观全局，有决断力。

2. 讨论任务。

请分别从上面所列的因素中选出5个你认为最重要的因素，选出3个最不重要的因素，并分别说明理由。

3. 要求。

（1）个人陈述。（3分钟）

（2）小组自由讨论，并在讨论时形成一个决议，即对此问题达成共识。（30分钟）

(3) 小组选派一名代表在讨论结束后向主考官汇报讨论情况和结果。(3分钟)

四

1. 背景材料。

近年来,腐败现象引起了广大人民群众的强烈不满,成为社会舆论的一个热点问题。导致腐败现象滋生蔓延的原因很多,有人把它归纳为以下几方面。

(1) 所谓"仓廪实而知礼节,衣食足而知荣辱",由于现在是社会主义初级阶段,市场经济还不发达,人民群众的物质生活水平不高,贫富差距拉大,造成了一些畸形心态。

(2) 商品经济、市场经济的负面效应诱发了"一切向钱看",导致拜金主义和个人主义泛滥。

(3) 精神文明建设没跟上,从而形成"一手硬一手软"的现象。

(4) 与市场经济发展相配套的制度与法律法规不健全。

(5) 谁都恨腐败,但对反腐败问题却无能为力,有时自觉或不自觉地参与或助长腐败行为。

(6) 中国传统封建意识中的"当官发财""当大官发大财""不捞白不捞"等思想死灰复燃,一些干部"为人民服务"思想淡化。

(7) 随着改革开放的深入,西方不健康思潮涌入我国,给人们带来消极影响。

(8) 有人认为,腐败在任何社会、任何国家都无法避免,它是人类社会无法根除的"毒瘤"。

2. 讨论任务。

你认为上述观点中,哪三项是导致腐败现象滋生蔓延的主要原因(只准列举三项)?阐述你的理由。

3. 要求。

(1) 陈述观点,不超过3分钟。

(2) 自由讨论发言,时间为30分钟。

(3) 推荐或自荐组织人,归纳总结陈述讨论结果,争取统一思想,形成共识。(3分钟)

五

1. 背景材料。

弘扬"忠、孝、仁、义、礼、智、信"传统文化,提高机关干部思想道德素质。

2. 讨论任务。

(1) 忠、孝、仁、义、礼、智、信中,你认为哪三项最重要?

(2) 就这三项,提出具体的措施。

3. 要求。

个人发言,每人3分钟,集体讨论30分钟,最后由一个人总结陈述(5分钟)。总共50分钟。

六

1．背景材料。

当前，我国很多城市在发展中遇到了成长中的烦恼，专家称为"城市病"。所谓"城市病"，是指人口过于向大城市集中而引起的一系列社会问题。主要表现如下：

（1）人口膨胀。

（2）房价居高不下。

（3）市民看病难、看病贵。

（4）教育资源配置不均衡、不公平。

（5）制度创新滞后。

（6）产业发展趋同，甚至出现"空心化"现象。

（7）区域发展和城乡发展不协调。

（8）城市公共设施不配套。

（9）空气污染严重，城市环境恶劣。

（10）城市交通拥堵。

2．讨论任务。

就上述10个问题，选择出4项主要的"城市病"，根据重要性程度排序，并说明理由。

3．要求。

首先每人3分钟个人陈述，然后小组50分钟自由讨论，最后推选1人做2分钟总结陈述。

七

1．背景材料。

目前提振居民的消费信心存在如下问题：

（1）收入预期不足，担心养老等问题限制支出，导致消费能力不足。

（2）没时间消费，需要照顾小孩和老人，需要建立托幼性、普惠性育儿服务。

（3）消费场所不足，理想的消费场所缺失。

（4）在消费中自身的信息容易泄露得不到保障，让自己在移动支付过程中缺少一定的安全感。

（5）托幼养老医疗供需不匹配。

（6）整治虚假宣传、假冒伪劣产品，消费权益维权成本高，个人隐私被暴露等问题。

（7）创新性产品不足，导致消费者消费动力不足。

2．讨论任务。

（1）从上述问题中选出3项。

（2）提出应对这3项的解决办法。

3. 要求。

6人以下30分钟,6—9人40分钟,个人陈述3分钟,最后推选一人总结陈述(3分钟)。

八

1. 背景材料。

目前非物质文化遗产的保护与传承存在以下一些问题:

(1) 群众保护和传承的意识不足。

(2) 非遗文物遭破坏,非遗传承和保护缺乏载体。

(3) 年轻人不了解,国外文化的冲击。

(4) 非遗人才青黄不接,传承人不足,无人可传。

(5) 传承人员水平不足。

(6) 一些非遗项目收益好、发展好,一些民间文学、音乐面临资金不足。

(7) 一些地区对非遗过度商业化,甚至对非遗物质文化篡改。

(8) 宣传内容,形式单一。

(9) 政府重申报,轻保护,对于后续文物保护不够重视。

(10) 财政资金不足。

2. 讨论任务。

(1) 从10个选项中选择3项问题,并说明理由。

(2) 确定3项问题,然后就每个问题提出1—2条措施。

3. 要求。

(1) 阅读材料,思考问题。(10分钟)

(2) 考生按考号从小到大依次就任务进行个人陈述,每人时间3分钟。

(3) 小组成员就任务进行讨论,达成一致意见,讨论时间9人50分钟(6—7人40分钟)。

(4) 最后推选一人总结陈述。(3分钟)

九

1. 背景材料。

本市为了推动群众就医更方便快捷,医疗管理更加高效智慧,资源分配更加公平正义,提出以下一些举措:

(1) 推动建立互联网医疗服务平台,开通线上问诊、开药、远程复诊等功能。

(2) 链接优质资源,针对突发、重大的病情,结合专家,提供远程诊疗服务。

(3) 建设医疗数据库。

(4) 培养医疗人才,联合学校、企业、医院,开展转岗、轮岗培训,培养"互联网医疗健康"复合型人才。

(5) 完善监管措施,利用AI等技术对网络数据进行监管。

（6）数据安全保障。

（7）及时解决医患纠纷。

（8）及时回复群众热切关心的问题，开通医疗服务热线。

2．讨论任务。

（1）从以上8项里选择最重要的3项任务。

（2）选择3项并按重要性排序。

3．要求。

（1）阅读材料，思考问题。（10分钟）

（2）考生按考号从小到大依次就任务进行个人陈述，每人时间3分钟。

（3）小组成员就任务进行讨论，达成一致意见，讨论时间9人50分钟。

（4）最后推选一人总结陈述。（3分钟）

十

1．背景材料。

为了刺激消费，有以下一些措施：

（1）发放电子消费券、优惠券。

（2）节假日、国庆节等商家开展促销，降低价格。

（3）开展线上销售，利用互联网开展产品营销、直播等。

（4）做线下展销会，推广农产品。

（5）发展夜间经济，鼓励民众参与。

（6）企业升级改造。

（7）发展文旅业促进消费，文化馆、博物馆等文化类的场馆降低门票。

（8）给人民群众法定假日连休。

（9）营造良好的消费环境，加强监管，对医药领域、日常消费品进行专项整治。

2．讨论任务。

（1）从以上9项里选择最有效的3项。

（2）对此3项按有效性排序，并说明理由。

3．要求。

（1）阅读材料，思考问题。（10分钟）

（2）考生按考号从小到大依次就任务1进行个人陈述，每人时间3分钟。

（3）小组成员就任务2进行讨论，达成一致意见，讨论时间9人50分钟。

（4）考生按照考号从大到小依次进行总结陈词，每人时间为2分钟。

附录：

结构化面试评分表

测评要素		语言表达	综合分析能力	应变能力	人际交往能力	计划组织协调能力	举止仪表	合计
权重		10	20	20	20	20	10	100
观察要点		1. 口齿是否清晰？语言是否流畅？ 2. 用词是否得当？意思表达是否准确？ 3. 内容是否有条理和逻辑性？	1. 能否对问题或现象做深入剖析？ 2. 对问题或现象的产生根源有无认识？ 3. 能否针对问题或现象提出相应对策？对策是否可行？ 4. 有无独到见解？	1. 面对压力、问题，情绪是否稳定？ 2. 思维反应是否敏捷？ 3. 考虑问题是否周全？ 4. 解决办法是否有效可行？	1. 有无主动与人合作意识？ 2. 能否与人进行有效沟通？ 3. 对人际关系的处理是否违背原则或者影响工作？	1. 能否根据工作目标预见有利因素和不利因素？ 2. 能否根据现实需要和长远效果做出计划、决策？ 3. 能否合理配置人、财、物等资源？	1. 穿着打扮是否得体？ 2. 言行举止是否符合一般的礼节？ 3. 有无多余的动作？	
评分标准	好	8—10	15—20	15—20	15—20	15—20	8—10	
	中	4—7	7—14	7—14	7—14	7—14	4—7	
	差	0—3	0—6	0—6	0—6	0—6	0—3	
要素得分								
考官评语		考官签名：_____						

职场口才实训教程
ZHICHANG KOUCAI SHIXUN JIAOCHENG

职业口才训练

第八章 主持人口才

第一节 主持人口才概述

一、主持人口才的含义

主持人是指在广播电视节目中，以个体行为出现，代表群体观念，以有声语言为主干或主线驾驭节目进程，直接面向受众，平等地进行传播的人。主持人口才是综合能力的体现，它既是语言才能，也是一个人的素养、才智、气质、品格和情操的流露，同时也体现节目的风格和品位。

二、主持的分类

根据主持内容的不同，可以将主持分为社会活动主持、文化活动主持和广播电视节目主持；根据主持人在活动中所担负的责任不同，可将主持分为报幕式主持和角色式主持；根据主持口语表达方式的不同，可将主持分为报道性主持、议论性主持和夹叙夹议性主持；根据主持人数目的不同，可以分为一人主持、双人主持和多人主持。

综上所述，主持的对象、内容、职责、要求不同，便产生不同的主持类型。广播和电视主持人本身作为一种职业，受形象、气质、专业背景、嗓音、普通话水平等方面的制约，一般人不经过专业训练较难胜任。而会议主持、庆典主持、婚宴主持是生活中比较常见的主持，与我们的生活息息相关。因此，对主持人的要求较为宽泛和多样。

三、主持人口才的作用

主持人的口才不仅是节目内容的载体和节目质量的保证，同时还折射出主持人的文化底蕴，影响着主持人的魅力。主持人在节目中通过口才从各个角度展现出其思想道德、知识底蕴、审美情趣、性格特征等深层次的内涵,通过对口语内容与形式的选择和运用直接体现其整体形象,而主持人的形象又直接影响着节目的收听率和收视率。因此,主持人口才被视为提高节目质量,优化传播效果的关键因素。主持人的口才决定了主持人受观众的认同度和喜欢,甚至直接决定节目的效果和生命力。

第二节 主持人语言特点

主持人的语言有以下几个特点。

一、形式的多样性

由于受到语言任务和职能的限制,主持人传递信息的方式上有自己的独特之处,而这种独特又带来了语言形式的多种变化,具体分为以下4种变化。

(1) 独说。一个人独立主持,多使用口语,语调自然,语句通俗。

(2) 对谈。两人以相互交谈的形式进行主持,口语化仍旧比较明显,不同之处在于围绕共同话题,你来我往,各抒己见。

(3) 众议。以众人群议的形式进行主持,议与说、谈相似,口语化是第一要素,但由于参与的人数相对较多,氛围上比较热闹。

(4) 朗诵。朗诵是主持人除了说、谈、议等主持形式之外的又一种重要的节目主持方式,主持人通过声音的抑扬顿挫、轻重缓急,将自己的思想情感表达出来。

二、话语的兼顾性

作为一个宽泛的群体,由于职业、性格和文化背景等因素不尽相同,观众对同样节目的认知感受也不一定相似。如何把握形形色色的受众,并让他们在节目中各取所需,这时主持人变得非常重要。如果一味迎合受众的需求,就会使自己的主持流于低级趣味或者同质化倾向;反之,如果不迎合受众的需求,节目本身就失去了意义。因此,无论主持哪类节目,主持人势必要体现出话语的兼顾性,做到雅俗共赏,将自己的个性与受众的需求及栏目的要求相统一。

三、内容的关联性

主持人的语言内容既要保证完整性,又要具有连贯性,尤其是语义间的深层衔接。首先,要注重句与句的联系。如今的节目主持人大多以搭档形式出现,共同完成节目之间的串联,因此,话语之间的关联十分重要。其次,对于一些谈话主持人来说,主持人除了要注意句与句之间的关联外，段与段的关联则显得更为重要，因为这类节目主要是靠主持人的语言将话题拓展深入。最后，主持人的语言还要做到首尾关联，给受众以首尾照应的整体感觉。

四、风格的独特性

别林斯基说过，风格是在思想和形式密切融合中烙上自己的个性和精神独特性的印记。主持人的自身修养、性格爱好、阅历背景、语言习惯不同，体现在主持人的语言表达上就是不同的主持人有不同的风格，有的幽默诙谐，有的简洁明快，有的真诚朴实，有的犀利深邃……主持人的独特风格和个性语言是节目魅力和个人魅力的源泉，对提升节目的传播效果有重要作用。

第三节 主持人口才技巧

会议主持人、婚礼主持人和节目主持的主持人有各自的技巧。

一、会议主持口才技巧

会议主持人的任务是要明确会议的目标，控制会议的进程，处理会议上的突发事件，从而圆满完成会议任务并提高工作效率。如果会议主持人缺乏口才技巧，会议就会出现枯燥、死板的现象，也不利于会议目的的达成。会议一般由会议开场、会议推进、会议结束三个阶段组成，会议主持人需要注意以下方面的口才技巧。

1. 会议开场阶段的口才技巧

会议开场至关重要，主持人在会议上的表达受与会者的欢迎度，很大程度取决于与会者对其初步印象。在此阶段，主持人的重要任务是做好开场白的设计。开场白的设计一般限制在1分钟内，要求语言准确且简练。主要包括：首先宣布会议的目的，明确会议的任务，并介绍出席会议的嘉宾与领导，目的在于集中与会者的注意力；其次指出议题的重要性，引起与会者们的高度重视；最后宣布进入下一个环节。以某公司月度总结会议开场白为例：

> 各位领导、各位同事，大家好。为总结11月工作经验，促进12月公司各项工作更高质量地开展进行，今天我们隆重召开公司11月总结暨12月动员大会。参加今天会议的有：董事长×××、部门负责人×××。今天的会议主要有两项议程：一是各部门负责人依次进行11月的工作总结，二是董事长对12月的工作计划进行汇报和部署。下面，进行会议第一项议程，有请各部门负责人作工作总结。

2. 会议推进阶段的口才技巧

主持人在会议过程中应起到向导的作用，这个阶段主持人不必长篇大论，主要是通过简短的语言推进会议的进程，主要技巧如下。

（1）及时通报，把握进程。

即对会议进展情况、与会者对问题的讨论情况等做及时通报，以把握会议进程和控制会议方向。

（2）公正引导，协调发言。

主持人应尽量客观公正地分类筛选各种意见，引导大家讨论，不以个人好恶偏袒或压制任何一方，避免带着主观情绪评价和分析他人意见。

在协调发言上，可以让与会者按顺序发言。此外，如果时间有限，可以点名发言；如果参加者比较积极，可以倡导自由发言。

（3）调动气氛，防止冷场。

主持人可以运用一些幽默的小故事、热门的话题等调动现场氛围。在这个过程中，主持人要控制场面，避免气氛过头或脱离会议的重点。对于会议中突然出现的沉默，主持人要立即做些评说、提问或解释，防止冷场。

（4）承认分歧，强调合作。

对于会议上的细微分歧，主持人不要刻意隐藏或无视，要承认分歧并正视分歧，必要时把分歧亮到台面上，才可能在会议中使大家理智对待。

当与会者的态度和观点出现较大分歧时，主持人要讲明解决问题需要与会者共同的智慧和决策，引导大家合作解决问题。

3. 会议结束阶段的口才技巧

在此阶段，会议主持人要向与会者报告已得出的结论，会后要采取的行动和尚存的分歧，最后感谢各与会者的出席。以某公司月度总结会议结束语为例：

> 感谢董事长清晰的工作部署，让我们心中有目标，前进有方向。新的一月承载着新的使命，新的一月造就新的辉煌，今天的会议为大家指明了方向，规划了目标，希望大家在2022年最后一个月里，对照新的工作目标，制定切实可行的措施，推进公司的稳步发展。相信在董事长和各部门领导的带领下，在各位同事的共同努力下，我们必将谱写更美的篇章。本次会议圆满结束，感谢各位！

二、婚礼主持口才技巧

1. 摆正位置，切忌喧宾夺主

婚礼的主角是新人，而现实中有很多婚礼都被主持人抢了风头，主持人在舞台前大讲特讲，而新人在主持人身后一言不发。尽管婚礼主持人对一场成功的婚礼起到关键作用，但是，主持人光有良好的口才是不够的。在婚礼这种庄重的场合，主持人首先需要端正自己的位置，让新人们成为婚礼的主角。

2. 善于救场，遇事处变不惊

婚礼中难免有各种突发事件或者特殊情况，比如天气不好，新郎给新娘戴戒指时不小心将戒指掉在了地上，酒杯不小心被打碎了，等等。这时婚礼主持人要随机应变，要把所有不好的事情转化成好事情，化险为夷，并赋予它们喜庆、吉祥的新意。例如，冬季的一场婚礼突然下起了大雪，主持人可以说：

各位，初冬的美好，犹如幸福的味道，在片片雪花当中相逢。有些朋友问我一年当中最浪漫的时节应该是什么时候？我想大概是冬天吧，因为整个世界都沉醉在犹如新娘婚纱一般的纯洁和简单当中，那飘摇不定的幸福，也终将在今天落下坚实的脚步。

化解形式多种多样，主持人可以运用口才技巧，举一反三，换种说法：

今冬若能同沐雪，此生便能共白头，这是今年冬天最暖心的一段情话，也是很多新人选择在冬天结婚的理由。大家好，我是主持人×××，很开心在这样一个特别的冬日里，和大家一起来见证一对新人的爱情。

3. 张弛有度，语言雅俗共赏

婚礼是一个喜庆的活动，主持人的用语要仔细斟酌，体现吉利的原则，既要文雅又要风趣，语言设计可以遵循"雅而不装，俗而不脏"的原则，既不能过于文绉绉让来宾听得云里雾里，也不能信口雌黄让来宾难以入耳。此外，婚礼主持人切忌以攻击他人人身为笑点，对庸俗的语言和行为要坚决抵制，始终保持自己的职业操守和行业素质。

作为婚礼主持人，除了做到以上几点，还要练就不俗的口才，要从生活中汲取精华，勤学苦练。随着新人对个性婚礼的要求越来越高，对主持人的要求也越来越高。想要把婚礼主持好，婚礼主持人除了具备较强的语言功底和较深厚的文化底蕴外，还需要与新人建立良好的沟通关系，深入地了解新人。同时，要与乐队和音响师默契配合，在恰当的时刻，选择恰当的背景音乐与激动人心的语气语调，将婚礼推向高潮。

三、节目主持口才技巧

1. 选择恰当的口语活动方式

主持人口语活动方式一般包括有稿播音和无稿播音两大类，其具体表现有如下3种形式。

（1）将编好的文字稿件转化成有声语言，如新闻节目等的播报、评论文章的播报、栏目中短篇小说的解说等。

（2）以写好的串联词为主干。穿插活跃现场氛围的即兴发挥，通常在各种综艺节目中出现。

（3）以采访或谈话为核心，主持人的提问、应对、串联、衔接、评述都以即兴口语为主。

2. 把握正确的口语表达要求

（1）普通话应标准。

主持人作为传播大众声音的职业，其普通话在大众心中具有权威性，他们的读音被大部分群众认为是标准读音，是大众学习普通话读音的典范，影响着大众的普通话。对于在广播电视台工作的主持人来说，不仅要有语言基本功说标准的普通话，还要重视发音、语气语调、重音停顿等细节。说好普通话是主持人不可推卸的重任，为大众树立榜样是推广标准普通话的关键。

（2）语言通俗易懂。

主持人面对的受众比较广泛，受众的年龄、文化层次、兴趣都不尽相同，要使更多的人理解并接受主持人所传达的思想，主持人的语言就要通俗易懂，雅俗共赏。主持人的语言需要经过加工提炼，在传情达意上要求明确、自然、大方，既体现书面语言的文采，又具备明白晓畅的口语特点。撒贝宁在《今日说法》栏目中讲述一起拖拉机车主肇事逃逸的交通事故时，就体现了这种简洁明快的口语特点。在这期节目里，他没有花过多的篇幅去责备逃逸车主道德的丧失和愚蠢，而是从另一个角度对车主的逃逸行为做了一个评价。在节目的最后，他说：

> 每一天我们都有可能成为交通的参与者，成为交通环境的一分子，一旦发生了交通意外，我们都希望有人能够伸出援助之手。但是这起案件发生的时候，车主没有想到要伸出援助之手，而是乘着夜色逃跑。他没有想到他的车后有一个人正躺在地上流血，一个人的生命正在流逝。当然事后他也后悔了，但是，他后悔的原因是他这样做让他付出的代价太大了，他仍没有想到因为他的行为，一个鲜活的生命消失了。我想这已经不单单关系到交通法规的问题，这已经涉及了一个人的道德与良知。

撒贝宁在节目结尾干脆利落地对案件进行总结，促使观众在理解的基础上进行进一步的思考。

（3）语言随机应变。

在节目主持过程中，经常会出现没有预料到的突发情况。在这种情况下只有随机应变、反应敏捷才能得体应对。但这种处世不惊的能力需要平时不断地积累、训练，才能在关键时刻发挥作用。比如，在第九届大众电视"金鹰奖"颁奖文艺晚会上，主持人杨澜报幕退场时从台阶上跌落，这突如其来的意外使场内顿时一片哗然。然而，她迅速自我调整，随即微笑着说："真是人有失足、马有失蹄呀，我刚才狮子滚绣球的节目滚得还不够熟练吧？看来这次演出的台阶不那么好下哩，但台上的节目很精彩。不信，瞧他们的。"几句自嘲不仅缓解了尴尬，还将观众的注意力吸引到台上去，可谓一箭双雕。

（4）语言独具风格。

主持人的语言表达要有鲜明的个性，主持人语言的个性是其整体个性形象的核心。

每个主持人都具有不同的气质、修养、语词、语气特点,观众可以根据其个性语言,轻松分辨他是谁。另外,不同的主持人对事物存在不同的感受,所以在结构安排、语言色彩、语言风格上也都有区别,从而产生了不同的语言表现形式。例如,白岩松的主持风格大多犀利深邃,发人深省;倪萍的主持风格庄重大方,温暖人心;敬一丹主持风格严肃认真,使语言凸显权威性。

3. 了解口语表达的注意事项

(1) 主持人口语应当具有艺术性。主持人的口语具有宣传作用,而宣传需要讲求艺术性,不能简单灌输,应当讲求美感,才能提高节目的收视率和收听率。

(2) 不要乱用语气助词、连词等。有的主持人使用语言时不够细致,经常说出带有语病和不符合语法的句子,过多地使用"啊""呢""吗""吧"等语气助词,已经成为许多主持人的通病。

(3) 不要不懂装懂,故弄玄虚。有的主持人积累不够,文化水平和日常积累不够,却打肿脸充胖子,不懂装懂,结果错误百出,使观众啼笑皆非。

> *观看以下视频,体会主持人主要运用了哪些口才技巧,并试着分析自己喜欢的主持人的语言风格。
> 1. 央视主持人"救场"合辑
> 2.《天天向上》节目
> 3.《中国诗词大会》

主持人口才训练

一、会议主持口才

1. 会议开场白训练。

(1) 训练目标。

练习会议主持的开场白,灵活运用推进会议的方法,模拟主持一场会议的全过程。

(2) 训练材料。

某公司的销售业绩不断下降,部门主任十分焦急,召开了一次员工大会,想了解一下公司业绩下滑的原因,并根据原因寻找解决的办法,需要员工建言献策并努力提升自身的工作质量。假设你是这位部门主任,你会怎样为会议进行开场?

(3) 训练要求。

开场白要简明精确,明确指出开会的意图。

2. 会议主持综合训练。

（1）训练目标。

练习并掌握报告会的主持流程。

（2）训练材料。

① 请以"梦想"为主题，主持一场报告会。

② 模拟主持一次先进典型事迹报告会。

（3）训练要求。

主持流程应完整、科学；主持人不能把报告会看作学术报告会，而是一场与观众的交流会，高度要有，但不能太死板。

二、婚礼主持口才

1. 训练目标。

考查婚礼主持人对意外情况的即兴表达能力。

2. 训练材料。

（1）婚礼当天，突然狂风暴雨交加。作为婚礼主持人，你如何结合当天的极端天气，为婚礼说一段精彩的开场白？

（2）婚礼上，新郎为新娘戴戒指时不小心将戒指掉落。作为婚礼主持人，你将如何为他们解围？

（3）婚礼现场突然停电。作为主持人，你将如何安抚来宾情绪并使婚礼进程继续推进？

3. 训练要求。

要求语言生动幽默，反应迅速快捷，能最大限度缓解紧张氛围。

三、节目主持口才

1. 情景再现训练。

（1）训练目标。

训练情景再现的能力，做到以情带声，情景交融。

（2）训练材料。

材料有莫怀戚的《散步》、朱自清的《背影》。

（3）训练要求。

朗读上述作品。在朗读过程中对两段内容进行合理想象，做到声情并茂，使稿件中提及的人物、事件、情节、场面、情绪等在脑海中不断浮现。以稿件为依据，使语言文字得以升华，做到以情带声。

2. 捕捉对象感训练。

（1）训练目标。

训练主持人在没有听众的情况下，做到心中有听众，对其进行设想，从感觉上把握观众的存在。

（2）训练材料。

新闻稿件练习

澳大利亚悉尼市数万户商家和居民3月31日晚7时30分（北京时间17时30分）开始集体断电一小时，以引起人们对温室气体排放导致全球变暖的关注。天黑之后，悉尼歌剧院等标志性建筑纷纷熄灯。

这一活动名为"地球时间"，由世界自然保护基金和澳大利亚发行量最大的报纸之一的《悉尼先驱晨报》联合发起。大约2000家企业和53万户居民报名参加了"地球时间"活动，自觉断电一小时。除标志性建筑外，悉尼城区许多高楼也纷纷熄灯，整个城市变黑了不少。不过路灯和紧急照明装置仍没有熄灭，港口的照明也一切如常。"熄灯"对悉尼人的生活并无太大影响。

除此之外，还有人利用全城不少地方熄灯的便利观看星空。几百个市民相约在熄灯期间前往悉尼天文台，利用这一小时更好地观看星空。天文台负责人说，很多市民都为有在黑暗中观察地平线的机会感到激动。

"怪石"之谜

河北省保定市古莲池内那块长期令人费解的奇特"怪石"，原来是一块罕见的蜂巢珊瑚化石，距今已有数亿年历史。

这块摆放在古莲池藻咏厅前的形状奇特的"石头"，有一米多高，通体遍布密密麻麻均匀整齐的圆坑，好似一个巨大的蜂巢。长期以来，从它面前走过的游人有几十万，人们也争论过这圆坑是人工凿成的还是天然形成的，但对其身世茫然不知。

中国地震局地质研究所马杏恒教授不久前到古莲池游览，才为人们解开这块"石头"之谜。原来，这是一块蜂巢珊瑚属的群体化石，属于地质上古生代早奥陶纪，距今已有4.5亿至5亿年。因为这块珊瑚化石原来有泥质包裹，所以脱落得非常整齐美观。从外观看，它总体像一"蜂巢"，故取名为"蜂巢珊瑚"，每个珊瑚单体呈六角形。这种蜂巢珊瑚有许多种类，把它们切成薄片，可观察其内部结构。这种珊瑚的生存年代一直持续到2.5亿年前才消失。

（3）训练要求。

主持人在录制节目时时常面对摄像机和话筒，而不是真正的听众，这时候就要求主持人设想听众。获得对象感的重点落在"感"这个字上，这种"感"主要来源于主持人的自我感觉，要做到与听众或观众交流起来，在自我感觉的同时，也要体会听众的存在与感受，做好交流。

3. 主持人交流训练。

（1）训练目标。

练习主持人与不同人群的交流、沟通方式，训练在口语表达上的交流技巧。

（2）训练材料。

设计一个农民节目的片段，其中需要讲述"外出打工需要注意的问题"。仔细揣摩如何与农民沟通，怎样才能拉近彼此的距离。

（3）训练要求。

在交流过程中要注意遵循礼貌、认同、商询、合作的原则。可以以自身经历感染受众，拉近与受众的距离，增加可信度，引起共鸣。在谈话对象卡壳时，可以采取电话的方式，帮助他摆脱窘困和尴尬。当谈话对象用词不够准确时，可以用简短的话语进行修正，也可以用自问自答的方式引起受众的思考，在探寻中得到结论。

4. 主持人点评训练。

（1）训练目标。

展示主持人的个人魅力，揭示或提升节目的主题，点明要害或给人留下启示和思考。

（2）训练材料。

① 请以"勤能补拙"为话题，做点评练习。

② 就某大学的一群毕业生选择穿传统汉服来拍毕业照谈谈个人看法。

（3）训练要求。

"点"要有选择，"评"要有针对性。要把握好分寸，不能信马由缰。点评通常同嘉宾或来宾共同完成，可以在顺应对方观点或语境下做语义的引申、强化。

第九章 教师口才

第一节 教师口才概述

一、教师口才的含义

教师口才是指各级各类学校中教师在教育教学情境中,选择和运用规范、准确、生动的语言,对学生的思想品德和言行规范等方面施加影响的口语表达才能。教师口才是教师运用语言的能力,是教师传授知识的手段,是教师启发学生的引子。

教师口才以适应和满足教师教书育人的需要为主,可分为教学口才和育人口才。教学口才是指教师在教学过程中所使用的口语才能,教学口语包括导入语、讲授语、提问语、过渡语、问答语、启发语、评述语、结束语等。育人口才是教师对学生进行思想品德教育、学习理想教育和学习态度教育的工作口语才能,具有说服、激励、感召等特点和功能,育人口语包括说服语、激励语、表扬语、批评语等。

二、教师口才的性质

教师口才是一种行业口才。各行各业都有自己的专用口才,医护行业有医护口才,导游行业有导游口才,主持人有主持人口才,营销有营销口才……教师口才也是如此,教师口才的应用受到教育行业的工作性质、特点和工作任务的限制,具有其独特的行业特点。

教师口才是一种实用口才。与理论口才的抽象性、概括性不同,教师口才是专门、具体应用于教师教学实践中,为教师教学工作服务的,是一种实际应用的实用口才。

三、教师口才的特点

1. 科学性

教师教授的学科不同，学术用语也不同。每一个学科都有特定的概念、术语，在传授系统性知识的过程中，教师必须使用科学、严谨、规范、准确的口语，既要符合学科教学内容的特点，又要具有专业的科学性，向学生传授科学知识和科学的生活道理。

2. 教育性

"师者，所以传道授业解惑也。"教育性是教育工作的首要特性。教师口才的教育性，是指教师在进行教学活动时，要明确教育目的，使用教育性的话语来向学生传递知识，同时进行思想教育活动，动之以情，晓之以理，循循善诱。"学高为师，身正为范。"教师的语言对学生具有示范性，学生向教师学习的不仅仅是读书、做人，还要向教师学习说话，教师是学生模仿的对象。因此，教师的口语需要做到具有教育性和示范性。

3. 思想性

教师是人类灵魂的工程师。教师不仅要向学生传授科学文化知识，还要向学生传授为人处世的道理。教师口才要具有思想性，教师要用先进的、正确的、积极健康的思想武装自己的头脑，同时教育、鼓舞和感染学生，向学生传输科学正确的世界观、人生观和价值观，引导学生学习和践行社会主义核心价值观，提高思想意识和觉悟。

4. 双向性

教学是教与学的双向互动过程，教师口语具有双向交流的特点，而不是单向输出的，需要和学生进行交流互动。如课堂教学中教师的提问、学生的回答，这样的言语活动都建立在互相反馈的基础上，是一个双边互动的过程。

5. 艺术性

教师口才区别于其他口才的特点除了科学性、教育性、思想性和双向性，还在于其艺术性。教师的话语风格和语言修养直接影响着教学的效果和质量。在教学中，教师口语既需要简洁明了、通俗易懂，也需要巧妙运用语言，机智灵活地建立自己独特的语言风格，提高话语策略技巧。

四、教师口才的要求

1. 吐字清晰，字正腔圆

教师口才是教师用来教书育人的主要工具，要求教师语音准确、吐字清晰、字正腔圆，确保让学生听懂。学校教学要求使用普通话，国家教师资格认定也需要教师提供普通话证书。因此，教师必须避免吐字不清、发音含糊的状况，也要努力消除方言、乡音等的影响，在教学过程中，要做到发音准确，吐字清晰。

2. 语速适当，声音明亮

有些教师被学生戏称为"轰天雷""催眠师"等，就是因为在教学过程中教师的声音过高或过低、语速过快或过慢。教师的口语不仅需要让学生听懂，还要让学生听得舒适。教师要掌握适当的语速，能够根据教学内容进行相应的调整。教学过程中学生人数较多，教学场所较大，因此要求教师声音明亮。

3. 情感充沛，语调丰富

教师应该以饱满的热情向学生讲解知识。学生大多处于情感丰富、想象力发达的时期，教师如果以饱满的热情、充沛的情感向他们传授知识，他们一定会更加热爱课堂，热爱学习。此外，如果教师在教学过程中能够做到情真意切、真挚动人，那么对学生的审美情趣的培养也是大有裨益的。

4. 言近意远，饱含哲理

教师口才的教育性、艺术性要求教师必须学会举一反三，循循善诱，也要弦外有音、言外有意。教师向学生传授知识，需要使学生深刻理解知识，使学生具有深刻的情感体验。除了传授科学知识，还要教会学生为人处世的道理和哲学。此外，还必须掌握一定的语言艺术，善于处理教学问题，能够冷静处理教学事故。

第二节 教学口才技巧

教学口才是指教师在教学过程中所使用的口语才能，它包括教师独特的话语风格、巧妙的语言策略、敏锐的语言应变能力和话语灵感、丰富的语言表现力及特有的语言审美。

教学口语是教师在教学过程中向学生传授知识、培养能力和开发智力时所使用的口语，它包括导入语、讲授语、提问语、过渡语、问答语、启发语、评述语、结束语等。在课堂教学中，教师除了掌握丰富的专业知识外，还需要学会灵活运用教学口语。一堂滔滔不绝、口若悬河的课，和一堂死气沉沉、喋喋不休的"满堂灌"的课，效果是完全不一样的。

以下主要介绍导入语技巧、讲授语技巧、提问语技巧、过渡语技巧和结束语技巧。

一、导入语技巧

导入语是教学活动开始时，教师为引入新课所说的一段简洁而引人入胜的话。它虽然不是教学的主要环节，却是讲好一堂课的重要前提之一。精彩的导入语可以激发学生的学习兴趣，调动课堂气氛，是新旧知识的衔接点。成功的导入语，不但能感染学生，活跃气氛,而且能打动学生,激发学生掌握新知识的兴趣,形成良好的学习状态。能否精彩地导入课堂,是课堂气氛活跃与否的关键,也是一节课能否顺利进行的关键。

以下主要介绍4种导入语技巧:故事导入、情境导入、悬念导入、经验导入。

1. 故事导入

学生都爱听故事,教师根据本节课的教学内容选取紧密联系的、妙趣横生的故事来进行导入,可以激发学生的兴趣,达到寓教于乐的效果。例如,语文老师在教授《不求甚解》时这样导入:

> 有一个老太太做寿,满堂儿孙、亲戚朋友都纷纷送礼、问候。但有位客人没有买礼物,觉得不好意思,就提议作一首诗来祝贺。众人都很高兴,客人便吟诵起来:"这个婆娘不是人!"大家听了很震惊,都斥责这个人胡言乱语。客人说:"别急,请听下一句——九天仙女下凡尘!"好!好!众人转过了神,夸赞起来。客人又道:"儿孙个个都是贼!"这下老太太的儿孙可不干了,围过来要揍他。客人又说:"别忙——盗得仙桃庆寿辰!"儿孙一听又乐了,众人都赞扬这首诗作得好。这个故事对我们很有启发,如果只看到第一句或第三句就认为是在骂人,便会产生误解。只有四句一起看,才发现是好诗。所以我们看问题不能一叶障目,不见泰山,不能根据只言片语就妄加判断,而应该"不求甚解"。

2. 情境导入

情境导入是指教师通过语言描述、音视频演示等方式创设问题情境,诱发学生的探究心理,引起学生解决问题的欲望和兴趣,从而活跃学生的思维,调动课堂氛围。例如,语文老师在教授《十里长街送总理》一课时,播放背景音乐,并用如泣如诉的语言向学生描述:

> 1976年1月8日,一颗巨星在祖国的上空陨落了,一颗伟大的心脏停止了跳动。他,就是我们敬爱的周总理。江河呜咽,群山肃立,亿万人民悲痛欲绝,泪水洒遍了祖国的大地。1976年1月11日下午,百万群众云集长安街两旁,在泪水和哀哭中,向徐徐而去的总理灵车沉痛告别。这是历史上空前的葬礼。尽管我们没能目睹那令人悲痛欲绝的场面,但《十里长街送总理》这篇课文将我们带入那催人泪下的场面。

3. 悬念导入

悬念导入是指在教学中,创设带有悬念性的问题,给学生造成一种神秘感,从而激起学生的好奇心和求知欲。利用悬念激发学生的好奇心,引发思考,启迪思维,往往能收到事半功倍的效果。例如,生物老师在讲授《环境对生物的影响》一课时这样导入:

> 同学们,昨天我本来捕捉了许多小老鼠,放在购物袋中,想在上课的时候拿给大家观察。但购物袋口忘记扎了,第二天清早,我发现购物袋中的小老鼠全不见了,家里的门窗密封很好,这些老鼠会藏在哪儿呢?我找了半天也没有找到,你们想知道小老鼠的藏身之处吗?那么就和我一起来学习今天的内容吧!

4. 经验导入

从学生已有的生活经验出发，结合学生已知的素材，通过生动的讲解、谈话或提问来引发学生的经验回忆，触发学生的好奇心，从而自然地导入新课。例如，物理老师在教授《做功改变物体内能》时，从学生已有的生活经验出发导入。

师：冬天，同学们的手被冻得发疼时就会搓搓手，搓手有什么效果呢？

生：会发热，手暖和。

师：为什么搓搓手就会变暖和了呢？是什么原理呢？

除了以上 4 种导入语技巧外，还有活动导入、解题导入、背景导入等。

二、讲授语技巧

讲授语是指教师通过口头语言，系统完整地向学生传授知识时的教学用语，以教师独白为主，它是教学语言中使用频率最高的一种教学语言形式。讲授语通常包括叙述式讲授语、解析式讲授语、归纳式讲授语、举例式讲授语。

1. 叙述式讲授语

叙述式讲授语即讲述事物特征、事件发展变化过程。例如，教师这样介绍《最后一课》的背景。

时间：1871 年。

地点：阿尔萨斯和洛林。

人物：学生小弗朗士、老师韩麦尔先生。

事件：普法战争后，两省被普鲁士占领，学校只准教德文。

2. 解析式讲授语

解析式讲授语主要用于解说概念、阐明事理、揭示规律、推导公式，它要求讲授时深入浅出、通俗易懂，同时也要严谨缜密、富有启发性。例如，物理老师向学生解释雨后的彩虹是由光的折射引起的，冬日里的冰花是由液体的凝固产生的。

3. 归纳式讲授语

教师在讲解的同时归纳内容要点，向学生展示简明的内容提要，有利于帮助学生巩固和消化知识。

4. 举例式讲授语

在课堂中选用典型的、简洁的、贴近课堂内容的事例来讲解，以便于学生更好地掌握知识，加深理解。

三、提问语技巧

课堂提问是教学组织的重要环节。教师在课堂教学中，适时地、巧妙地向学生提出发人深省的问题，引发学生的思考，启发学生的思维，引导学生探寻答案，通过师生互动、生生互动等加深学生的学习理解和印象。

提问语的形式有对比式、铺垫式、顺序式、选择式、想象式、发散式、扩展式、选择式等。提问不是心血来潮、随口就问，在运用提问语时，教师需要注意以下几个技巧。

1. 精心设计问题

提问的目的在于引导、启发学生通过思考来获取知识、获得结论。因此，在提问之前，教师需要熟练掌握课堂内容，明确课堂的重难点，有针对性地设计问题，使得提问具有逻辑性和启发性。在设计问题时，要综合考虑学生的认知水平和生活经验，问题的难易程度必须符合学生的知识水平。同时也要运用巧思，设计学生感兴趣的问题，提升学生的参与度和成就感。

2. 有效实施提问

要在学生有思考、有疑虑时适时发问。提问要面向全体学生，让大家都有答题的机会，调动全体学生积极参与。留有时间和余地供学生思考问题，正确引导学生回答问题，不可逼问，问答过程中可适当引导和安抚学生，如"别紧张，想一想再说""一时想不起来没关系，一会儿想起来再说"等。

提问可以适当使用追问技巧，通过追问的方式循序渐进地引发学生更深层次的思考，直至学生能够得出正确的结论。

3. 正确提供反馈

有的教师对学生回答得对错不做评价，但马上又提出第二个问题；或者评价含糊其词，叫学生如坠云雾，摸不着头脑；或者只说缺点，不说优点；或者过早把答案告诉学生，代替学生思维。这样的反馈都不利于学生思考和学习。

正确的做法应当是，在学生经过思考、回答后，及时给予客观的、鼓励性的评价或必要的引导。学生答完问题，教师要给予充分肯定，使用肯定的语言给予反馈，在充分肯定的同时指出不足，提出希望。切不可对答错的学生白眼相待、讽刺挖苦，也不能无原则地赞美。教师应给每个学生以成功的体验，又指明努力的方向。

四、过渡语技巧

过渡语一般是教师预先有目的、有计划、有技巧设计的，或是在课堂中动态生成的用于连接两个教学部分的语言，也称为衔接语或粘连语。巧妙使用过渡语可以达到自然衔接、上下贯通、逻辑深化的效果。过渡语主要有以下3种。

1. 归纳式过渡语

归纳式过渡语也可称为小结式过渡语，是指总结归纳前一部分的内容，为接下来的内容做铺垫时使用的口语。例如：

> 刚才我们对图形进行剪、移、拼，找到了计算平行四边形面积的办法，现在你们想不想利用这些知识解决一些实际问题呢？

2. 对比式过渡语

当两个教学内容相似或相异时，可以使用对比式过渡语。例如，教师在教授《装在套子里的人》的前半节课时，引导学生分析别里科夫的可恶和当时社会的黑暗，分析结束后，他话锋一转：

"难道当时那个社会就没有一点亮色了吗？"学生答："有。"他接着问："亮色表现在哪些人身上？"学生答："华连卡姐弟。"他说："对，还有华连卡姐弟。下面，我们就来诵读品味相应的段落。"

在这里，教师巧妙地运用了别里科夫和华连卡姐弟的对比进行过渡，使课堂进入另一个环节。

3. 悬念式过渡语

运用前面所学内容，提出想象或疑问，制造悬念，巧妙过渡。例如，一位老师在教授《羚羊木雕》一课时，讲解了部分内容后问同学们：

万芳把羚羊木雕还给了"我"，人也跑开了，这可怎么办呢？万芳是不是不会原谅"我"了？她是不是觉得"我"是一个出尔反尔的人？我们还是好朋友吗？

五、结束语技巧

结束语也叫断课语，又叫课堂总结语，是教师在讲授完一节课结束时所说的话。好的结束语与精彩的导入语一样重要，不但对当节课有归纳、总结、整理的作用，而且对下一节课起着铺垫和过渡的作用。常见的结束语有以下几种。

1. 自然式结束语

在课堂教学进行到最后一刻时，或在下课铃声响起时，教师自然地宣布下课。例如：

这节课上，很多同学都展示了自己在数学方面的才华，我相信，明日的陈景润、华罗庚就会在我们班诞生，同学们，努力吧！

2. 归纳式结束语

课将结束时，教师使用简单明了、精练准确的语言对课堂内容进行归纳总结和概括，强调教学的重难点，有助于学生提高认识、加强记忆，这就是归纳式的结束语。归纳式结束语可用于一节课结束时，也可以用于一个专题或一个模块的内容学习结束时。例如，一位教师在上完《归园田居（其一）》时这样总结：

学完这首诗我们可以发现，整首诗紧扣一个"归"字，以"从何归""为何归""归向何"为线索，描写了方宅草屋、榆柳桃李、傍晚的村落、墟里的炊烟、深巷中的狗吠、桑树颠的鸡鸣等，营造了宁静安谧、淳朴自然的意境，表达了诗人对田园生活的热爱和对恬淡生活的美好憧憬。

3. 扩展式结束语

在学生理解课堂内容的基础上，将内容向其他方面扩展，以拓宽学生的知识面。例如，一位数学老师在课堂结束时这样总结：

今天我们学习了平行四边形面积的计算及平行四边形面积公式的推导，当然公式推导的方法不止这一种，割补的方法也能推导出平行四边形面积公式，大家还能想到哪些方法呢？同学们课后可以多寻找不同的方法，下节课和大家一起分享。

第三节 育人口才技巧

育人口才是教师对学生进行思想品德教育、学习理想教育和学习态度教育的工作口语才能，具有说服、激励、感召等特点和功能。育人口语包括说服语、激励语、表扬语、批评语等。

一、说服语技巧

说服语是教师在对学生进行教育时摆事实、讲道理，用充分的理由让学生接受正确的观点、意见和主张时使用的口语。

说服语有正面说服和侧面说服之分。在使用说服语时，需要注意以下几个方面。

1. 明确说服目的，选择说服时机

教师要弄清楚出现了什么问题，为何会出现问题，为什么要解决问题，怎样才能说服学生发现并解决问题。说服需要在一定的情境中进行，在进行说服时，要掌握适当的时机，如学生正在伤心、愤怒当中，此时对他们进行说服劝导很大可能是收效甚微的，不妨先让他们冷静下来，再进行说服教育。说服不能突然说教，不能生硬地"为了说服而说服"，而应在适当的情境中顺势而为，顺事说理，自然贴切。

2. 了解说服对象，端正说服态度

教师必须了解和掌握说服对象的情况，针对不同的对象使用不同的方式，照顾说服对象的心理和情绪。有些学生性格开朗外向，则可以单刀直入、义正词严、态度明确；有些学生安静温柔，则可选择舒缓的话语明确表达自己的态度，并表示出信任和理解；有些学生比较自卑内向，在和他们交流时，需要注意用词，语气要柔和，表达要婉转，同时要多加激励。教师要综合了解学生的性格、心理状况、生活状态、承受能力等，善用话语的力量，刚柔并济。

需要注意的是，不管面对什么样的对象，在进行说服时，都要将对方摆在与自己平等的位置上，不能居高临下地说教，也不应将其放在自己的对立面。要做到平等相待，开诚布公。同时语气肯定，态度明确。

例如：某日课间，一位班主任发现，教室里有两个男生打架，看见班主任进来后他们停止了厮打,当时,甲同学鼻子出血,乙同学眼眶通红。班主任并没有着急批评他们,而是让他们回到座位,确认伤势并无大碍,又让一位同学陪着甲同学去洗手间清洗鼻子并止血。过了十几分钟后,等两位同学都冷静下来,他将二人叫到办公室对他们说:

冲动就像魔鬼,它会让人失去理智。冲动的代价是打架的双方都受到惩罚,你的眼睛和他的鼻子就说明了一切。在战争里没有绝对的赢家,只是程度深浅而已,你们这场"战争"的损失不仅是身体上所遭遇的疼痛,还有同学之间纯真的友谊以及老师同学对你们的看法和对班集体的影响。更重要的是这件事在你们人生之路上的影响,多年之后很多事你会忘记,但这样的事情你不会,而且一旦想起就会后悔自责。

说到这里的时候乙同学又捂住了他的眼睛,不知是后悔还是疼痛,这时甲同学从衣兜里掏出纸巾递给了乙同学,乙同学赶忙接过并说了声"谢谢"。此时两个同学都表现得十分大度,班主任趁此机会对他们知错就改的行为进行了表扬,并教育他们遇事要冷静理智、三思而后行,两个人都点头称是……事情就这样得到了圆满解决。

二、激励语技巧

激励语是指教师运用肯定、称赞、表扬、鼓励、激发等语言来激励学生奋发向上的教育口语。

1. 目标激励

目标在心理学中常被称为"诱因",是一种心理引力。目标具有导向性、推动性,教师要鼓励学生上进,就要帮助学生树立奋斗目标,激发学生的动机,以提高积极性。引导学生从眼前的状况预想到未来的美好前景,帮助学生树立短期目标和长期目标,并激励其为之奋斗。激励语的使用要贴近实际,饱含热情,令人信服。

2. 榜样激励

榜样的力量是无穷的。榜样是一面镜子,是一面旗帜,他们会把高尚的品格和顽强的意志向周围扩散,激励大家前行。学生大多喜欢模仿,模仿偶像,模仿老师,模仿同学……选择一个合适的榜样,激励学生向榜样学习。可以选择众所周知的名人,也可以选择学生身边的榜样,树立正面典型。用具体、生动的事例去感召学生,引起心灵的震撼,从而达到鼓励和鞭策的目的。

三、表扬语技巧

"好孩子是夸出来的。"表扬语是指教师对学生的良好品德、行为进行肯定评价时使用的教育口语。表扬的激励作用是众所周知的:教师的表扬,能增强学生的自信心、参与意识和自主意识,更有益于其人格的健康发展。这是教师进行正面教育所用的语言,表扬可以使学生对自己的优点和进步有成功的情感体验,从而引起学生增强巩固和发展优良品质的信心。表扬需要注意以下几个技巧。

1. 适时表扬，点石成金

教师要抓住时机，表扬每一位学生，让每一位学生时常受到表扬。李老师担任高一年级某班数学老师，该班内有位男生是大家一致公认的"差生"，他不交作业，经常迟到，和同学打架是家常便饭。在任课不久，李老师便发现该生不爱动手，但爱动脑。在一个问题的解决过程中，只有该生没有动手做，当他叫其他同学把解题过程写到黑板上后，突然听到他说："在××块，应该这样写。"李老师一听，他说得还很对，马上就对全班同学说：

××同学，真的很聪明，如果他再认真地写出来，肯定是满分，我很欣赏他的能力。

该生当时很是激动，之后不良行为收敛了许多。李老师注意及时表扬，并提出更高的要求，以此来激发他的进取心。

2. 方式多样，掌握分寸

教师要注意使用不同的方式对学生进行表扬：或当面表扬或背后表扬，或点名表扬或点事表扬，或班会表扬或家访表扬，以使表扬发挥出更强有力的作用。

如在班级比赛过后及时表扬学生的表现，在考试过后表扬学生取得的进步等。表扬需要掌握分寸，过多或过少的表扬都是不合理的。有的学生受表扬太多，难免有骄傲或不安，有的学生从未获得表扬，会感到焦虑、自卑等。正确的表扬应该是客观、公平、公正的，不随意拔高，也不说过头话。

四、批评语技巧

批评语是对学生的缺点、错误、过失进行评价、分析并提出意见的教育口语。批评语和表扬语一样，是教师使用频率较高的口语。在使用批评语时，教师需要讲究方法，掌握分寸，要有理、有节、有度，不宜尖酸刻薄、穷追不舍。要注意维护学生的自尊心，同时在批评后要引导学生正确对待批评。批评语的运用有以下几个技巧。

1. 暗示式批评

针对学生的缺点、错误，不直接提出批评，而是运用婉转、迂回的话语对其进行暗示，让学生自己意识到自身的问题并加以改正。例如，林语堂第一次到东吴大学讲课，发现有几位学生迟到。第二次上课时，林先生首先不慌不忙地打开皮包，拿出一包带壳的花生分给学生们享用，然后他从花生讲起：

花生必吃带壳的，一切味道与风趣，全在剥壳。剥壳越有劲，花生米越有味道。花生又叫长生果，诸君请吃我的长生果，祝诸君长生不老。我讲课从不点名，诸君吃了长生果，多长记性，不要逃学，则幸甚！幸甚！

2. 幽默式批评

批评的话语并不全是尖锐的，可以采用幽默的话语，让学生在受到批评时既能够意识到自己的错误,又不失风趣。例如,一位老师走进教室后发现地板上有很多垃圾,整个教室看起来脏乱不堪,她并没有发火,而是笑着对同学们说:

我们班真是"物产丰富"啊,五彩斑斓的纸屑铺满地面,还有花生瓜子点缀其间。我们生产了这么多垃圾,总得想办法出口啊!

同学们听完哄堂大笑,值日生赶紧站起来去拿扫把清扫垃圾。

3. 激励式批评

批评更多地应该表现为一种提示,要让学生经过批评后对自己改正缺点的自觉性、提高能力的自信心都有所提高。因此,可以采用激励式的批评。遇到让人愤怒的、不满的情况,不要着急发火,可以换个角度看待,同时也可以采用不同的批评语言,有时会收获意想不到的效果。

例如,某高中有位姓严的数学老师,治学非常严谨,管理学生也非常严格。一日,他走进课堂时发现黑板上赫然写着"严可畏"三个大字。严老师顿时怒从中来,但他转念一想,也许可以换个方式。于是,他转身对学生说道:

真正可畏的是你们!都学会给人起绰号了!后生可畏嘛!为了让你们这些后生真的可畏,超过我们这些"老朽",我这严老师怎可名不副实呀!你们可要加把劲啊!

严老师话音刚落,教室里顿时响起了热烈的掌声。

教学口才训练

一、根据要求,结合教学口才的训练技巧开展实训。

1. 设想自己是一名高中老师,请以某一学科为例,设计一段导入语并试讲出来。

2. 任选一门课程中的某一节课,设计一段故事导入语。

3. 从你当前所学的某一门课程中,选取一段5分钟就能讲明白的概念、原理或事件,参照讲授语的技巧,写一份讲稿。

4. 亚洲是世界第一大洲,无论是自然环境还是人文环境都非常有特色。请思考:讲解完自然环境后,你将如何过渡到人文环境?设计一段过渡语,在组内相互交流点评。

5. 阅读郁达夫《故都的秋》一文并思考:假如你是一位教师,在讲完第三部分"秋晨之景"后如何过渡到第四部分"秋雨之景"?设计一段过渡语。

二、赏析优秀课堂教学案例

1. 阅读案例,说说祁老师这段授课话语的妙处。

祁老师在讲授"大吃一惊"时,针对学生容易将"惊"错写为"斤"的现象,讲了一则故事:徐芳是一名文学爱好者,她的文章语言好,构思好,就是好写错别字。有一次,她在一篇文章中写道:"在一个夏天的晚上,我匆匆地往回赶。走着走着,我突然发现前面地上有一堆黑乎乎的东西。走近一看,原来是一堆牛粪,我大吃一斤。"祁老师边说边在黑板上写了一个"斤"字。学生们听完都哄堂大笑起来。

2. 观看于丹在神户中华同文学校讲解中华历史文化的授课片段,分析其中教师的口才有何特点和优点。

3. 观看教学案例《人民的选择　历史的必然》,分析案例中教师的口才有何精彩之处。

育人口才训练

一、阅读以下材料并思考:如果你是班主任,你该如何与张晓沟通,消除他的敌对情绪?

高三学生张晓来自贫困山区,生活很清苦。一次班主任找她谈话时说:"你们寝室刘慧同学的300元钱被盗了,你知道是怎么回事吗?"张晓觉得这是老师对自己有怀疑,故意这么问的,心里十分难受,对班主任起了恨意,再也不愿和班主任说一句话。

二、根据以下班级情况,思考作为班主任你应该怎样对学生进行教育。

某校初三(2)班学生在开学以来大大小小的考试中,总成绩次次排年级倒数第一。成绩公布后,他们说:"反正我们这成绩升学无望了,还不如痛痛快快地玩呢!"面对这种情况,你该如何对他们进行教育?

三、面对以下情况,作为辅导员,你将如何对学生进行批评教育?

江君有口吃,班里的同学经常背地里嘲笑他,并且刻意模仿他说话,以此为乐。江君为此非常苦恼,甚至开始产生自卑心理。针对这一情况,你该如何做?

四、上课时发现黑板上画了一幅巨大的画,几乎占据了整个黑板。此时你该如何巧妙处理?

五、你所带的班级在学校党史知识竞赛中荣获第一名,请拟写一段表扬语并在班会上对学生进行表扬。

六、你是一名高中班主任,班上一位女学生因为早恋,成绩直线下降。请拟写一段教育用语,及时对她进行教育。

第十章 导游口才

第一节 导游口才概述

一、导游口才含义

导游工作的对象是不同年龄、不同文化背景、不同知识水平、不同兴趣爱好、不同审美情趣的旅游者,其工作的重点就在于和不同的人进行交流、沟通。正确、得体、优美的语言是做好这一工作的关键。因而导游语言是在长期的社会实践中逐渐形成的有职业特点的行业语言,是导游同游客交流思想、指导游览、进行讲解、传播知识的一种生动形象的口头语言。导游语言艺术通过优化语言来提高表达效果,从而树立良好的导游形象。也就是说,只有语言符号的传递起到"树立良好的导游形象"这一效果,才能称得上是"导游语言艺术"。

二、导游口才的要求

导游语言能力有以下基本要求。

(1) 语言规范:不论是普通话、方言和外语,必须规范,语调自然,发音标准。
(2) 口齿清楚:语言要清晰清楚,不打混。
(3) 声音洪亮:声音要纯正洪亮,不是轻声细语,也不是声响如雷。
(4) 用语恰当:语言词汇要丰富,用词要准确恰当。
(5) 语句流畅:语言要洗练流畅,不哼哼哈哈,语速中等,语气诚恳。
(6) 态度和蔼:对旅游者要真诚、热情、态度和蔼。
(7) 合乎礼仪:姿势得体,手势恰当,合乎社会礼仪。
(8) 无口头禅:导游讲话不要有口吃、口头禅和不良习惯,注意语言美。

第十章 导游口才

导游服务工作的特点决定了导游语言的特征。准确地了解、把握导游语言的特征，是每个导游理解并掌握导游语言艺术的前提。

第二节 导游语言的特性和艺术性原则

一、导游语言的特性

1. 特殊的针对性

导游语言对象的特殊性是由导游服务对象的特殊性所决定的。导游服务的对象是变化的，不固定。导游每次所接待的旅游者是不同的，作为不同的旅游群体，他们有着很大的差异。不仅每次接待的旅游者差异大，即使同一次接待的旅游者之间也有着很大的个体差异。这些差异落实到导游的服务工作上就是导游服务对象的特殊性，作为导游工作的具体载体的导游语言，自然也就有了对象的特殊性。导游语言直接影响着旅游者的心理活动和旅游感受，因此，导游必须意识到导游语言对象的特殊性，根据其差异和特点来调整自己的语言，以满足旅游者的需求。旅游者来自不同的地方、国家、民族、宗教、习惯、职业、年龄、文化程度和知识水平各有不同，导游进行导游时要因人而异。导游语言应区别不同的旅游者使用恰当的语言，要注意针对性。

针对性在导游词中表现为丰富的知识性。好的导游词不仅能使游客得到美的享受，激发游客的兴趣，而且能够给游客传递丰富的知识，这就是导游词的知识性。这种知识性，是指与被游览客体有关的种种信息。被游览对象是很多的，自然的、人文的，其范围相当宽泛，可以说有多少被游览客体，就有多少与它们有关的知识信息；从神话到现实，从历史到眼前，从现在到将来，从自然到社会，从文学艺术到宗教建筑。导游对沿途各景点的名胜古迹、历史文化、民情风俗必须非常熟悉，在整个导游过程中贯穿种种知识的介绍。有一些专项旅游，更需要较深的专业知识，如"唐诗之旅导游"等。例如：

故宫导游词："故宫迎飞雪，白雪镶红墙。"各位台北的朋友，欢迎你们来到美丽的故宫。故宫又叫紫禁城，建设面积约15万平方米，是当今世界上现存规模最大、建筑最雄伟、保存最完整的古代皇家宫殿，是我国古代建筑物中的精品。作为中国5个世纪以来最高的政治权力中心，故宫内的藏品数量超过了100万件，涵盖了古代艺术品的所有门类，里面不仅有金玺印，红珊瑚镶金盖碗，青玉、白玉制水仙，中国古代最大的玉雕，中国最大的折扇……这些珍藏是国之瑰宝，是民族文化的历史缩影。虽然台北故宫博物院的珍藏数量远少于故宫，但是，台北故宫博物院的珐琅彩和汝窑质量是无可比拟的，汝窑精品几乎都在台北。但不管是故宫还是台北故宫博物院,都是中华民族文化历史的见证,"瓷器文化"正成为连接海峡两岸文化交流的纽带。

这一段导游词不仅包含了景点的基本知识介绍,还结合客人身份背景和地域特点,将故宫与台北故宫博物院景点中的藏品进行对比分析。虽然台北故宫博物院的藏品数量稍逊一筹,但在珐琅彩和汝窑质量上是故宫无可比拟的,同时还将文化宣传寓于导游讲解之中。在这一段讲解词中,对两个景点的对比能较好地掌握分寸,让客人不会感到不适。导游词中,对特定知识信息一定要传达准确,不能模糊概括,以免造成误解。再如:

在2021年赣南脐橙博览会上,展厅导游对来自五湖四海的朋友这样提问:"大家喜欢吃赣南脐橙吗?""喜欢。"大家异口同声答道。接着她又问:"那你们知道挑选什么样的脐橙最甜?赣南脐橙又有哪些营养价值呢?"待大家思考了一会儿,她开始讲解:"对,就是以纵径略大、接近圆形的果形最佳。赣南脐橙是江西省赣州市特产,中国国家地理标志产品,它可以提供人一天所需的维生素C,提高身体抵挡细菌侵害的能力……"然后,她又开始详细地介绍赣南脐橙的产品特点、产地环境、发展历史及生产情况。

在导游与游客的互动下,游客内心的好奇心和求知欲被充分激发出来,导游在轻松的气氛中将有关赣南脐橙的知识巧妙地传递给游客们。

2. 口语化的特征

导游服务几乎是在游览的过程中完成的,与游客的交流主要是以说和听的形式来实现。因此,导游语言具有口语化的特征,强调口语的通俗自然、灵活多变,追求雅俗皆宜的感染力和说服力。例如:

导游在讲解滕王阁名称由来时说:"工书画,妙音律,喜蝴蝶,选芳渚游,乘青雀舸,极亭榭歌舞之盛。"(明陈文烛《重修滕王阁记》)。因李元婴在贞观年间曾被封于山东滕州,故为滕王,且于滕州筑一阁楼名以"滕王阁",后滕王李元婴调任江南洪州,又筑豪阁,仍冠名"滕王阁",此阁便是后来人们所熟知的滕王阁。

很多时候,我们在讲解专业性强、抽象难懂的内容时,需要考虑游客的知识储备,尽量将那些晦涩难懂的内容用通俗易懂的话语表达出来。像上面介绍滕王阁名称的由来,可以这样说:滕王李元婴自幼受到宫廷生活的熏陶,喜爱音乐、戏曲、舞蹈,初到洪州(今南昌)时,却没有一个合适的场所供他玩乐,后来为满足自己的兴趣爱好,就在江边建了一座阁楼,因封号是"滕王",所以此楼阁也就被称为"滕王阁"。

口语化可以增强导游词的趣味性,使游客感到轻松、愉快,容易接受。导游语言的灵活变化主要表现在两方面:① 根据游客的具体背景灵活应变,② 根据环境中的具体情况灵活发挥。根据游客的具体背景、要求及反应灵活编排并调整导游词。游客有种种具体背景,如特定的民族、国籍、社会地位、年龄、行业、受教育情况、兴趣爱好等。导游要根据这些具体因素,选择使用游客最容易理解、接受的语言表达方式,灵活安排讲解特定的导游内容,或平铺直叙,或跌宕起伏,或大力渲染,或一带而过,或委婉避讳,或直接鲜明……从而引起游客的共鸣，以达到和游客最大限度地沟通。

不同民族和地区的人饮食禁忌有很大不同，因此，在导游词中关于饮食文化方面的介绍，要根据客人的风俗习惯有针对性地讲解。再如，不同国家的人对同一数字，如5、7、4、9、13等，也有不同的敏感度。因此，导游词的讲解需要充分考虑游客的文化背景和民族特点，以更加灵活的导游词解说收获最佳的效果。

此外，还要根据具体环境中的具体情况进行灵活发挥，特别要对突发性的情况积极应对。例如：

> 旅游大巴行驶在通往南澳岛的南澳大桥上，被堵得水泄不通，客人看着这"长龙"叹气不已。这时导游说："请大家往车正前方看，这是南澳大桥最高、最佳的拍照点，以往的客人想拍下这一全景可不容易，不仅需要与车速赛跑，还得有非常好的拍照技术才能'一举成名'呢。现在我们正好可以静静地欣赏这一美景，待会我再给大家唱首我们当地的'大鹏山歌'，希望大家喜欢。"游客听了立马开心鼓掌。

这位导游以巧妙的语言化解了游客的不良情绪，将不利因素转为有利因素，赢得了客人的欢心。再如：

> 从苏区干部好作风陈列馆出来后，就遇到绵绵细雨，听着游客传来阵阵抱怨声，再看着一时半会停不了的细雨，导游小刘突然声音低沉地说道，是上天在为那段凄美的爱情故事哭泣。客人满脸疑惑，问导游为何这样说。导游接着说："展柜内那面锈迹斑斑的老式花镜的主人叫池煜华，新婚三天后，便和丈夫李才莲过上了聚少离多的日子。1934年10月，红军主力长征，李才莲用身上所有的钱买下这面镜子，送给妻子作为临别纪念，并深情地告诉她：'等着我，我一定会回来。'不料想这句话竟成为池煜华一生的精神动力。池煜华把对爱人的思念之情寄托在了花镜之中，对镜梳妆，仿佛爱人就站在自己背后；1949年，兴国解放，丈夫李才莲终未出现。但池煜华坚信丈夫离别时的那句话，仍然苦苦等待，每天起床先到门口张望一下，站几分钟，然后慢慢转身，洗脸，摸索出丈夫留给自己的镜子细细梳头，直到青丝梳成白发……2005年，在苦苦等待了70多年后，池煜华去世了，享年95岁。一诺千金，成就一首爱情的千古绝唱。"听完，大家都对池煜华同志坚定的爱情态度感到敬佩，同时也对这段凄美的爱情故事心生敬畏，早已忘记这阴雨绵绵。

通过对外界不良客观因素的巧妙衍生，恰如其分地使用导游词使客人的情绪瞬间得到安抚。例如：

> 走下缆车，我们一路向顶峰攀登，映入眼帘的是变幻无常的庐山云雾。不知道大家还记不记得小学课文《庐山的云雾》。在这篇文章中，作者采用比喻、联想等手法，描绘了庐山云雾千姿百态、瞬息万变的景象，字里行间流露出作者对庐山、对祖国山河的热爱之情。由于庐山特殊的地理气候，庐山多云雾，常常是云遮雾绕，云里雾里，一般人都难以识其真面目。加之，春夏之交，晴雨交替，更是变化无常，

这也给摄影人提供了绝佳的拍摄良机,于是,各种云雾、云海、云瀑的美景,频频出现在摄影家的镜头里。我想大家要是生活在宋代,看到此美景,想要写下"横看成岭侧成峰,远近高低各不同。不识庐山真面目,只缘身在此山中"的脍炙名篇应该也不难。

这里采用故事回忆法,通过小学课文引入今日的游览景点,并将客人与著名诗人苏轼联系在一起,间接地拉近了游客与景点的距离,给人留下美好的印象。

3. 导游语言的美学特征

导游语言在大多数的情况下是向旅游者介绍旅游的自然风光或人文景观,但它不仅仅是向旅游者介绍景观的基本情况,更重要的是导游语言本身具有美的独特内涵。优秀的导游可以用优美、得体、起伏变化、富有音乐感的语言向游客传达一种美的信息,并借用语言这种媒体充分调动、感染旅游者的情绪,使旅游者深刻领悟自然或人文旅游景观的美,产生美的旅游感受,拥有美的旅游经历。因此,导游语言的美学特征也是每一个导游所不能忽视的。

生动形象是导游语言美的魅力所在,是导游语言艺术性和趣味性的具体体现。语言的生动性不仅要考虑导游的内容,更要考虑导游的表达方式,并要与自己的神态表情、手势动作及声调和谐一致。语言要生动流畅,不仅要求每位导游讲话音调正确优美,节奏适中,语法无误,用词恰当,还要求他们思维清晰,内容明确,前后连贯,整体和谐,让旅游者获得美的享受。导游要灵活使用语言,使特定景点的讲解适应不同旅游者的文化修养和审美情趣,满足他们不同层次的审美要求。例如:对专家、学者和中国通,导游在讲解时要注意语言的品位,要谨慎、规范;对初访者,导游要热情洋溢;对年老体弱的游客,讲解时力求简洁从容;对青年游客,导游讲解应活泼流畅;对文化水平不高的旅游者,导游语言要力求通俗化。这就要求导游在较高的语言修养的基础上灵活地安排讲解内容,使其深浅恰当;灵活地运用语言,使其雅俗相宜,努力使每个旅游者都能获得美的享受。此外,导游词要与旅游者的目光所及的景象融为一体,要使旅游者的注意力集中于导游讲解之中,这是衡量导游讲解成功的标准之一。例如:

曲院风荷位于灵隐路洪春桥附近,是杭州西湖十景之一。相传南宋时有一处官家酿酒作坊,坊内与金沙涧相通的池塘种满了荷花,每逢夏日微风吹拂,荷香与酒香四溢,令人陶醉,故称为"曲院风荷"。旧时的曲院风荷,仅有一碑一亭半亩地,局促于西湖一隅,颇有些名不副实。清康熙年间,在苏堤跨虹桥畔的岳湖种荷花,并建亭立碑,题为"曲院风荷"。今天的曲院风荷仍以荷花为主景,建有5个荷花池,分别栽植红莲、粉莲、白莲、重台莲、并蒂莲等多个品种。全园又分为岳湖、竹素园、风荷、曲院、滨湖密林5个景区。每当夏日荷花开放,满眼翠盖红妆,香飘数里,池和池之间筑小桥相连,便于游客流连观赏,可以领略到"接天莲叶无穷碧,映日荷花别样红"的迷人景色。

上例引用历史传说和古诗词句讲解杭州西湖的曲院风荷景点。首先,明确其地理位置和景区概况，以南宋民间传说作引，具体展开曲院风荷的名称由来、发展过程、历史演变，给游客以初步的印象；其次，重点介绍景点的主要构成；最后，引用古诗词来形容美景给人带来的体验感。该例整体上既有导游词的常规讲解，又能给人以美的感受，把所见与所说巧妙地融为一体。

二、导游语言的艺术性原则

1. 准确性

所谓准确性，首先要求导游的语言音质清亮明洁，无含糊生硬的成分。"含糊其词"无论在何种交际场合都会使人感到不快。尤其是在旅游审美活动中，这种语言表达形式不仅不美，而且会导致信息接受上的困难，乃至误解。"一伪灭千真。"如果导游信口开河、杜撰史实、张冠李戴，一旦被旅游者发现，必定会产生极大的反感，怀疑所有导游讲解的真实性，甚至否定一切。因此，在宣传、讲解时，在回答旅游者的问题时，导游必须正确无误。而且导游语言的科学性越强，越能吸引游客的注意，越能满足他们的求知欲，导游也会获得他们更多的尊重。

与此同时，还应该注意词语使用得当，组合相宜。初出茅庐的导游通常不习惯用委婉语，喜欢夸大地用词，试图取得先声夺人的效果。殊不知这种无视游客自身评判能力的夸张手法，有时在效果上会适得其反。例如，一位导游在陪团去一家风味餐厅时，在行车途中把这家餐厅捧得太高，用了一连串高级形容词来描述，结果使游客的期望值过高，而游客实际就餐后感到很是失望。可见把话说绝是不明智、不可取的。例如：

千古情是由宋城演艺集团出品的系列作品，覆盖全国各地多个城市，例如杭州、上海、西安、三亚、丽江、九寨、张家界等地。一提到千古情，大家首先都会想到一句宣传语"一生必看的演出"，这在一定程度上提高了游客对于千古情演出的期待值。是否真的是"一生必看"，是否真的是"不容错过"，是否真的"精彩绝伦"，其实还有待商榷和考量。以三亚千古情为例，尽管本意旨在传递海南本土的文化特色，但是市场化创作也对大型实景演出的效果产生了负面影响，游客对演出的文化内涵产生茫然感，实际上也并不一定符合受众游客的喜好。仅仅通过完善的装置和布景来吸引观众的眼球，在精致的灯光舞美之下，更多的是手机、相机拍照，而对于文化内涵的传递则显得有所弱化。

导游语言的准确性主要体现在以下3个方面：导游讲解内容正确无误，导游语言准确、标准，以及正确使用敬语、谦语、委婉语等。导游语言是导游用来做好导游服务工作的重要手段和工具。导游在讲解中通过运用富有表现力、生动形象的语言，使大好河山从静态变为动态，使沉睡千百年的文物古迹死而复活，使优雅的传统工艺品栩栩如生，从而令游客感到旅游生活妙趣横生，留下经久难忘的深刻印象。导游工作要求具有比较扎实的语言功底，而正确、优美、得体的语言表达能力对提高导游服务质量至关重要。

因此，每一位导游都应练好导游语言这一基本功，并使其语言水平不断提高。

2. 音乐性

导游语言的音乐性主要是指语调的抑扬顿挫、语言的畅通、语句的长短、语速的快慢，一句话，即语言行为中的节奏感。一般来讲，语调的抑扬顿挫一方面是由于字音的高低所致，但另一方面也关联着情绪的起伏变化。喜者激昂，悲者低沉，这对语调有着直接的影响。

语言的通畅反映在语句的衔接自然、连贯而无间断的表达上。语言自然流畅无阻滞，能使人产生一种行云流水与舒适欢欣的感觉。

语句的长短也是形成语言节奏美的要素之一。在导游的讲解中，句式不要过于复杂，而要简短明快，变化多样一些。

语速要根据交际的具体情况来控制。在一般场合或情绪正常的情况下，一般用中速表达；在庄重场合或情绪比较冷静时，一般用慢速；在情绪大起大落的情况下，语速就要求快一些。导游要根据不同的场合适当调整自己的语言速度，让游客听起来不觉得吃力，并产生舒适感。例如：

各位游客，我们现在来到的是侵华日军南京大屠杀遇难同胞纪念馆。整座建筑采用灰白色花岗岩垒砌而成，气势恢宏，庄严肃穆，陈列内容共分为广场陈列、遗骨陈列、史料陈列三个部分。"300000人"雕塑前，请游客朋友们猜猜看，这座雕塑的构思是什么？（停顿片刻）这座名为"300000人"的抽象雕塑是用3个黑色的三棱柱和5个褐红色的圆圈，组成"300000"的字样，中间的3根黑色横梁为一个倒下的"人"字。悼念广场前，请大家看一看地面上刻着什么字？（停顿片刻）对的，这是"祭奠"的"祭"字。因为每年的12月13日，也就是南京大屠杀死难者国家公祭日，都会在这里举行悼念仪式，祭奠遭侵华日军屠杀的遇难同胞。这个广场因此取名为悼念广场。

侵华日军南京大屠杀遇难同胞纪念馆是屠杀遗址及遇难者丛葬地，也是国际公认的"二战"期间三大惨案纪念馆之一，参观时应始终保持庄严肃穆，禁止喧闹。导游的讲解需要更加简洁明了，突出重点，控制语速，同时要善用停顿，就是导游讲解中短暂的中止时间。在讲解过程中，并不是讲累了需要休息一下才停顿片刻而沉默，而是为了使讲解能收到心理上的反应效果，突然故意把话头中止，沉默下来。假如你一直滔滔不绝，不但无法集中游客的注意力，而且也会使你的讲解变成催眠曲。

3. 生动性

在描述自然和人文景观时，怎样才能把游客导入诗情画意之中并使之产生共鸣，这就需要导游语言的生动性。如果讲解绘声绘色，那么游客就会通过联想或想象等心理功能再现事物的形与神，进而感知和理解事物的内在审美价值，所以有人说"看景不如听景"。语言的生动性要求导游在掌握丰富的景观知识和语言词汇的基础上，注意修辞，学会恰当地运用对比、夸张、借代、比喻、映衬、比拟等手法，使语言艺术化、口语化、形象化，能够通过适当的修辞技巧创造出生动的语言画面，达到主客之间互相理解并产生共鸣的效果。例如，在介绍云南石林阿诗玛石像时可以说：

> 它是由大自然风化形成的人物石像，讲述了一个浪漫的民间爱情传说，其中男主人公叫阿黑哥，女主人公叫阿诗玛，风风雨雨中，她一直都在翘首以待，等待阿黑哥的到来。石像形如姑娘，头戴毛巾，胸挂首饰，背着盛满果实的大箩筐，昂首挺胸向前看。石像惟妙惟肖，十分生动。每当夜幕降临、彩灯映照时，更是五彩斑斓，妩媚动人。

导游运用比喻、拟人修辞手法，将云南石林阿诗玛石像中的爱情故事描述得生动形象、感人至深，加深了游客对于云南石林独特性的印象。

4. 风趣性

导游语言的风趣性主要表现在其幽默或诙谐的言谈风格上。它通过比喻、夸张、象征、寓意、双关、谐音、谐意等多种修辞手法，运用机智、凝练、风趣的语言，对现实生活中的各种矛盾及不合理现象进行率直的揭示与批评。

在导游活动中，语言的风趣性还有一种独特形式的幽默，那就是轻松地开玩笑或善意地逗乐。就效果而言，风趣幽默的语言可以活跃气氛。导游对诙谐语言的灵活运用，对活跃团队气氛、充实导游活动具有相当明显的作用。尤其是在长途旅行中，这种做法更能显示出消除疲劳、振奋精神的效果，使游客在欢声笑语中度过快乐的时光。例如：

> 在苏州西园寺的五百罗汉堂里，导游指着那尊"疯僧"塑像逗趣说："朋友们，这个疯和尚有个雅号叫'九不全'，就是说，有九样毛病：歪嘴、驼背、斗鸡眼、招风耳朵、癞痢头、跷脚、鸡胸、斜肩胛，外加一个歪鼻头。大家别看他相貌不完美，但是残而不丑，从正面、左面、右面看，你会找到喜、怒、哀、乐等多种感觉。另外，那边还有五百罗汉，大家不妨去找找看，也许能发现形似自己的'光辉形象'。"

风趣的讲解逗得游客乐此不疲，游兴顿增，让游客在乐趣中得到精神享受。

5. 情感性

导游在旅游者进入审美观照状态的前后往往需要对景观进行介绍，这种介绍不是抽象的、程式化的，而是形象生动、富有感情色彩的。因而，导游的语言要有情感性，要通过导游的眼神、手势、面部表情来展现出来。语言的情感性表现为导游要随景而动，喜游乐导，动之以情，以情感打动旅游者。导游语言切忌简单直陈、抽象或程式化，而应该是形象生动、富有情感色彩的。在导游过程中，要想唤起游客的共鸣，就得在讲解中动之以情、晓之以理，也就是说，要情真意切。敬语和谦语有助于传达友谊和感情，但应注意尊重对方的风俗习惯和语言习惯，也要适合自己的身份；东西方的成语、谚语、名人名言往往能起到画龙点睛的作用，还可使导游讲解的品位提高，使导游的谈吐显得高雅，令游客产生好感，但要正确、完整、恰到好处，附庸风雅的言辞只会引来耻笑。

语言的情感性不光是指有声的感叹语所传导的情绪信号，而且还包括无声语言的直观性情感表现,如眼睛、手势与面部的表情等。这是因为人的喜怒哀乐、七情六欲往往可以从眼神、手势的力度与面部线条的变化中显露出来。例如,导游带领游客游览万里长城八达岭段时说:

  它是用巨大的条石和城砖筑成的,城墙顶上铺着方砖,十分平整,形似宽阔平整的马路,在古代可以允许五六匹马并行,站在长城上,踏着脚下的方砖,你们会不会赞叹古代劳动人民的勤劳智慧?那时候没有火车、汽车,没有起重机,就是靠着无数的肩膀和无数的双手,一步一步地抬上这陡峭的山岭,所以长城是古代人的血汗和智慧凝结成的。正如毛泽东在《清平乐·六盘山》中写道"不到长城非好汉,屈指行程二万","好汉"并非字面意思,更多是指那些坚持不懈、克服困难、为梦想奋斗的人。

导游借助毛泽东的诗词增加其讲解的情感性,引起游客的情感共鸣。

第三节 导游口才技巧

导游的口才技巧主要包括致欢迎词技巧、致欢送词技巧、置疑技巧、道歉技巧、拒绝技巧、幽默技巧等。

一、致欢迎词技巧

旅游车启动后,导游的讲解服务就正式开始了。导游与游客是第一次见面,彼此互不相识,这就需要导游尽快投入工作,营造和谐气氛,缩短陌生距离,给游客留下美好的印象,使游客对导游产生信任感。导游讲解的开场白就是向旅游团致欢迎词。

欢迎词的内容应视旅游团的性质及旅游团成员的文化水平、职业、年龄及居住地区等情况有所不同。致欢迎词的方式也要根据不同的游客灵活运用,要给游客以亲切、热情、可信之感,使游客进入轻松、愉快、满足的状态。

欢迎词的内容应包括:① 代表所在接待社、本人及司机欢迎客人光临本地;② 介绍自己的姓名及所属单位,并简要介绍司机;③ 介绍当地天气;④ 介绍行程安排及注意事项;⑤ 说明从车站到饭店的行车时间;⑥ 告诉客人自己的联系方式和接待车辆的车牌号;⑦ 表示提供服务的诚恳愿望;⑧ 预祝旅游愉快顺利。

自我介绍要把握分寸,与其哗众取宠,不如直截了当。有些导游喜欢在自我介绍时在自己的名字上做一点文章,以达到活跃气氛的目的。但是如果把握不当,就会适得其反。自我介绍主要有以下两种方式。

第一种,含蓄迂回式自我介绍,即主要采取攀扯、引申的方法,或者借古人、名人的姓氏和名字，或者借助与某些物品的名称相联系，介绍出自己的姓名。这里需要注意的是，不要借助名人来抬高自己，更不能无中生有地攀扯亲缘关系，否则容易引起游客的反感。

第二种，借题发挥式自我介绍，即主要是通过介绍自己的姓名，进行相应的联想，有机地切入，进而说出游客关心的话题。这种方法的要点是联想自然，恰当发挥。比如，曾经有一位资深导游在进行自我介绍时说："我姓贺，加贝贺，说到这大家不要误会，不要以为我要加倍地向大家收钱，而是要加倍地为大家提供服务。"这样的自我介绍，自然会收到非常好的效果。

由于不同旅游团客观存在着差别，所以欢迎词也不应千篇一律，要根据不同的地区、年龄、职业文化水平等的游客采取不同的方式，以收到最好的效果。

欢迎词的形式主要有规范式、聊天式、调侃式、抒情式、安慰式5种。

1. 规范式

规范式欢迎词是中规中矩、浅显直白的，既没有华丽的词汇修饰，也没有风趣、幽默表现的欢迎词。这种方式适合旅行团规格较高、身份特殊的游客。对大多数游客不太适用，显得单调、枯燥，甚至会使游客产生反感，起不到好的作用。例如：

> 各位朋友，欢迎大家来到杭州参观旅游。我是本次杭州之旅的导游，大家可以叫我小刘。大家如果有什么意见或者建议呢，可以直接向我提出来，我相信在我的努力和大家的配合之下，杭州之行一定会给大家留下一个美好的回忆的。那小刘在这里先预祝大家旅途愉快、顺利！为我们开车的是司机黄师傅，请大家记住车牌号码，我和黄师傅会尽力为大家做好服务的。

规范式欢迎词是最常规、最正式的一种形式，简单介绍导游、司机和旅游目的地的概况，简明扼要，通俗易懂。

2. 聊天式

聊天式欢迎词是感情真挚、亲切自然、声音高低适中、语气快慢恰当、像拉家常一样娓娓道来的闲谈式欢迎词。这种方式切入自然，游客易于接受，在不知不觉中导游与游客已经像老朋友一样地熟悉了，尤其适用于以休闲消遣为主要目的的游客。例如：

> 各位游客朋友，大家好！我是你们这次西湖一日游的导游，我姓李，大家可以叫我李导。欢迎大家来到历史悠久、世界闻名的风景游览胜地杭州西湖。各位朋友，您选择来西湖旅游，一定是冲着"上有天堂，下有苏杭"这句名言吧？因为西湖的美不仅千古流传，更是享誉世界的！在第35届世界遗产委员会会议上，西湖被列入《世界遗产名录》，成为中国第41处世界遗产。今天，李导就带大家来领略一下世界遗产的魅力吧！

以聊天的方式展开导游讲解，增加游客的兴趣，拉近彼此之间的距离。再如：

> 有朋自远方来，不亦乐乎。百年修得同船渡，有缘千里来相会。世界像本书，如果您不曾外出旅行，您可只读书中一页，现在您来到这里旅行，就让我们共同读

好中国这一页。

运用类比的方式，欢迎外国游客，给人以亲切自然的旅游体验。

3. 调侃式

这类欢迎词是风趣幽默、亦庄亦谐、玩笑无伤大雅、自嘲不失小节、言者妙语连珠、听者心领神会的欢迎词。这种形式的欢迎词可以使旅游生活气氛活跃融洽，使游客感到轻松愉悦、情绪高昂，能有效地消除游客的陌生感及紧张感，但不适用身份较高的游客。例如：

各位游客朋友，大家好！欢迎各位来到风景秀美、气候宜人、美食成堆的历史文化名城长沙。俗话说得好："百年修得同船渡，千年修得共枕眠。"现在流行的说法呢，就是百年修得同车行，我们大家今天在同一辆车里可是百年才修来的缘分。中国有句话说要活到老学到老，那来到了长沙呢，我们也要学习一下。第一，我谨代表长沙人民对各位远道而来的客人表示热烈的欢迎；第二，我谨代表旅游公司全体员工欢迎大家参加本次快乐之旅，欢迎，欢迎，热烈欢迎；第三，我代表我本人和司机师傅，共同为大家今天的游览活动保驾护航。

使用幽默的语言引起游客的注意，活跃旅游团气氛。

4. 抒情式

这种欢迎词语言凝练、感情饱满，既有哲理的启示，又有激情的感染，引用名言警句自如，使用修辞方式得当。这类欢迎词能够激发游客的兴趣，烘托现场的气氛，使游客尽快产生游览的欲望与冲动。例如：

各位朋友，来杭州之前，您一定听说过"上有天堂，下有苏杭"这句名言吧！其实把杭州比喻成人间天堂，很大程度上是因为有了西湖。千百年来，西湖风景展现了经久不衰的魅力，她的风姿倩影令多少人一见钟情。就连唐朝大诗人白居易离开杭州时还念念不忘西湖："未能抛得杭州去，一半勾留是此湖。"朋友们，下面就随我一起从岳庙码头乘船去游览西湖吧。

引用俗语和古诗词介绍杭州，传递丰富的感情，激发游客的兴趣。

5. 安慰式

这类欢迎词语气温和、入情入理，用一片善解人意的话语拨开游客心中的阴云。在旅途中常常会遇到一些不尽如人意的事情，导致游客的心情变坏，甚至愤愤不平。比如，交通工具晚点，出站时游客为某些小事与工作人员发生争执，行李物品的损坏或丢失，旅游团内部有矛盾，等等，都会造成游客一出站就有不开心的表现。安慰式欢迎词是在游客情绪低落、游兴锐减的情况下，有针对性地使用的，目的是使游客尽快地消除心中不快，变消极为积极，为今后的导游行程奠定良好基础。

使用这种方式，需要导游在接站与客人见面后，即能通过对游客面部表情、言谈话语的敏锐观察发现苗头，并通过领队简单了解情况，做到心中有数，才能有的放矢。例如：

各位游客,大家早上好!今天我们即将游览的是雷峰塔,昨晚休息得好吗?今早早餐吃饱了吗?怎么都没有什么人回答我,小王导游就像是在唱独角戏,难道是因为今日的阴雨天气影响到大家的愉快心情?其实呀,看多了"水光潋滟晴方好"的西湖,在灿烂的阳光照耀之下,西湖水微波粼粼,波光艳丽,看起来美不胜收;但今日我们一同欣赏"山色空蒙雨亦奇"的西湖,在雨幕的笼罩之下,西湖周围的群山若隐若现,若有若无,这也是一种很神奇的旅游体验,江南的烟雨更是别具一番风味。俗话说得好"贵人出门迎风雨",它象征着一种美好的寓意,就让今天的雨带领我们一起打开烟雨江南的大门。

换个角度去思考、去解说,以缓解游客因为天气原因而导致的心情不好,需要在特定情境下使用。

二、致欢送词技巧

欢送词和欢迎词首尾相接、遥相呼应,是旅游活动的"句号",也是接待工作的一个重要环节。如果你的第一次亮相是成功的、精彩的,那么你在送别客人时留给游客的印象则是深刻而长久的。欢送词往往是把感情推到高潮的重要一步,导游应精心设计,使之神完气足、情真意切,切不可虎头蛇尾,导致前功尽弃。

欢送词就共性而言,基本包括表示惜别、感谢合作、征求意见、期待重逢、表达美好的愿望等。但应因人、因时、因地使用,不可千篇一律。

就内容而言,欢送词可分为惜别式、道歉式和感谢式3种。欢送词就形式而言,大致有引用式、故事式、诗歌式和唱歌式等几种。

1. 惜别式

惜别式的欢送词较为常用,但切记不可过分渲染,给人以虚假之嫌。点到即可,才会是自然真情的流露。例如:

  亲爱的团友们,我们马上就要到达机场了,为期两周欢快热情的海南之行马上就要圆满结束了。说实话,我很舍不得和大家说再见,14天的时间里和大家留下了太多难忘的回忆,我们从相识到相知,一路相处融洽,玩玩闹闹,却忘记了大家即将踏上回家的旅程。大家从东北来到海南,在近万导游员中选中了我为你们服务,这,就是一种难得的缘分,我会永远记得大家给我带来的美好记忆,这期间有做得不好或照顾不周的地方还望各位多多海涵。同时,我希望大家能记住海南,记住在海南的这段美好旅程,天下没有不散的筵席,期待与各位下次的相逢。

这段欢送词表达了导游对游客的惜别之情,真情流露却没有过分渲染气氛,给游客在旅程的最后一段时光留下了好印象。

2. 道歉式

道歉式的欢送词往往用在有失误的情形下,通常是不得已而为之。旅游旺季或在接待过程中，有时难免会出现失误或意外，这时导游就要应息事宁人，以消除客人的怨气。送团时再次重申，既可说明自己的诚意，又可使客人明白导游已足够重视，对化解客人的情绪是很有益的。但忌致歉言语过多及反复强调，适可而止就可以了。例如：

　　各位朋友，我们湖南张家界的探险之旅即将告一段落，回顾这四天的行程，欢笑与歌声、失落与劳累一同见证着我们的旅程。虽然在这期间因客观因素导致了一些不愉快的事情发生，险些终止行程，但最终我们还是顺利完成了所有行程。这主要得益于各位朋友的宽容和理解，如果没有你们对我工作的支持与谅解，我们的旅途也不会如此顺畅。在别离之际，请允许我再次向各位真诚地道歉，感谢大家的包容，在以后的工作中我定会更加细心负责，避免发生同样的"事故"。最后，祝愿大家生活圆满，工作顺心，事事顺意，我们有缘再见！

在欢送词中再次提及旅途中的不足或失误，可以让客人感觉导游一直都把客人放在心上，虽然失误不可避免，但也在尽力减少对游客的不良影响，可以让客人感受到导游的诚意。

3. 感谢式

感谢式的欢送词经常被使用。如果团队旅行顺利完美，此时的感谢将会是锦上添花，会收到非常好的效果。例如：

　　虽然舍不得，但还是到了要与大家说再见的时候。我与大家相遇在桂林这座美丽的山水之城，漓江的柔情将你我深深吸引，感谢这如诗如画般的城市，给大家的旅途增添了色彩。在别离之际，我要感谢大家对我工作的支持与理解，让我们的旅程顺利开展，我要感谢全陪小姐姐和领队小哥哥的全力配合与协助，让我的工作变得轻松，感谢司机师傅高超的车技和严格的时间观念，才使得我们安全准时地到达各个景点。桂林小城精彩的故事还在继续，刘三姐的山歌也一直在耳边萦绕，我诚挚地邀请大家再来桂林旅游，一起探索桂林山水的奥秘。

感谢式的欢送词是用得最多的一种，不管这次旅程带给你的感受是满意还是失望，都离不开全团的支持与配合，在离别之际，导游员重申对各位的感谢之情，可以收到较好的"近因效应"。

4. 引用式

引用一些名人名言对景区景点加以描绘和总结，会使导游的欢送词极具文采，并可增强说服力，使客人有一种不虚此行的感觉，是一种效果极好的方式。例如：

　　各位朋友，潮州古城一日游马上就要接近尾声了，俗话说："到广不到潮，枉费走一遭；到潮不到桥，白白走一场。"可见湘子桥的地位多么高，现在，让我们一同去感受它的魅力吧。潮州湘子桥，又称广济桥，它初建于宋代，距今已有800余年的历史。它之所以能与河北赵州桥、泉州洛阳桥、北京卢沟桥并称为中国四大古桥，是因其"十八梭船二十四洲"的独特风格。广济桥是最早的启闭式桥梁，最令人惊叹的是桥中间的"十八梭船"，它没有任何支柱直接浮在水面上，连接着东西两段石梁桥，构成了一座独一无二的浮梁桥。现在我们能看到桥两岸的游客在桥上自由来去，但接下来这十八艘连接的船只将在五点半被拆开，等到第二天早上十点再次连接，这是因为白天的浮桥供游人通行，到晚上浮桥拆除用来通航。对于广济桥的绝妙之处，郑兰枝曾在《潮州八景》中写道："湘江春晓水迢迢，十八梭船锁画桥。激石雪飞梁上鹭，惊涛声彻海门潮。鸦洲涨起翻桃浪，鳄渚烟深濯柳条。一带长虹三月好，风光几拟到云霄。"好的，朋友们，到这小刘就要跟大家说再见了，一天的时间太短，潮州古城的故事还没细细跟大家道来，潮州的美食也还未与大家分享，希望大家有机会再来我们古城旅游，就像这"十八梭船"一样，虽在晚间被拆除，但明日总会连接在一起，我们的旅程虽有时间限制，但潮州古城会一直在这等大家，希望我们后会有期。

在最后一个景点讲解词中与客人话别，并且在讲解导游词中引用诗人的诗句，会增加导游词的说服力。话末还用"十八梭船"的拆连来比喻游客与导游的关系，可给客人留下更好的印象。

5. 故事式

故事式的欢送词比较通俗易懂，既能引起客人的兴趣，又能蕴含一定的人生哲理，但切记故事的叙述不可流于俗套，使人感到烦琐、乏味。例如：

各位团友，大家好！我十分高兴在过去三天能为大家做导游，在和大家相处的几天里，一起度过了许多欢快的时光，奈何时间过得太快了，心中虽有众多不舍，但也不得不与各位说再见了。湄洲妈祖祖庙成为莆田人民共同祈福的圣地，妈祖成为出海航行船员的守护神，妈祖文化则成为沿海地区的民间信仰。妈祖传说从宋代就开始了，但随着时间的流逝，妈祖故事在人们口口相传中，发生变异，为了保护这一文化不被丢失，在20世纪80年代出版的《妈祖的传说》一书中，收入了妈祖故事传说50篇。如今在海峡两岸，我们仍能听到多个版本中关于妈祖济世救人的感人故事，每年的妈祖文化节，都会吸引数万名妈祖信众前往拜谒，共祈平安，祈祷大家都能得到妈祖美好的祝愿，让我们的明天更加美好，生活更加甜蜜。

这段导游词借用当地流传的妈祖故事，能较好地引起游客兴趣，最后借助妈祖来祝愿游客，可以让客人更好地感受导游的心意。

6. 诗歌式

诗歌式的欢送词听起来很美，但若表达不好的话，容易让人感到做作；同时，若想引用到位，导游的日常积累和较高的文化素质是必需的。例如：

各位团友，大家好！刚与大家成为朋友，却要说再见了，不知上天是否读懂了我此刻的心情，竟然下起了小雨。在我们南京有这么一个习俗，但凡下雨天，我们是不放客人走的，一是因为下雨路滑行走不便，二是下雨无事正好陪客，但是因为行程的安排，大家还要赶往下一个景点。要是可以的话，我定是要留大家在南京多玩几天，登上阅江楼观赏浩瀚的长江风光，行船夜游感受秦淮河的古韵美，参观六朝古都最全面的遗址博物馆……然而，憧憬固然美好，分别却已来到眼前，面对此情此景，不由得让我联想到著名诗人王维写的《送元二使安西》：

渭城朝雨浥轻尘，

客舍青青柳色新。

劝君更尽一杯酒，

西出阳关无故人。

希望大家接下来旅程一切顺畅，游玩开心，欢迎大家再来南京旅游！

导游借用下雨这一事件联想到本地下雨留客的习俗，间接表明自己对游客的不舍，最后用王维诗人的诗句期盼再次与客人的相聚，引用得恰到好处。

7. 唱歌式

唱歌式的欢送词也是效果非常好的一种，因为音乐是最容易引起共鸣的。如果导游比较善于唱歌，而且能够抓住恰当的时机用唱歌的形式来表达自己的情感、调动客人的情绪，将会把结尾推向一个高潮。但这需要导游平时注意学唱一些当地民歌和流行歌曲。例如：

我们的大巴马上就要到机场了，再次感谢大家一周以来对我工作的支持与理解。一周以来，秦始皇兵马俑的壮观，华山的险峻之势，周家大院建筑的古朴典雅，四方楼阁式砖塔的大雁塔，都给我们留下了深刻的印象，我相信这些定能成为大家宝贵的一段记忆。一路上大家说啊、笑啊，用各种方式表达自己的喜悦之情，同样的，在分别之际，小刘要兑现给大家的承诺，那就唱一小段我们陕北民歌——《信天游》来结束这次愉快的旅行吧，希望大家能记住陕西，记住陕西带给您的美好体验："……山丹丹花开花又落，一遍又一遍。大地留下我的梦，信天游带走我的情……"

在旅程即将结束时，导游以当地特色的陕北民歌结尾，将这次旅行推向一个高潮，不仅可以让客人感受到导游的热情，还能再次勾起客人的回忆。本来分别是一件让人伤感的事情，导游以这样的欢送形式，可以较好地调动客人的情绪。

总之，欢送词的形式和内容是丰富多彩的，这里不再一一列举。但无论用哪一种方式，都要做到真情流露，不可虚假敷衍。而且，时机的选择要掌握得恰到好处，如果再能够注意用词，有一定文采，那么你的欢送词就会令人难忘，就是一个成功的、颇具魅力的结尾。

三、置疑技巧

置疑技巧，就是使用技巧疑问句，提出疑问，并进行讲解的一种技巧。所谓技巧疑问句，就是指能够在特定导游词中营造气氛，使讲解内容、讲解要点得到突出强调，使表达讲解生动别致、情趣盎然的疑问句。例如：

问题：浙江除了龙井茶，大家知道还有哪个有名的茶叶？

回答：没错，就是安吉白茶。安吉白茶，是浙江省湖州市安吉县特产，它属绿茶类，外形形似凤羽，色泽翠绿间黄，光亮油润，香气清鲜持久，滋味鲜醇，汤色清澈明亮，叶底芽叶细嫩成朵，叶白脉翠，因其氨基酸含量高于普通绿茶3—4倍，多酚类少于其他的绿茶，所以安吉白茶滋味特别鲜爽，没有苦涩味。2003年4月，时任浙江省委书记的习近平在浙江省安吉县黄杜村考察白茶基地，对于黄杜村因地制宜发展茶产业的做法给予充分肯定，他发出了"一片叶子富了一方百姓"的由衷赞叹。20年来，荒山变茶山，茶山变金山银山。随着安吉茶产业的发展，一片叶子不仅富了一方百姓，更是不断造福四方百姓，在2018年捐赠1500万株茶苗帮助贫困地区群众脱贫。《茶经》有云："茶之为饮，发乎神农氏。"茶穿越历史、跨越国界，深受世界各国人民喜爱。习近平总书记一直非常重视茶文化传承，大力推动茶产业发展，并且在众多外事场合以茶引题、以茶论道，增进交流互信，深化友好合作，在茶香茶韵中展现大国领袖的风采。接下来，请允许我以茶代酒，欢迎各位远道而来的客人。

在介绍景点时，经常会通过提问的形式，引入讲解的内容，运用提问、设置悬念或欲擒故纵的方式吸引游客来参与。通过参与，游客留下更为深刻的印象，同时也可给某些回答正确的游客一种心理上的成就感和自豪感，增强对游览的兴趣和对导游的配合。再如：

大家知道为什么用"历史红，山林绿"来形容井冈山吗？看出大家迫切想要知道答案的心情，我就不给大家卖关子了，下面我就给大家简单介绍一下。

首先，井冈山是一座红色的山。井冈山的红，是曾经飘扬在山水之间的红军旗帜的颜色，是用先烈的鲜血染成的。红得鲜艳，红得厚重。这里留下了众多革命遗迹：茅坪八角楼、茨坪毛泽东旧居、黄洋界哨口、小井红军医院、红军挑粮小道、朱德挑粮用过的扁担……每一处旧址、每一件文物，都似颗颗红星洒落在烈士鲜血浸染过的红土地上，见证着那段激荡人心的峥嵘岁月，诉说着那些为了理想信念不惜牺牲生命的不朽功绩。或许是井冈山这片红色土地的滋养，我们中午吃的井冈红米也是红色的。

其次，井冈山是一座绿色的山，它绿得活泼，绿得灵动，俨然一个绿色宝库，置身其间，重峦叠嶂，河道蜿蜒，梯田相伴，风光如画。这里有气势磅礴的云海，瑰丽灿烂的日出，十里绵延的杜鹃长廊，蜚声中外的井冈山主峰。奇、险、峻、秀、幽是它的自然风光特点，宜人的气候条件更让它成为避暑疗养、回归大自然的理想之地。现在我们前往的是黄洋界景区，在景区内你可以感受"黄洋界哨口"的险峻，可以观赏遍布园林的毛竹，还能一睹杜鹃花的真容。

如今的井冈山正带着它的红色故事和绿色风光，开辟出一条特色生态脱贫致富路。

将井冈山景区旅游资源用"红色"和"绿色"概括出来，可以很好地给游客呈现一个整体的视觉效果。

四、道歉技巧

道歉技巧就是在导游遇到突发情况时如何安抚游客情绪的一种说话技巧。巧妙、真诚的道歉可以避免导游与游客之间发生冲突，保证游客有轻松愉悦的旅游体验。道歉技巧主要有以下几种。

1. 微笑道歉

俗话说："伸手不打笑脸人。"即使面对刻薄的挑剔者、出言不逊、咄咄逼人者，只要你保持冷静，报以微笑就能稳控局面，缓减对方的刺激，化解对方的攻势。在道歉的语言艺术中，微笑是通过不出声的笑传递歉意的一种载体。在道歉时，运用微笑语并不是奴颜婢膝，而是对他人一种和蔼、友善、真诚的表示。例如：

初次接团的导游小刘，因为缺乏工作经验，将客人带到广州一家饭店吃饭时，被客人叫住，说是饭菜没味道，吃不下，要求换餐厅。小刘环顾一圈发现，给客人们上的菜都很清淡，几乎看不到辣椒。面对客人的要求，小刘微笑着说道："只是听说广东朋友吃得清淡，今天总算见识了，确实很清淡。不过现在换餐厅恐怕要来不及了，既然来了广东，咱们就当入乡随俗，换换口味了，晚上我一定安排餐厅多放辣椒，这次只好委屈各位美食专家了，请大家多多包涵。"

面对客人的指责，微笑是最好的回答。在带团过程中难免遇到一些突发情况，这个时候微笑可能是当前最好、最有效的方法。

2. 迂回道歉

在导游工作中，导游难免会因一些小事得罪旅行团队中的某些客人，而导游出于某种原因又不便公开道歉，这时就可采用迂回致歉的方法。比如，导游对甲女士关照过多，却忽略了乙女士，并引起了乙女士的不悦。导游察觉之后，便留心特别关照乙女士，如下车时扶她一把，提醒她一句，都能使她明白你的体态语言中所含有的歉意，从而达到使她冰释前嫌的目的。例如：

在旅游大巴上，坐在前排的阿姨正在车内欢快地唱歌。这时导游小刘收到了后排客人发的短信，短信说："能不能让她们安静会儿，后面的人想睡觉了。"导游这才想起，从上车到现在，阿姨们已经"闹腾"老半天了，但是看着玩得正嗨的阿姨们，小刘也不好上前劝说，只是让师傅把话筒音量关小。在服务区休息的时候，小刘走到给他发短信的客人面前，特意说道："还是阿姨们精力充沛，一路高歌不断。"然后，他把一副耳塞给了那位客人。再次上车的时候，小刘在车上提议大家先休息休息，保存体力参观下午的景点。

在旅游过程中，游客众多，导游难免照顾不周，为了安抚游客的情绪，可以通过一些小细节来调节。

3. 自责道歉

道歉的语言艺术并不仅仅是讲几句动人的道歉语，还必须勇于自责，使对方感到你的道歉是诚心诚意的。例如：

>小张带一个两日游的旅游团到阳江海陵岛旅游。第一天中午用完餐后，客人提出晚上想要品尝当地的海鲜风味餐，于是就让小张及时打电话取消原定的团餐，并安排预定了海鲜风味餐。晚上客人到达餐厅，整个用餐过程还是愉快的，最后结账的时候，小张告知客人每人需要多交20元，这时客人有些不高兴了，因为吃完再说要补差价，就不太想支付了。小张也是非常着急，用自责的语气跟大家解释道："都是我工作的失误，忘记提前跟大家讲清楚差价的事，因为这次海鲜风味餐的餐标要高一些，也是自己太忙忘记跟大家说了，是我的过失。我看大家今晚吃得很开心，我也不想因为这20块钱差价扫了大家的兴，你们看这样行不，你们出10元，剩下的我来补齐。"客人听到导游这番诚恳的解释，又真心觉得今晚吃得很开心，就爽快地答应了。

道歉的重点在于导游的态度，虽然只是几句话，却能让游客感受到导游的真诚。

五、拒绝技巧

拒绝技巧就是导游在面对游客不合理或是无法答应的要求时，在不影响导游与游客关系及游客心情的情况下，以合理、委婉的语言或是态度巧妙地加以拒绝的语言技巧。拒绝技巧主要有以下几种。

1. 微笑不语

俗话说："上山擒虎易，开口求人难。"当客人向你提出某种请求时，往往有种惴惴不安的心理，你想拒绝却无法说明原因，也不便向对方多说什么道理，但又不能让对方下不来台。说"行"不好，说"不行"又会使对方产生紧张不安的心理。这时，微笑不语便是最佳选择。它既能缓和紧张的情绪使对方不至于难堪，又能免去言语不周而导致的麻烦，取得"此地无声胜有声"之效。例如，有一位举止轻浮的男游客向女导游发出"今晚请你跳舞"的邀请，在公开场合她想拒绝，但又怕失了对方的面子，只好微微一笑，面带歉意地摇头，那位客人见此信号，也只好作罢。这就是微笑不语的典型拒绝法。再如：

>在全空调车厢内，一位游客正拿出打火机打算点燃香烟。导游小王急忙走上前，指着前面一位带小宝宝的游客，接着看向这位先生，面带微笑着摇了摇头。这位游客见状，忙把香烟收回，并露出歉意的微笑。

导游这样做既不让游客失去面子，又维护了车内的环境，可谓一举两得。

2. 妙言回绝，先是后非

在必须向客人就某个问题表示拒绝时，先肯定对方动机或表达自己与对方一致的主观愿望，然后再以无可奈何的客观理由为借口予以回绝。如在故宫博物院，一批美国客人纷纷向导游提出摄像拍照的请求，导游诚恳地说："从感情上，我愿意帮助大家，但按规定，我实在无能为力。"这种先是后非的拒绝法可以缓解对方的紧张感，使对方感到你的拒绝与他们的意愿并不是完全对立的，在心理上容易被接受。例如：

> 导游员小林正带着客人夜游洪崖洞民俗风貌区，观赏洪崖洞的夜景，这时有几个客人提出想要去别的地方游览，游览结束后自己回酒店。小林委婉地拒绝说："重庆的确有很多值得打卡的景点，但是洪崖洞也是不可错过的一景，现在人流量太大了，你们单独出游容易走散，而且大晚上的也不安全，还是跟着大家一起游览吧，等后面有时间，我再安排大家自由活动。"

面对客人的要求，导游不能直接拒绝，像上述案例中，可以先肯定游客的正当要求，讲清楚不随团游玩的利害关系，再用委婉的语言拒绝客人的请求，这样会更容易让游客接受。

3. 婉言谢绝

婉言谢绝，是指用委婉的、模糊的语言予以拒绝。例如，某旅行团正按预定的日程观光游览，有几位客人途中要求增加几个观光点，但因时间关系，又不可能满足。这时导游说："这个意见很重要，如果有时间，我们将尽量予以安排。"这位导游没有给予明确答复，只是用模糊语言暗示了拒绝之意。例如：

> 在一次游览的过程中，导游小朱带着一批外国客人讲解中国佛教文化时，以生动地讲解和幽默的说话方式，给客人留下了非常好的印象，在送游客去机场的路上，领队表示："你是一位很有才华的导游，到我们国家去，我可以给你介绍薪酬更高的工作，更好地实现你的抱负。"小朱听后说："感谢您这么看得起我，真没想到在您眼中我竟如此优秀，我也很喜欢你们。不如，您到我们国家办企业吧，这样您既能更好地了解我国璀璨的历史文化，还能让我继续为您服务，岂不完美？"

面对客人提出的邀请，导游不便正面回应时，可以先感谢客人的邀请，再侧面表明自己的态度。

六、幽默技巧

幽默技巧就是导游基于自身的学识修养，在一定情境下的突发灵感产生的讲解语言，能达到生动、鲜活、活跃讲解氛围效果的一种语言技巧。幽默技巧主要有以下几种。

1. 移花接木

移花接木，就是把某种场合中显得十分自然的词语移至另一种迥然不同的场合中，使之与新环境构成超过人正常设想和合理预想的种种矛盾，从而产生幽默效果。例如：

> 在参观江苏南京江南贡院时，导游介绍说："江南贡院，位于南京秦淮河边，是我国历史上规模最大、影响最广的科举考场，从这里走出过了800多名状元，10万

多名进士，上百万名举人。号舍，就是古代学子们在科考时，独立考试的小单间，由千字文命名，在明清科举时，学子要在号舍待上9天6夜，衣食住考都要在这里完成。因此，分到什么条件的号舍，在一定程度上影响着考生的发挥。号舍相当于我们现在的考场和宿舍，考生在此生活、考试、金榜题名。"

把古代科举考试的号舍设想为现代生活中的考场和宿舍，便于游客理解。

2. 语义交叉

语义交叉，就是用巧妙的比喻、比拟等手法使表面意义和其所暗示的、带有一定双关性的内在意义构成交叉，使人在领悟真正含义后发出会心的微笑。例如：

在云冈石窟游览结束后，导游提议大家和大佛合个影，并介绍说："在我们面前的是第20窟露天大佛，其造型身材魁伟，体形健壮，面容丰满端庄，嘴角微微上扬，身体略微前倾，从不同的角度可以欣赏到佛的慈悲、庄严、欢喜、入定、普救，更显示出威武慈祥。我们双手合十作祈福状，寓意平安健康、一切顺遂，同时佛的自在、自信的精神品性也会使我们感受到心灵的净化。"

通过与大佛合影，切身感受其精神力量，升华导游讲解与游客体验。

3. 正题歪解

正题歪解，就是以一种轻松、调侃的态度，对一个问题故意进行主观臆断或歪曲的解释。

在导游界没有多少人皮肤是白皙的。在一次旅游即将结束时，一群学艺术的俊男俏女围着一位皮肤黝黑的女导游，说："真不明白，旅游刚开始时，我们一直瞧不起你，并且与你作梗，你不但没有不高兴，而且更加热情地为我们服务，这到底是什么原因？"这位女导游回答得很精彩："父母给了你们一表人才是永远值得自豪的，这次旅游的圆满成功，主要靠'美加净'！""怎么讲？"游客们都睁大了眼睛。"你们长得美，加上我的心灵很纯净，这不是'美加净'吗？""哈哈哈哈"游客们都笑了起来，并报以热烈的掌声和赞叹声。

4. 一语双关

一语双关，就是利用词语的谐音和多义性条件，有意使话语构成双重意义，使字面含义和实际含义产生不协调。例如：

断桥一端连着北山路，另一端连接白堤，起源于中国民间爱情故事《白蛇传》，关于断桥名称的由来众说纷纭，明明没有断，为什么叫作"断桥"。一种说法是"谐音说"。古时，西湖水连着钱塘江，杭州水系发达，因此称为"段家桥"。元代诗人钱思复在《西湖竹枝词》中有"阿姐住近段家桥"的诗句。第二种说法是"自然现象说"。每逢冬天下雪后，残雪没有完全融化，当太阳普照断桥时，会使人产生一种视觉误差：桥顶上的积雪先融化，露出一段桥面，而桥头两端地势低下，依然是白皑皑的一片，从湖上看过去，中段黑，两头白，桥好像"断"了一截。再一种说法则是"断桥不断，肝肠断"。这个说法得到了普遍的认同，是说雷峰塔下，许仙与白蛇于断桥桥头生离死别，千年等一回。现在每逢旅游旺季，前往断桥的游人络绎不绝，有网友调侃道："这么多人同时参观游览，断桥真的要断了。"

解释"断桥不断"的双重含义，激发游客的兴趣，丰富游客的体验。

5. 借题发挥

借题发挥，是指为了活跃气氛，增加情趣，故意借题发挥把正经话说成俏皮话。例如：

> 在结束晋华宫矿"煤都井下探秘游"项目后，导游提醒道："请大家保管好随身携带的各种物品，如果落下的话，我还要二次下井帮你们取回来，需要你们报销下井体验的门票费用，这来回可要耽误不少的时间和金钱。"

使用幽默的语言提醒游客带好个人物品，活跃团队气氛。

6. 自我嘲解

自我解嘲，是指在遇到无可奈何的情况时，以乐观的态度进行自我解嘲，使人获得精神上的满足。例如：

> 旅行车在一段坑坑洼洼的道路上行驶，游客中有人抱怨。这时，导游员说："请大家稍微放松一下，我们的汽车正在给大家做身体按摩运动，按摩时间大约为10分钟，不另收费。"

导游耐心的开导和劝解会缓解游客心理上的落差，获得精神上的愉悦。

7. 颠倒语句

颠倒语句，是针对游客熟悉的某句格言、口号、定理或概念，用词序颠倒的反常手法，创造出耐人寻味的幽默意味。例如：

> 一个旅行团要去参观长城，但因大雪封山，公路不通。为了使游客们能如愿以偿地游览长城，导游决定乘火车到八达岭。征得游客同意后，他说："有句名言说'不到长城非好汉'，好汉非得到长城。今天，我一定要让大家当'好汉'。"

引用名人名言，鼓舞游客爬山，衬托人生道理，给游客留下深刻的印象。

导游口才训练

一、致欢迎词

1. 实训内容。

欢迎词讲解。

2. 实训目标。

了解欢迎词在旅游服务中的作用,熟悉欢迎词的构成要素,掌握几种基本类型的欢迎词的运用方法,能够灵活地、熟练地、较为恰当地使用欢迎词。

3. 实训要求。

从书中列举的5种欢迎词(其中规范式欢迎词为必选)中任选两种进行讲解实训。

要求:

(1) 符合欢迎词的规范,体现欢迎词的基本内容;

(2) 形体端正,面带微笑,感情真挚,切莫造作;

(3) 称谓准确,自我介绍得体,力戒低俗;

(4) 音量高低适中,语言流畅自然。

4. 设定情景。

(1) 设定对象。对旅游团的人员层次进行设定,可以从职业上,也可以从年龄、性别、籍贯等方面规定对象,进行针对性的讲解服务。

(2) 设定情景。体现欢迎词的灵活运用,需要设定不同的情景,比如,在旅游车上,在景点入口处,在出站口等不同的地方,或旅游团在抵达本地之前发生的一些事情而造成游客情绪的变化,导游要根据不同的情况采取不同的讲解方式。

5. 点评到位。

(1) 从实训者讲解中存在的共性与个性两方面问题入手,共性问题需要所有实训者注意,个性问题要具体、有针对性。

(2) 重在规范,不要太拘泥内容上的不妥,虽然也可以予以点评,但是这些并不是最重要的,关键的是欢迎词的规范程序与要求,以纠正毛病、完善操作为重点的点评内容。需要注重细节,从发展的角度着眼。

二、致欢送词

1. 实训内容。

欢送词讲解。

2. 实训目标。

了解欢送词的基本类型,熟悉欢送词讲解的基本内容,掌握几类欢送词讲解的技能。

3. 明确任务。

任选两种类型的欢送词进行讲解实训，具体要求：

（1）符合欢送词规范内容；

（2）体现真情实感，避免苍白无力的客套话；

（3）注意营造依依惜别的气氛，以情感人。

4. 设定情景。

道歉式欢送词的使用，要针对具体事情，不能毫无针对性。设计几种道歉的理由，使游客感到道歉的真诚。

第十一章 秘书口才

第一节 秘书口才概述

一、秘书口才的含义

随着社会分工的出现,人们按照不同的职业分成不同的社群。社会分工越细,职业分化越多。不同的职业分类形成了不同的社会群体,从而影响了他们的思维结构、心理特征及认知习惯。而职业特点反映在人们的语言行为上,就有了体现职业特征的语言习惯和语言规律,人们的语言出现了职业化。秘书作为领导者、主事者身边的综合辅助工作人员和公务服务人员,他们以辅助决策、综合协调、沟通信息、办文、办会、办事等为主要职能,是领导者、主事者的参谋和助手。由于秘书的工作总是以围绕领导者或主事者的工作与生活展开的,良好有效的沟通能力对于秘书工作的顺利开展显得尤为重要。因此,秘书口才是秘书应具备的重要才能,是指秘书在辅助领导工作、参与决策、沟通信息、办文、办会、办事中使用的规范性地说话的才能。

秘书是领导的辅助者,其主要任务是协助领导工作。协助形成领导意图是秘书工作的起点,理解领导意图是秘书工作的前提,贯彻领导意图是秘书工作的过程,实现领导意图是秘书工作的成果。秘书在从事秘书工作和与人交际中不是以个人身份参与交际,而是以某单位秘书的身份参与交际,代表的是一个单位的形象,因此,秘书的言谈举止必然要符合秘书的行为规范。秘书要时刻牢记辅助者的角色定位,其语言同样必须遵守辅助者这一角色规范。

二、秘书口才使用的原则

秘书口才使用遵循以下几个主要原则。

1. 以听众为主体

由于秘书在工作中辅助者的工作性质，其语言行为是围绕听者进行的。因此，秘书口才的运用应遵循听者为主体的原则。以听众为主体就要考虑听众的接受能力、所处情境、当下心境、内心需要、性格，以及语言表达是否合乎规范，使得听众能够听懂明白。

2. 分场合说话

秘书口才的发挥需要一定的现实语言场合，场合是多条件的综合，主要包括时间、地点和受众。

（1）分时间说话。

秘书要在合适的时间、场合与领导谈论工作。例如，到办公室找领导谈事，进门前先观察领导是否在忙着其他事、是否在接待其他访客、是否准备离开。如果去的时间不合适，谈话的效果可能大打折扣。再如，在向领导汇报问题或提意见和建议时，要选择领导心平气和的时候，这个时候领导较易于接受不同意见，冷静思考和处理问题，否则很容易迁怒于秘书。即便是被领导迁怒，秘书也要学会体谅，不要急于过多解释，要耐心等领导平静后再开口说明情况。

（2）分地点说话。

地点是指说话的特定空间。说话双方在不同的特定空间内会受到不同的心理影响，这使得说话双方在话题、内容及语言表达上有不同要求。这就是人们常说的"到什么山头唱什么歌"。例如，秘书如果要和领导谈工作尽量在单位谈，一方面为职责所在，另一方面在工作环境中态度会更倾向于严肃认真，谈话内容更具有工作性，语言效用性更高。

（3）分听众说话。

秘书作为领导的助手，在日常说话中要根据不同对象采用不同的谈话方式。例如，在接待群众的会话中应使用平常易懂的语言，切勿使用高深的雅语，以防对方会错意。

3. 营造良好印象

营造良好印象就是充分利用首因效应促进双方下一步的沟通。作为秘书，光靠衣着打扮来塑造个人形象是远远不够的，更重要的是潜移默化的言谈举止。试想，如果有人西装革履，说话时却唾沫横飞、声大如雷，势必会影响整体形象。相反，得体的穿着搭配、亲切的语言、礼貌的问候、诚恳的交谈将会实现秘书语言交际的最佳效能。

4. 表达意图明确

表达意图不明确会造成沟通障碍，甚至还会贻误工作。要表达明确，首先说话中心思想要突出。其次要明确表达思维结果，如判断、推理、分析、归纳等都会有具体思维过程，进行语言表达时只说思维结果，不必把所有的思维过程都一股脑说出来。例如，秘书一会儿说他问了这个同事，一会儿说参考了别的地方的意见，赘述了很多细枝末节的思维过程显然是多余的。在汇报工作时只需要就事论事，明确措施方案即可。最后是条理清楚。秘书在沟通时要有一个合理的顺序，先说什么、再说什么都要想清楚，以便听众顺着秘书的思路把意思理解到位。如果秘书说话时东一榔头西一棒、颠三倒四，听众很容易心烦意乱、听不进去，就令沟通效果大打折扣。

第二节 秘书语言特点和要求

一、秘书语言特点

秘书语言是服务于秘书工作的工具，秘书语言既要符合一般交际用语的标准，同时由于秘书工作的特性，秘书语言也应该保留和突出秘书的行业特征。秘书语言主要有以下几个特点。

1. 清晰性

这是语言表达的最基本的要求，即要求说话者要口齿清晰、发音准确、字正腔圆。在工作与交流中，尽量使用普通话，少采用方言、俚语及网络用语，同时要尽量避免地方口音对讲普通话的口音影响。少采用中英混合的语言，说普通话的时候就讲标准的普通话，说英语的时候就讲纯正的英语，这样才能尽量减少沟通的障碍。对秘书来讲，表达清晰是做秘书的基本条件，如果表达不够清晰，也就无法有效地进行沟通与协调，日常事务也很难有效地完成。这就要求秘书要经常练习自己的发音，要字正腔圆，要能够说一口流利的普通话，减少地方方言发音对自己的影响。

2. 专业性

专业性指的是秘书职业性用语的普遍使用，体现在以下三个方面。第一是礼貌用语的普遍使用。办公室是每个单位形象的窗口，秘书主要从事办公室工作，一定程度上代表单位的形象，在工作中更应注重礼貌用语的使用。第二是书面语的广泛使用。现行的行政公文有一套自成体系的惯用书面语，在一些正式的场合使用表示尊重和诚意。如提醒对方查收文件时用"惠存"，告知对方收到信息时用"收悉"，督促上级给出答复时用"批复"。第三是表达意图准确简洁。即秘书在表达过程中要能够准确地传达上级领导的意图，要能够准确地表达自己的所思所想，避免词不达意的情况出现；同时不能拖泥带水、绕圈子。不能说者滔滔不绝，听众如坠入云里雾里，不知道对方在表达什么，或者听了很长时间，听众才听明白对方所要说的话，这既浪费了时间，也导致工作效率的低下。

3. 条理性

条理性指秘书在表达之前，应该在头脑中将自己所要表达的内容按照一定的逻辑排列起来，要遵循语言的表达规律。对于秘书来讲，思维的条理性是表达条理性的前提，只有在头脑中对所要表达的问题理出顺序，才能在表达中按照一定的顺序和逻辑表达出来，才能让听众听得明白，听得清楚。这就要求秘书在表达之前，要在头脑中按照一定的顺序，如时间、空间、事件或某一主题将所要表达的内容按照由表及里、由轻到重或者由重到轻的顺序排列起来，这样才能在表达时逻辑清晰、通畅自然。

4. 委婉性

委婉性指的是在不便表明本意时，抱着尊重的态度，不正面表达态度，改用和顺谦逊的语言婉转地表达语义。主要方法有同义替代、侧面表达、语言模糊。在秘书工作中使用委婉的语言可以避免与他人发生冲突，建立良好的人际关系和工作氛围。同时，在和领导相处中更需要委婉的表达，以便让领导更好地接受建议和意见。更重要的是，委婉的语言可保障秘书在工作中留有余地，不至于陷入被动或者两难之地。

5. 灵活性

灵活性指的是根据场合或情况变化，确定和调整说话内容和方式。秘书在工作中使用语言的灵活性表现在以下三方面。第一，对于不同对象，要根据不同的交际目的确定和采取不同的说话内容和方式。第二，不同场合下，说话内容和方式也不尽相同。在正式庄重的场合说话要严肃认真，得体文雅；在非正式场合说话可以亲和一些。第三，要善于应对突发事件。交际中难免遇到突如其来的情况，头脑冷静、思维灵敏、语言灵活的人往往能做到泰然自若、应对得体；而经验不足的人则不知所措。

二、秘书语言要求

戴尔·卡耐基曾说，人一生一大半的影响，产生于说话的艺术，如果运用得当将可以改变你一生的命运。由此可见，口才对人生的重要性。掌握良好的口才艺术可以帮助秘书高效地沟通，有利于日常工作的顺利完成。秘书从业人员要想具备优良的口才，就必须做到以下四点。

1. 慎言而不讷言

由于秘书在工作中与领导联系密切，直接接触了单位中的机密文件，了解决策者的动态，有时往往稍有一言不慎就泄露了机密，这将会对工作造成不良影响，自然也影响了自己的前程。因此，秘书在说话时应时刻注重保密，凡是不该说的绝口不提，不该问的绝不打听，对于不了解、不清楚的事情谨慎回答，做到慎言。当然，慎言并不等于讷言。在实际工作中，向领导汇报工作情况时不必有所顾虑，有情况及时汇报，以便领导了解工作全貌。

2. 敢言而不妄言

秘书虽是领导的辅助者，在二者关系中处于从属地位，即便产生敬重的心理也是正常的，但不必望而生畏、妄自菲薄。秘书和领导只是工作性质和职务不同，其二者在人格上是平等的。因此，在日常工作中，秘书如有建议和意见，应大胆地向领导提出，做到直言不讳。当然也要避免妄议胡言。有些秘书没有摆正自己的位置，自恃在领导身边工作，就以"半个领导"自居，在与他人交谈中往往狐假虎威、失去理智、盛气凌人，其做法将是自毁前途。

3. 婉言而不虚言

秘书的工作性质是辅助性的、非决策性的。因此，这里的婉言体现在两方面：一方面，在事情还没有落地公布或是充分了解之前是不便提前或直接说出时，应使用委婉的语言，礼貌婉转地告知对方不方便透露，不应为满足对方的好奇心而不切实际地做出承诺或是用虚假信息回复；另一方面，在和领导汇报工作情况时态度要谦和，语气要婉转，切不可虚伪，夸大事实，编造谎言蒙骗领导。只有在沟通的过程中做到在心理和行为上都真诚得体，才能赢得听众的信任和理解。

4. 善言而不多言

秘书口才是围绕提升自身职业素养和利于工作开展而进行的，决不能与社会上的油腔滑调混为一谈。因此，秘书要注重在工作中不断学习，提升认识问题和分析问题的能力，在实践中积累语言表达的语料，不断提高自身表达的含金量。同时，要学会抓住有利时机，充分利用日常工作中与领导商讨文件撰写、陪同领导开展调研等机会，见缝插针、有的放矢地表达自己的见解。学会掌握"火候"，根据领导的性格和生活习惯，寻找最佳沟通时间，点到为止，切勿喋喋不休、忘乎所以。凡是对于领导精通或是充分了解的事项，汇报要简明扼要，而对于领导陌生的事项，汇报尽可能地详尽，以便领导对事情有全面的了解。

第三节　秘书口才技巧

我国自古有"良言一句三冬暖，恶语伤人六月寒"的说法，由此可见语言的表达是需要技巧的。恰当的语言表达能令听者如沐春风，反之则会令人如鲠在喉。在秘书的职业环境中，秘书同样也需要口才技巧为语言表达进行加持。以下根据秘书常见的职业情景概括出几种口才技巧。

一、接打电话

在当今快节奏、高效率的时代，接听电话是作为利用现代通信工具传递、交流信息的一种重要交际形式，是秘书日常工作中比重最大的工作。由于电话是一种只闻其声、不见其人的交流，因而必须要注意电话交谈的技巧。在接打电话时，秘书应该做到以下几点。

1. 用语文明礼貌，热情大方

通过一个人的讲话方式，基本能够判断其教养的水准。秘书在工作环境中往往代表着单位形象，如果对于接听电话缺乏一定常识与素养，不懂接听电话的礼节，就不能通过电话高效率地处理事务，也就不能通过电话达到理想的交际效果。

秘书在接听电话时一般应按照"称呼—正题—结语"的顺序开展对话。首先，通话过程中必须热情礼貌，一般用"您好"开头，"请""麻烦""打搅""对不起"在中，"谢谢""再见"结尾。

例如："您好！是四川大学校办吗？我是湖南大学校办，麻烦您找一下李老师接电话好吗？"当得到对方肯定性答复时，应立马说："谢谢！"

接电话时，应耐心地倾听，对对方的询问一一进行礼貌的回答，特别是对方要找同事或领导时，切勿态度冰冷、语言生硬。说声"他不在"就挂断电话，会使对方十分扫兴，会影响本人、同事、上司乃至单位的形象和声誉。接电话时，还应注意礼节，可以说："主任出差去了，我是办公室秘书。如果有紧急的公事，可以和我说，我会及时转告主任的；如果是私事，等他回来，让他给你去电话，可以吗？"或者告知对方联系电话或方式。

2. 措辞简洁，表述清楚

秘书在交流公事时，应节省时间，提高工作效率，使用清晰、简明的语言。语速要以对方逐字听明白为宜，尽量减少反问与误答；音量要适当调节，太轻或太重都会使对方误听或者漏听；态度上使对方听出说话人的热诚与愉悦。

3. 调控语气，把准语调

在接听电话时，使用标准礼貌用语，再加上亲切柔和的声音，往往会使对方倍生好感。如"您好，我是某某公司的某某""请稍等""让您久等了"。

说话人除了注意语气，还应注意语调。语调过高、语气过重都会使人感到严厉生硬；语气太轻、语调太低会使人感到无精打采、有气无力；语调拖拉过长则会显得懒散拖沓；语调过短会显得不负责任。一般来说，语气适中，语调稍高一些，语音稍拖一点，会使对方感到亲切自然。

二、来访接待

作为秘书，除了平时与办公室同事和直接领导相处交流之外，还需要经常接待来自上级、下级部门或陌生的来访者。在接待时，接待礼仪固然重要，而接待中的语言表达则更至关重要。因此，作为秘书应做到以下几点。

1. 接待语气要热情

一般秘书办公室的门应该是开着的，听到敲门声，应马上用热情的语言说"请进"并起身迎接、握手欢迎，必要时给来访者备座、倒茶。根据来访者不同的目的热情答复或处理。

2. 接待用语一视同仁

一些秘书由于长期在领导身边做事，无意识地养成了一些不良的工作或为人的习惯。见到领导则极尽热情周到，这样热情过度必适得其反，让领导和同事轻视；而对于下级部门的来访者或陌生人则很冷淡，爱理不理或一副公事公办的面孔，说话一口的官腔，令人反感。不能做到一视同仁是不正确的。无论接待对象身处何种位置，接待用语都要一视同仁，不应有所区别对待。

3. 接待语言礼貌周全

秘书代表着单位的形象和门面，养成使用礼貌语或尊敬语的习惯既是秘书人员基本职业素养，也是对外接待的现实工作需要。

在接待时，要常用下列办公用语：

"您是哪位？"

"处长刚刚出去，请您稍等。"

"您有什么事情需要办理吗？"

"如果方便的话，请告诉我。"

"那么，这样可以吗？"

"对不起……"

"给您添麻烦了。"

4. 接待过程不问隐私

一些秘书尤其是女性，有时过分热情或因为好奇，在接待时总喜欢问一些与工作无关的事情，甚至一旦投缘，便开始拉起了家常，涉及对方的隐私，这自然会让来访者感到突兀甚至尴尬。即便对方没有反感，这也是在工作中应该避免的。打听来访者的隐私既影响秘书本身或办公室的形象，也影响了办公的效率。因此，秘书来访接待要做到"三不问"：不问年龄大小，不问婚姻状况，不问收入多少。

三、会议主持

会议主持是秘书的日常性工作。要做好会议的主持人，我们就必须了解会议主持在口才方面的特征和要求。

会议的性质是多种多样的。有专家学者做的学术讲座会，有英雄模范人物做的事迹报告会，还有为日常生活、工作举办的各种活动和会议，等等。不管是哪种会议，都需要主持人开场，操持会议流程，并对会议进行总结。秘书在此过程中通常直接或间接地充当了主持人的角色。秘书的主持口才的高低直接关系会议的成败。因此，在培养未来秘书人员时，需要有针对性地进行会议主持口才训练，并让他们明确具体的训练目标。

一般来说，会议主持人在会前会后大部分是即兴发言，总的原则是少而精。开场只需说明此次会议的背景、意义、流程、希望和要求；在会议结束后，要对所有的工作做出科学正确的判断和总结。凡应邀来做报告者，会议主持人在开始要引导听众以掌声表示欢迎，结尾要报以热烈的掌声表示感谢。具体如下。

1. 会前介绍，实话开场，调节气氛

主持一般工作会议，实话实说。无论大小会议，与会者急于目睹的不是主讲人的风度形象，而是了解会议主题、会议流程及主讲内容。因此，主持人的当务之急是迅速把会议主题、会议流程、内容公布于众。最简易的办法就是实话实说。例如：

老师们、同学们，今天下午的大会有两项议程，第一项是2022年年终总结表彰大会，第二项是布置2023年教学工作任务。大约需要两小时，下面请党委书记×××做总结报告。大家欢迎。

这样朴实无华的大实话，听起来虽无特色，但清楚明白，是常用的方法。

主持学术性或专题报告会，则实话巧说。学术性或专题报告会，主持人若能巧妙地开个好头，为主讲人出场创造出良好的气氛，就能倍增会议效果。例如，某大学请来一名教授给学生做《红楼梦》的学术讲座，教学秘书是这样开头的：

同学们，据我所知，世界上专为某个作家成立而且其影响经久不衰的学会只有两个，一个是研究莎士比亚戏剧的"莎学会"，一个是研究我国曹雪芹《红楼梦》的"红学会"。《红楼梦》作为我国文化宝库中的宝中之宝，是一部令人百读不厌的优秀著作。《红楼梦》一百二十回，数十万字之巨，我们设想一下，生活中有没有人真的把《红楼梦》读了不下100遍？我告诉大家，还真有！今天我们请来了××大学的吴教授，一生痴爱《红楼梦》，读了不下100遍，甚至能把其中的大部分内容熟练地背出来。吴教授对《红楼梦》很有研究，出版了6部专著，发表了40多篇论文，是国内外知名的"红学"教授。现在我们就欢迎吴教授来给大家讲一讲"大学生如何欣赏《红楼梦》"。

主持人的话音刚落，听众的掌声便如潮涌起。显然这掌声是给吴教授的，但谁又能说这掌声与主持人无关呢？这样的学术会议上主持人应对主讲人的身份、地位、成就、事迹做一些实事求是的介绍，对他们的光临表示欢迎和感谢，但切忌吹捧、过度赞美，否则效果适得其反。

2. 会中穿插，巧于连接，承上启下

一般会议都有若干议程，各个议程之间的连接就由主持人来完成，一般要在中间搭桥接梁，过渡照应，把会议不相接的议程连缀成一个有机的整体。主持人用连接语不外乎承上启下。首先，肯定前面的，画龙点睛。用简洁、概括性的语言对前面的议程或内容进行小结或肯定，切忌啰唆、喧宾夺主。主持人不是主讲人，也不是评论者，其作用在于串联，不使会议中间脱节和冷场，所以话不须多，三言两句，画龙点睛即可。接着，引出后面的内容，不须过多渲染。文艺或者娱乐活动需要的是主持人来渲染气氛，使活动热烈生动；会议主持的主题则在各项议程内容上。因此，会议主持人，尤其是工作会议主持人，只需按程序前后连接即可，切勿蓄意渲染。

3. 会后小结，概括为主，评价为辅

会议或报告结束后，主持人一般做即兴总结式发言，原则是巧概括，少评价，尤其是对自己不熟悉的内容，以免出现讲行外话的尴尬。会后的总结，往往难于会前的介绍，会前的介绍可事先做些准备，了解主讲人的背景材料，只要讲得实在，即使是大白话，与会者也不会过分挑剔。而会议结束，主持人若表现欲太强，便会因喧宾夺主而导致与会者的厌恶。再则由于听众久坐，身心都十分疲惫，加之报告人已主讲完毕，注意力难以集中，盼望早点散会，主持人的结束语应点到为止。这时若不紧扣主题，常常会越说失误越多。这时主持人一定要明晰当时听众的心理，善于控制自己。小结时一般不宜做过多的评价，且评价宜粗不宜细，尤其是对下级对上级、外行对内行的报告做评价更应慎重。另外，无论是点评还是小结，最好使用概括性强、提纲挈领式的语言，既节省时间，又便于巩固或升华会议内容。例如：

> 同志们，刚才×××给我们做了一场生动形象、很有教育意义的报告，从他身上体现出了四种精神，这就是……这些精神都非常值得我们学习，×××不愧是我们学习的榜样。让我们再一次用热烈的掌声对×××同志表示衷心的感谢和崇高的敬意！会议到此结束，散会。

此外，主持人必须意识到，无论大小会议，主持人永远只能充当配角，只在开头结尾有点"戏"，应甘当配角，当好配角。说话无论是开头还是结尾，切忌跑题。有的主持人小结时大谈形势或个人感受，信马由缰，时间越拖越长，到头来不知所云，自己无法自控，对此必须引以为戒。主持人的即席发言要短小精悍，要"源于会议，高于会议"，源于对会议内容的理解和领悟，但不是会议简单的重复，也不是离题万里的任意拔高。

因此，会议主持人应该注意做到：首先，必须从会议一开始就做有心人，用心听，用心记，边分析边判断，及时把自己当时产生的思想火花记录下来。这样即兴演讲时就能高屋建瓴、以简驭繁。其次，要打好腹稿，把会议过程中产生的灵感，按一定的逻辑关系排列组合好，才不至于像断线的风筝，东拉西扯。再次，平时要注意提高自己的辞采修养。最后，会议结束时，主持人最好有一两句点睛之语。

四、陈述报告

秘书报告口才主要有两种情形：一是口头向有关上级汇报或陈述事情，如工作汇报、灾情报告等；二是在会议上，面对公众所做的正式陈述，如总结报告、动员报告、形势报告等。前一种是秘书经常要做的，后一种是秘书经常要为领导写的或者代领导说的。无论哪种情况，都需要秘书人员具备良好的口才。这种报告口才的要求更高，难度更大，需要进行专门的训练才能习得。

1. 以诚为本，吸引听众

报告必须坚持真理、旗帜鲜明，所讲述的内容必须符合事物发展的客观规律。不论是年终工作总结，还是向群众做述职报告，其内容都要符合国家的大政方针。当报告论及方针、政策、规章、制度时，报告人应态度鲜明、毫不含糊。报告人往往以领导的身份出现于讲台，就更应该为了老百姓或职工的利益而宣扬真理、解释真理、摒弃错误。有的领导人做报告习惯于报喜不报忧，一开口就是"形势大好，不是小好，而是越来越好……"假话、空话连篇。报告人应该说真话，说实话，以实相告。只要涉及国情和群众利益的信息，不论是好的还是坏的，都应如实相告：既不因好而添枝加叶，也不因坏而遮遮掩掩。只有讲真话，才能引起群众的注意；只有讲真话，才能激起听众的积极反馈，使他们对报告内容产生浓厚的兴趣，以达到鼓励和激励听众的作用。

2. 以巧为术，打动听众

报告者是在特定的会场上面对广大听众讲话，这与演讲一样，要求语音洪亮，声调、音量变化合理。报告人讲话首先应让全场人听得清楚，应注意让自己的声音关照全场。同时，应根据报告内容适当调整语音的高低、语速的快慢和语气的轻重，切忌声音单调、平淡乏味。讲得太快，听众会感到喘不过气来；讲得太慢，又会使听众失去听下去的耐心。因此，报告者的语调应起伏有致、抑扬顿挫。

3. 以理串联，说服听众

报告不同于医生问诊，也不同于营销人员与顾客的一问一答。它与演讲一样，具有语流的连贯性，即报告话语连续，不随便停顿，不随便中断。报告虽然是遵稿而发，但常常要将报告稿的书面语巧妙地转换成口头语体。报告一般是用政论语体写的，政论语体的语言周密、庄重而文雅，在语法上多用长句，在词汇上多用介词、连词、书面词语等带有庄重色彩的词语，并有一些习惯格式或用语。而做报告是面向听众说，应该把书面语适当地转换成口语。口语通俗易懂、生动活泼，在语法上多用短句，在词汇上多用俚语、俗语，这样说者顺口，听者顺耳。报告与具有生动幽默特征的演讲不同，它具有严肃性。报告人向听众提供的不论是最新的科技信息还是公司的发展大计，或是汇报本人的政绩或失误，所讲之事大多是国内外大事、要事，或与公司员工相关的正事，在讲述这些严肃的重大话题时，如果为了取悦听众而过多地插科打诨，不适当地穿插一些逗趣儿的话，就会使庄重的报告庸俗化，高尚的格调低级趣味化，也就很难达到报告的目的。

4. 克服陋习，抓住听众

避免常用"口头禅"。有些人做报告满嘴的口头禅。报告人的口头禅多，自然是口才不够、废话来凑的表现，不仅损害自身形象，而且也侵占了接收有效信息的宝贵时间。

要避免空谈。空谈是指报告人不结合当时、当地、历史、现状和听众的实际，光发空头议论。例如，秘书在为领导写一年一度工作总结会开幕词时，只把"2021"改成"2022"，或把"第一届"改成"第二届"，等等，内容照旧，年年如此，这就是空对空纸笔的束缚，催人奋进，发人深省，引发听者共鸣，达到感情与理智的和谐统一。从功能表现上看，律师口才具有以下作用。

1. **良好的教育作用**

律师是社会职业分工的重要组成部分，具有较高的综合素质和良好的专业素养。律师可以通过良好的口才，将掌握的法律知识灌输给当事人和社会民众，一定程度上发挥了社会法治教育和社会普法的作用。良好的律师口才，可以促成当事人双方意见统一、共识统一，减少社会矛盾发生；良好的律师口才，可以在为服务对象提供咨询、解决事务过程中获得对方信任，传递法治思维，提高民众法治素养和法治观念；良好的律师口才，可以使服务对象、相关关联人员了解法律知识，提高法律素养，合理运用法律手段维护自身权益。

2. **良好的实现作用**

律师工作以实现为目的，通过良好的律师口才表达，律师可以实现维护当事人合法权益的功能，这也是律师口才实现功能的主要方面。律师通过良好口才表达，以扎实的专业素养为基础，维护法律的公平正义，维护国家、集体和个人的合法权益不受侵犯，避免和减少当事人不应有的损失。通过良好的律师口才表达，律师可以实现自身良好的形象特征，向服务对象和社会展现能言善辩、公平公正、水平高超的律师形象。

3. **良好的调节作用**

律师通过良好的口才，可以达到心理调适和社会关系调适的功能。律师掌握良好的表达技巧，可以在一定程度上消除当事人双方的心理障碍，避免心理疾病和社会现实的不良应激反应，达到良好的心理平衡。律师通过良好的口才，可以有效解决社会法律纠纷、人际纠纷，合理调整社会角色关系，帮助当事人摆脱困境。

4. **良好的交际作用**

律师的工作是一个与人打交道的工作，律师承担业务咨询、来访接待、诉讼代理等职责，口语表达是处理律师事务重要的桥梁和纽带。良好的律师口才，有利于促进律师与当事人、法官和其他有关人员之间的交流，有利于关系的保持、事件的推进。

第二节 律师口才特点

律师口才既有普通口才形式独特、临场表达、交流直接、内容随机和应用广泛的共性，也因其职业的特定性而具有独特的自身特点。

一、目的的特定性

律师的口语表达受事实和法律的双重约束，即律师口才要以事实为依据，以法律为准绳，在事实和法律的基础上，运用律师口才解决特定目的，达到特定效果。目的特征性是律师口才的鲜明特点，律师要实现法律服务目标，口语表达至关重要。

二、环境的特定性

律师口才区别于普通口才的重要特点是其具有的环境的特定性。律师口才环境的特定性一般包括律师活动比较固定的环境，如律师事务所、监狱、法庭等场景，也包括一些动态环境，如公共场所、流动场所等。环境的特定性要求律师能够尽快适应并尽可能利用所处的环境，达到口语表达的最终目的。

三、时间的特定性

律师工作的属性决定着律师口才的运用受到时间的制约。从具体表现上看，律师口才的运用受到法律规范的制约，如调解时间、辩论时间、谈判时间，这些均非全部由律师掌握和使用。因此，有效的时间运用，是提高律师口语表达效果的关键。只有在有限的时间内充分发挥律师口才，才能实现律师目的的最大化。

四、对象的特定性

律师口才具有对象的特定性。律师口语的表达对象是指律师的工作对象，一般包括特定的人，即接受律师代理、请求律师提供法律咨询服务的人，包括与特定对象相关、与律师所办法律事务有密切关联的人，如对方当事人及代理人、有关证人，也包括法庭的审判人员、相关取证人员等。

第三节 律师法庭辩论技巧

在古今中外庭辩历史上，律师口才雄辩者比比皆是，不胜枚举，他们引经据典，技惊四座，经久不衰。律师口才是律师庭辩技巧的基础。庭辩技巧是案件胜诉的重要影响因素，在特定的环境和条件下，甚至成为决定案件发展的关键因素，因此要重视律师法庭辩论技巧的训练和养成。

一、基本技巧

1. 注重准备充分

在法庭诉讼中，法庭辩论时间较短，内容较多，原告、被告律师都要在法庭给定的的典型例子。这种空谈只会令人昏昏欲睡,没有实际价值。

要避免语调冷漠。做报告时切勿毫无表情、呆若木鸡、肌肉紧绷、脸色严肃,这会使得听众压抑,收听效果大打折扣;也切勿说话语调冷淡,缺乏抑扬顿挫,这种没有真情实感的报告往往令人反感。因此,报告应该在情绪上、心理上与听众息息相通,在语言上使用适当的修辞,从而做到言之有情,使人共鸣。

要避免语言晦涩。使人感到晦涩难懂的报告是达不到报告效果的。报告不是供人读的,而是让人听的,所以应尽量使用口语语体,且尽量少用行业术语。如果报告必须涉及难懂的内容,就必须解释清楚。

此外,还要避免内容冗长,做到要言不烦;要避免杂乱离散,做到紧扣主题;要避免平淡乏味,做到有情有趣……总之,好的报告,应该是言之有物,言之有序,言之有理,言之有情,言之有趣,言之有体,言之有时,言之有用的。只有这样的报告,才能真正自始至终抓住听众,达到报告的最佳效果。

秘书口才训练

1. 观看秘书资格考试录像,找出秘书在接待过程中的几处错误。
2. 以小组为单位,自选来访主题,模拟秘书接待访客。
3. 以小组为单位,模拟主持一场学术会议。

第十二章 律师口才

第一节 律师口才概述

一、律师口才的含义

律师口才，是口才在特定职业的表现方法，是律师的代理工具，也是律师显著的职业特征，是职业律师赖以生存和发展的重要才能。律师口才，通常是指律师在为服务对象提供法律服务过程中，依据相关法律事实，直接进行口语表达的才能。律师口才具有行业特殊性，是普通口才在律师职业中的高级应用。律师口才是在特殊的场所里以论辩说理为主的、解决特定争辩内容的、具有强烈目的表现的语言表达活动。由于律师职业的特殊性，律师口才受职业特征和工作场合的影响，具有特殊的表现形式和表达规律。从日常实际中看，律师口才既有普通口才的表达性质，也有法律规范的严谨性质。

从实际应用角度，可以把律师口才划分为日常口才、接待口才、咨询口才、顾问口才、调解口才、辩论口才、谈判口才。律师日常口才是律师开展日常工作的重要表现形式，直接影响律师工作开展的质量和律师形象的树立。律师日常口才可分为介绍口才、访晤口才、聊天口才和谈心谈话口才等。律师口才是律师的基本功之一，律师日常诸多业务和工作的开展，无论是接待来访、法律咨询、法律委托、庭外谈判、法庭辩论、诉讼调解等，都离不开律师的口语表达。由于律师在日常事务的服务对象是人，面对的是错综复杂、千丝万缕的诉讼事件或非诉讼事务，因此，在法律关系委托和诉讼业务开展中，律师口才往往比律师文笔更加重要。

二、律师口才的作用

一个优秀的律师必须要有优秀的口才。具有优秀口才的律师能借助语言的表达跳出纸笔的束缚，催人奋进，发人深省，引发听者共鸣，达到感情与理智的和谐统一。从功能表现上看，律师口才具有以下作用。

1. 良好的教育作用

律师是社会职业分工的重要组成部分，具有较高的综合素质和良好的专业素养。律师可以通过良好的口才，将掌握的法律知识灌输给当事人和社会民众，一定程度上发挥了社会法治教育和社会普法的作用。良好的律师口才，可以促成当事人双方意见统一、共识统一，减少社会矛盾发生；良好的律师口才，可以在为服务对象提供咨询、解决事务过程中获得对方信任，传递法治思维，提高民众法治素养和法治观念；良好的律师口才，可以使服务对象、相关关联人员了解法律知识，提高法律素养，合理运用法律手段维护自身权益。

2. 良好的实现作用

律师工作以实现为目的，通过良好的律师口才表达，律师可以实现维护当事人合法权益的功能，这也是律师口才实现功能的主要方面。律师通过良好口才表达，以扎实的专业素养为基础，维护法律的公平正义，维护国家、集体和个人的合法权益不受侵犯，避免和减少当事人不应有的损失。通过良好的律师口才表达，律师可以实现自身良好的形象特征，向服务对象和社会展现能言善辩、公平公正、水平高超的律师形象。

3. 良好的调节作用

律师通过良好的口才，可以达到心理调适和社会关系调适的功能。律师掌握良好的表达技巧，可以在一定程度上消除当事人双方的心理障碍，避免心理疾病和社会现实的不良应激反应，达到良好的心理平衡。律师通过良好的口才，可以有效解决社会法律纠纷、人际纠纷，合理调整社会角色关系，帮助当事人摆脱困境。

4. 良好的交际作用

律师的工作是一个与人打交道的工作，律师承担业务咨询、来访接待、诉讼代理等职责，口语表达是处理律师事务重要的桥梁和纽带。良好的律师口才，有利于促进律师与当事人、法官和其他有关人员之间的交流，有利于关系的保持、事件的推进。

第二节 律师口才特点

律师口才既有普通口才形式独特、临场表达、交流直接、内容随机和应用广泛的共性，也因其职业的特定性而具有独特的自身特点。

一、目的的特定性

律师的口语表达受事实和法律的双重约束，即律师口才要以事实为依据，以法律为准绳，在事实和法律的基础上，运用律师口才解决特定目的，达到特定效果。目的特征性是律师口才的鲜明特点，律师要实现法律服务目标，口语表达至关重要。

二、环境的特定性

律师口才区别于普通口才的重要特点是其具有的环境的特定性。律师口才环境的特定性一般包括律师活动比较固定的环境，如律师事务所、监狱、法庭等场景，也包括一些动态环境，如公共场所、流动场所等。环境的特定性要求律师能够尽快适应并尽可能利用所处的环境，达到口语表达的最终目的。

三、时间的特定性

律师工作的属性决定着律师口才的运用受到时间的制约。从具体表现上看，律师口才的运用受到法律规范的制约，如调解时间、辩论时间、谈判时间，这些均非全部由律师掌握和使用。因此，有效的时间运用，是提高律师口语表达效果的关键。只有在有限的时间内充分发挥律师口才，才能实现律师目的的最大化。

四、对象的特定性

律师口才具有对象的特定性。律师口语的表达对象是指律师的工作对象，一般包括特定的人，即接受律师代理、请求律师提供法律咨询服务的人，包括与特定对象相关、与律师所办法律事务有密切关联的人，如对方当事人及代理人、有关证人，也包括法庭的审判人员、相关取证人员等。

第三节 律师法庭辩论技巧

在古今中外庭辩历史上，律师口才雄辩者比比皆是，不胜枚举，他们引经据典，技惊四座，经久不衰。律师口才是律师庭辩技巧的基础。庭辩技巧是案件胜诉的重要影响因素，在特定的环境和条件下，甚至成为决定案件发展的关键因素，因此要重视律师法庭辩论技巧的训练和养成。

一、基本技巧

1. 注重准备充分

在法庭诉讼中，法庭辩论时间较短，内容较多，原告、被告律师都要在法庭给定的短暂时限内，就案件的相关要素进行深入辩论，律师辩论的成功与否可能直接影响案件的走向。在庭辩前要充分做好案件辩护准备，如充分准备好拟定发言提纲、即席辩论资料等。代理诉讼的律师要提前写好代理词，以便在法庭上的辩论发言做到准备充分、游刃有余。

2. 注重氛围传导

律师在庭辩中要注重营造氛围。营造的氛围可以是各式各样的，以适应诉讼庭审的特殊需要最佳，如营造严肃的、平和的、宽松的、压抑的、庄重的、幽默的、悲愤的氛围。律师通过氛围营造，可以将庭审氛围传达给庭审现场的相关人员，引导庭审情绪走向，为律师庭辩奠定氛围基础。如在刑事案件的庭辩中营造悲惨恐怖的氛围，能有效激起听众、法官对犯罪嫌疑人的痛恨。

3. 注重辩论调式

法庭的辩论调式是指在庭辩中观念冲突和情感意志对抗的有无或者强弱。法庭的辩论调式通常有陈述调式、商榷调式、冲突调式，对庭辩调式的选择和适用是律师庭辩技巧的鲜明特征，也是律师口才的组成部分。在庭辩中，注重因诉讼对象和事件性质的不同而选择不同的辩论调式，能将律师的语言个性充分发挥，给对方造成心理压制和氛围传导。

4. 注重策略艺术

庭辩是时间短、任务重、内容多的一个过程，需要律师运用高超的庭辩策略艺术。律师在庭辩过程中要注重策略的选择，要讲究逻辑性，准确把握相关概念，明确论点，选择有利的论据，运用合理的判断和推理，使复杂的问题简单化。要讲究语言艺术，使庭辩发言更加具有魅力和感染力。要注重庭辩的避实就虚，注意对方的发言和论据，选择薄弱环节进行攻击，保持清醒头脑，不被对方绕进圈子。

二、庭辩常用技巧

1. 事实例证法

事实例证法是庭辩中常用的方法，主要遵循律师辩论"以事实说话"的原则。事实例证法也是诉讼案件中对抗诡辩最有效的方法。律师将铁证般的事实搬上法庭，再辅之以生动形象的讲述，会使得庭辩对方任何奇巧高妙的方法技巧都变得黯然失色。事实例证法的特点是简单、明快、确凿，免去了繁复的理论分析和论证，当然也就免去了稍有不慎便会误入诡辩圈套的可能。例如：

某市一个交易纠纷中，合同注明的签约地是B地，履行地是A地，B地法院有诉讼管辖权。在庭辩现场，被告辩称，被告人在签约日期的前一天才离开B地，不可能在第二天回到B地。并辩称B地法院无管辖权，A地法院才有管辖权审理。

在这个庭辩案例中，面对被告的合理诡辩，任何语言陈述都可能落入陷阱，应当采取直截了当的做法，采用事实说话，用事实终止对方的理论辩解。

面对被告的咄咄逼人，庭辩中，原告律师立即出示了被告签约代表人的一张B地实名车票凭证，车票上的日期与合同上载明的签约日期完全相同，并义正词严地说道：原告有车票证明，当天确实来过B地，进行过签约。被告方顿时鸦雀无声，再也无法争辩。

2. 三段论证法

三段论证法在律师庭辩中也比较常见，它是古希腊亚里士多德创立的推理理论。亚里士多德研究的主要是直言三段论。所谓直言三段论，是由包含着一个共同概念的两个性质判断推出一个新的判断的演绎推理。直言三段论典型公式可以描述为：

所有M是P，

所有S是M，

所以，所有S是P。

按照三段论典型公式，可以在庭辩中做很多的运用。例如，A喜欢偷窥女性，小女孩是女性，60岁的老人也是女性，A既然有偷窥小女孩的过往，就不能排除A有偷窥老人的可能。再如，在这种艰苦的工作环境下，是个人都会受不了，王二是个人，不管他是体力强壮还是身体瘦弱，他都可能会受不了。因此，但凡前提是正确的，使用直言三段论就可能会有正确的结论。从庭辩中看，三段论是一种必然性的推理，也是司法实践中比较有力的一种辩护方法。但在使用三段论时，务必要注意不能任意使用，做三段论推理前必须确认推理的前提是真实客观的，不能是虚假杜撰的，而且必须确认推理的形式是正确的，是符合常见的逻辑规律的。例如：

在一起民事诉讼庭辩中，原告A认为，在当初签订租房合同时，没有注明租客B可以使用共有厨房的冰箱，现在B擅自使用，导致冰箱损坏了，应当赔偿损失。被告律师在辩护时出示了当时双方签订的租赁合同复印件，并用红笔做了鲜明标注，说道：合同中的第4条明确注有，B入住后，可以使用出租屋的一切家电，厨房属于出租屋的共有部分，电视机是家电，冰箱也是家电，因此B使用冰箱是合理合法的，不属于侵权行为，无需承担责任。

该庭审辩论中，被告律师很好地运用了三段论公式。"可以使用出租屋的一切家电"，电视机是家电，冰箱也是家电，既然被告可以使用电视机，那么也可以使用冰箱。在庭辩现场配合出示真实有效的合同文件，使得三段论的使用既真实又客观，充满了说服力，不容反驳。

3. 判断辨别法

判断辨别的方法在庭辩现场也较为常见，它通常是指律师在庭辩中通过敏锐的观察和发现，通过比较和区分不同的判断，达到某种论辩目的，追求达到庭辩效果的辩论方式。判断辨别，就是在判断的基础上进行辨别，它是对事物性质及事物间的相互联系的一种高级判断。在庭辩现场中，如果能及时抓住对方判断中的失误，辅之以良好的律师

第十二章 律师口才

口才，就能形成强有力的质询现场，形成强大的氛围传导，找到案件的关键点和突破口，占得庭辩先机。例如：

某地法庭在审理一起偷窃案件时，庭辩现场上演了精彩的辩护。案件是一台最新款苹果手机的失窃。原告说，苹果手机购买回来后就设置了密码，没有密码手机是打不开的。被告说，苹果手机是他的，他从来没有设置过密码。经检查，手机确实没有密码，原告在庭辩现场处于非常被动的局面。这时，原告说，我的苹果手机设置了敲击截图的方式，不熟悉的人是不懂如何敲击截图的。法庭上，审判长请被告进行手机敲击截图，于是被告和原告有了一段精彩的对话。

被告：审判长，如果我能敲击截图成功，那就证明手机一定是我的，对吗？

原告律师：不对，截图成功了，并不证明它一定是你的；而不成功，那就证明一定不是你的！

法警把手机交到被告的手上，被告弄了几分钟，依然没有办法截图成功，开始紧张起来。

原告律师：被告，你究竟能不能截图成功呢？

被告：不好意思，我忘记之前的设置了，不过我肯定手机一定是我的，不是别人的。

原告律师：你刚才说，这部手机是你的，你却又不懂敲击截图，这怎么解释呢？

被告在原告律师的不断质疑中低下了头，无言对答。

原告律师这时候说：原告，请您进行手机敲击截图。

原告接过法警递来的手机，一下子就敲击截图成功了。

原告律师：被告，你还有什么话要说的吗？

被告一下子脸色惨白。

当然，手机究竟是谁的，它的所有权归属原告还是被告，还需要法院进行更多的调查和了解，但通过原告律师良好的口才和判断辨别法的使用，至少可以确定手机肯定不是被告的。在这个案例中，当审判长叫被告对手机进行敲击截图时，被告提到："审判长，如果我能敲击截图成功，那就证明手机一定是我的，对吗？"原告律师敏锐发现了被告说这句话的逻辑性错误，当机立断进行了驳斥："不对，截图成功了，并不证明它一定是你的；而不成功，那就证明一定不是你的！"从而在庭辩现场，有技术地把"敲击截图成功"和"手机是谁的"构成了一个充分条件的假言推断，即"敲击截图成功，不一定是你的，而敲击截图不成功，肯定不是你的"。在被告敲击截图失败，而原告敲击截图成功后，原告律师继而用事实对比，进一步驳斥了被告，很好地达到了庭辩目的。

4. 诱问否定法

诱问否定法是一种讲究提问技术和逻辑思维的庭辩技巧，充分考验律师口才的灵活性。诱问，就是律师在庭辩中提前设置好目的，不是采用直接询问的方式，而是绕着弯子提问和询问，使对方在不知不觉中接受提问的观点，并掉入律师的圈套，从而在庭辩中取得胜利。否定，是在诱问的基础上进行的，结合对方的回答，进行前后的关联，否定对方的答案，使得对方露出破绽，在庭辩中处于被动状态。诱问否定法要求律师要掌握诱导的技巧，提前做好步骤设置，有耐心，善于在对方的回答中抓住问题，进而诱导产生更多的问题，获得取胜的方法。例如：

A 到 B 家中玩耍，因意见不合，失手把 B 掐死了。事情发生后，A 迅速冷静下来，处理干净案发现场后，就火速跑到附近电影院观看电影，并故意与售票员产生口角争吵，在电影院与前排观众大声吵闹等，借此制造假象，制造自己不在场的证据。A 作为嫌疑人被指控传讯到法庭，律师采用了诱问否定法，步步为营，巧妙将 A 带进了自己早就设置好的陷阱，让 A 的罪恶行径在自己前后自行矛盾的回答中暴露得一干二净。

律师：A，请你再次仔细回忆，案发当晚，你在做什么？

A：案发当晚，我在电影院看电影，这是我的一个习惯，每周这个时候都会来这里看电影，这周也来了，不信，你可以问售票员和观众。

律师：你别着急，我不否定你当晚确实来过这里看电影。你再仔细回忆一下，你确定是当晚 7:20 进电影院看电影的吗？

A：是的，我非常清楚，我就是 7:20 进的电影院，我记得的。

律师：好的，那请你再回忆一下，你入场时，电影开始了吗？

A：嗯……我记得，电影好像已经开始了。

律师：那就奇怪了，我到这家电影院查过，这家电影院所有的电影播放，同一档期，都是 7:25 才开始播放的，你 7:20 进入的电影院，怎么可能会看不到电影开始呢？

这时候，律师已经运用诱问否定法，使得 A 已经慌乱，露出了马脚，开始出现思维的混乱。

A：不好意思，可能是我看错表了吧。

律师：就算你是看错了表，你是 7:25 进入片场的。你说你经常来这家电影院看电影，这家电影院正片播放前都会播放几分钟的广告，对吧？

A：是的。

律师：据我了解，这家电影院每个月播放的广告片都是一样的，按照目前的电影院播放习惯，你记得当天晚上播放的是什么广告片？

A：嗯……我不记得了，我对广告片不感兴趣。

律师：就算你不感兴趣，你每周来一次，每个月都一样的广告片，难道你一点都不记得？

律师再次运用诱问否定法，又使得 A 再次陷入了自相矛盾的答案中，行踪显得更加可疑起来。

A：哦，对，我想起来了，播放的是某品牌的洗发水广告。

律师：可是，据我调查，这家电影公司从你去看那场电影的前两天起，就更新了广告的投放，下架了原来洗发水的广告，请问你是怎么看得到洗发水广告的呢？你确定你是7:25就进入了电影院吗？

A：……

这段对话充分体现了律师高超的口才艺术，使用诱问否定法，使得嫌疑人不断自相矛盾，不断自我暴露，难以自圆其说。诱问否定法的使用要求提前预设好问题，预设好对方回答的步骤，预设好对方回答的可能性，逐步引导对方沿着预设的方向发展，掉入设计好的陷阱中，最后自我暴露。

5. 命题攻击法

所谓命题攻击法，就是在庭辩过程中，善于发现对方命题存在的问题和不足，抓住机会，组织足够的理由论证对方命题的错误，从而推倒对方的命题，建立有利于自己的命题，使得庭辩的胜算天平朝向自己。命题攻击法对律师口才的要求比较高，律师不仅要善于抓住对方命题的漏洞，还要善于进行语言上的组织和攻击，不断击溃对方的防线，揭露对方的真实目的。命题攻击的方法有很多，如可以列举具体的事例进行反击，也可以引申对方荒诞命题，创造出一个新的命题，使得新命题的荒诞性更加凸显，让对方的命题在庭辩中难以立足。例如：

一对年轻的已婚夫妇从农村来到城市创业，男人在外创业，女人在家操持。男人在开了一个小的工作室后，就向法院提出了诉讼离婚。在庭辩现场，男人与女方的代理律师展开了精彩的庭辩对话。

男：我的妻子文化水平低，现在和我已经没有什么共同语言了，我生意上的事情她基本不懂。

律师：我可以这么认为，你是觉得妻子是农村的，没读过什么书，目前和你的社会地位差距越来越大了，没有共同语言，所以要离婚吗？

男：可以这么认为。没有了共同语言了，就意味着我们当初的爱情已经消失了，我需要去寻找有共同语言的爱情。

律师：我理解你的意思了，那按照你的意思，你离了婚了，你去找一个和你社会地位差不多了，就会有共同语言了，就可以结婚了，对吗？

男：合适的话是可以的。

律师：那假设以后你生意做大了，你的工作室变成了公司了，你还去寻找真正的爱情吗？

男：……

律师：假如，后面你开了分公司，公司上市了，你也会去寻找其他的爱情了？或者过几年，你工作室倒闭了，是不是也意味着失去了共同语言了呢？那你需要寻找多少回爱情？需要结婚多少次？又需要离婚多少次呢？

男：……

律师在庭辩现场使用的一连串针对命题的发问，让对方陷入了难以回答的尴尬境地。特别是律师针对男人"没有共同语言了"这一荒诞的命题，延伸了一个更加荒诞的命题："那假设以后你生意做大了，你的工作室变成了公司了，你还去寻找真正的爱情吗？"进而扩大命题的荒诞性："假如，后面你开了分公司，公司上市了，你也会去寻找其他的爱情了？或者过几年，你工作室倒闭了，是不是也意味着失去了共同语言了呢？那你需要寻找多少回爱情？需要结婚多少次？又需要离婚多少次呢？"这些发问不断突破对方的心理防线，让其虚假的谎言不攻自破，虚假的行为难以掩盖。

6. 换位反驳法

在实际庭辩过程中，对方会抛出很多信息，有些信息是具有客观真实性的，有些信息是经过加工表述的，有些信息是正确的，有些信息是错误的。律师要善于在对方的论题中发现明显的错误，并改变从对方错误论题出发的惯用做法，采用换位反驳的方式，进行技巧性的反驳，使对方陷入不能自圆其说的尴尬地步，拆开对方虚假的伪装。换位反驳法要求针对对方的论题不做正面的理性的分析、引申、发挥，而是采用角色互换的方式，调换角色，指出在相反的情况下，将可能得到一个什么样的结果。例如：

在某城市，A开车撞伤了B老人，害怕承担责任，仓皇驱车逃离现场，导致老人不治身亡。在庭辩现场，A的律师为其辩护理由：老人是横穿马路，司机是受害者，司机当时是被吓坏了，不知所措才离开了现场，不是主观上的故意，因此不能按肇事逃离审判。双方在庭辩现场展开了一段精彩对话。

律师：我想和你确认一个事实，老人是你的车撞的吗？

A：……是的，但是老人横穿马路，我也是受害者。

律师：是不是横穿马路，到底是谁的责任，交警部门已经给出了交通事故的责任划分，我们无须争执这部分内容。老人确定是你撞的，你还离开了现场，对吗？

A：……我也是受害者，我吓傻了，我也不知道自己做什么了。

律师：你是受害者？我想请你好好想一想，假如你是老人的儿子，你还会这么想吗？你失去了什么？老人的儿子又失去了什么？假如你是老人的儿子，此时此刻，你已经失去了爸爸，你的儿子已经失去了爷爷，你的家庭已经不完整了，你这一辈子再也没有爸爸可以叫了！

A：……

律师：你是受害者？我想请你好好想一想，你有感觉到痛吗？无助吗？死亡的无奈吗？假如你是老人，被撞伤后，司机肇事逃跑，你一个人孤独地躺在大街上，任凭鲜血流了一地，你很痛，你想呼叫救命，但是你叫不出来，没有人理你，你感到渐渐地冰冷，你就快要死了，你觉得可怜吗？

A：……

在庭辩中，律师声情并茂地采用换位驳斥法，假设对方是被撞死的老人的儿子，控诉对方的冷漠："你失去了什么？老人的儿子又失去了什么？假如你是老人的儿子，此时此刻，你已经失去了爸爸，你的儿子已经失去了爷爷，你的家庭已经不完整了，你这一辈子再也没有爸爸可以叫了！"又假设对方是老人，控诉对方的无情和对生命的漠视："你一个人孤独地躺在大街上，任凭鲜血流了一地，你很痛，你想呼叫救命，但是你叫不出来，没有人理你，你感到渐渐地冰冷，你就快要死了，你觉得可怜吗？"把对方带入假设的场景，让对方感受错误行为，将心比心，从而认识事理。

庭辩是一项综合性的艺术，它对律师的口才技巧要求极高，要求律师具备多方面的知识，包括专业的法律知识、扎实的语言表达能力、严谨的逻辑思维能力和较强的随机应变能力。通常，律师的庭辩技巧还有很多，如情绪感染法、以立代破法、归谬辩驳法、察言观色法、空间利用法、先发制人法等，这些技巧的运用可以是单一方法的运用，也可以是多个方法的交叉、综合运用，讲究的是因事而化、因时而进、因势而新。

律师口才训练

一、运用庭辩技巧"命题攻击法"为王某某进行辩护

案件：原告黄某某与被告王某某系夫妻，双方于1989年12月27日登记结婚，婚后育有一子，现已成年。黄某某与王某某因家庭琐事及性格差异和生活方式等原因产生隔阂，双方分居。黄某某认为，目前，两人价值观相差太大，无共同语言，夫妻感情确已破裂，已无和好可能，故向人民法院起诉要求离婚并分割夫妻共同财产。王某某不同意离婚。

二、运用庭辩技巧"三段论证法"为某市总工会进行辩护

案件：原告某市总工会与被告某公司签订了4份《商品房买卖合同》，约定被告应当在2016年6月30日前交付符合合同各项约定条件的商品房，同时约定最晚交房日期为2016年11月4日。本案建设工程虽然经建设单位等单位验收合格，但因2号、3号、5号店面无下水管道，不符合合同约定的"该商品房所在建筑物生活给排水等设施达到设计要求"的条件，故原告没有办理交房手续。被告直至2018年11月1日才将上述三间店面所存在的生活给排水问题整改到位。原告请求被告按照合同约定，赔偿上述三间店面自2016年7月1日起至2018年11月1日止的逾期交房违约金。

三、运用庭辩技巧"换位反驳法"为李某进行辩护

案件：2018年7月17日18时30分许，被告孟某驾驶三轮载货摩托车，与驾驶自行车的原告李某的母亲惠某发生碰撞，造成车辆损坏，惠某经抢救无效死亡。交警部门认定孟某、惠某负同等责任。案涉三轮载货摩托车为实际使用人孟某于潘某经营的三轮车店购买，孟某无该市居住证，故将该车行驶证登记在潘某妻子曹某名下。事故发生时，孟某已取得机动车驾驶证。

四、运用庭辩技巧"诱问否定法"为宋某某进行辩护

案件:原告宋某某因患病乘坐轮椅出行。2016年9月6日13时50分,宋某某及父母乘坐地铁到站准备刷卡出站,询问被告地铁一分公司工作人员有无直梯出站,在被告知没有直梯的情况下,宋某某乘坐父母推行的轮椅搭乘自动扶梯出站。13时55分7秒,轮椅在扶梯上倾斜,宋某某随轮椅倒下并受伤。约1分钟后地铁工作人员赶到,为宋某某提供了帮助,后宋某某被送往医院救治,经诊断为多处骨折。宋某某请求地铁一分公司赔偿医疗费、交通费、营养费等费用。

五、运用庭辩技巧"事实例证法"为郭某某家属进行辩护

案件:2021年3月8日,被告人郭某某带被害人王某到店内,鼓励、劝说王某大量服用某口服液。3月10日至12日,郭某某前往王某家中,在明知王某患有多种疾病的情况下,仍鼓励、劝说和帮助其在短时间内大量服用某口服液,致使王某于3月13日死亡。经鉴定,被害人王某因冠心病、急性心肌梗死死亡。

六、运用庭辩技巧"判断辨别法"为江某进行辩护

案件:2021年4月25日,原告江某带着相机在公园游玩时,因照顾小孩,把相机暂时放在了草地上,相机被盗窃。他在公园里寻找相机时,发现张某拿着同样的相机,几经辨认,江某认为这是自己的相机,而张某则主张,这是他使用了5年之久的相机。两人闹得不可开交,后来江某将张某告上了法院。

七、综合练习

请运用单一的庭辩技巧或多种庭辩技巧联合,为下面的案件原告做庭辩代理。

1. 2017年1月13日19时50分,原告陈某搭载一起拼车的两位乘客,路途中发生交通事故,造成两车受损。经重庆市交通行政执法总队认定,原告负事故全部责任。原告驾驶的前述车辆在被告阳光保险涪陵支公司投有机动车损失保险(不计免赔、非营运保险),保险金额为108800元,事故发生时在保险期内。被告现场勘查后未定损,原告将案涉肇事车辆运回等待修理。2018年春节期间,原告要求被告修理案涉车辆,被告以原告使用非营运车辆拼车为由拒绝理赔。2019年1月4日,原告自行修理案涉车辆,花去修车费用44970元,案涉车辆待定损期间产生的停车管理费10950元,共计55920元。原告请求裁决被告赔偿原告修车费用。

2. 2017年8月18日上午10时43分,原告刘某持有的某银行(被告)借记卡发生话费充值消费50元。原告随后致电被告客服核实50元的消费情况,办理临时挂失手续,并于当天携带银行卡和身份证前往被告网点办理换卡手续。在充值过程中,操作人通过拨打10086,经由第三方帮付通公司支付平台,在自动语音提示下,选择银行卡充值菜单,然后输入银行卡号、身份证号码、密码等,实现对手机的充值。被充值手机号机主库某亮与原告不认识,未使用拨打10086电话充值的方式进行话费充值,亦不记得2017年8月18日当天是否进行过充值。原告请求法院判令被告返还上述非本人操作的50元,并赔付利息损失(从2017年8月18日起到实际支付之日止按活期存款利率计算)。被告

第十二章 律师口才

辩称，诉争交易需要验证原告的卡号、密码、身份证等信息才能进行交易，因卡片保管不善和密码泄露所造成的全部损失应由原告承担。原告刘某诉求归还损失。

3. 周某2019年从某大学毕业。2018年12月他参加了学校举办的招聘会，并与被告某公司签订了毕业生就业协议。2019年7月31日，被告因周某患有乙肝小三阳而通知其不予录用。周某家境贫寒，靠助学贷款才完成学业，这次因为公司毁约，不仅使其丧失了工作机会，并且致使其错过了选择就业的最佳时机。2020年4月，周某多次与被告协商未果后，愤而将被告起诉，请求确认被告不予录用的行为违法，侵犯了原告的平等就业权，应承担相应违约赔偿责任，并赔偿原告精神损失。

4. 电视连续剧《西安事变》由西影厂和中央电视台文艺中心影视部合拍，2007年12月在央视电视剧频道播出。在该剧中描写的真实人物国民党将领冯钦哉有炸毁煤矿、行贿钱大钧、随手枪杀少将江天正等情节。冯钦哉原为国民党陆军上将，早年加入同盟会，追随孙中山，投身辛亥革命，参加护国讨袁、北伐战争和抗日战争，1949年任"华北剿总"副总司令，后随傅作义总司令在北平和平起义。冯钦哉的孙子冯寄宁看到该剧后，认为《西安事变》恶意编造的这些情节对冯钦哉的名誉造成严重侵害，要求被告停止侵害、恢复名誉、消除影响、赔礼道歉。

5. 2007年10月8日，王某乘坐轿车在四川成南高速公路上往成都方向行驶。行驶途中，王某所乘轿车被从高速路立交桥上落下的一块鹅卵石击穿挡风玻璃，击中王某左侧胸部，致左胸大片挫伤伴表皮剥脱、主动脉破裂，失血性休克死亡。经查，事发高速路上的天桥两侧设有实心水泥护栏，紧靠两侧护栏外侧安置有防抛网。公安机关经侦查，确认当天黄某等三名小学生攀爬事发天桥西侧中段水泥护栏，趴在防护网和广告牌上，比赛看谁扔的石块能击中通行的车辆，往高速路抛掷石块击打往成都方向行驶的车辆，其中一块鹅卵石击中王某致死。公安机关以黄某等三人未满14周岁，属于无刑事责任能力人为由，撤销三人以危险方法危害公共安全一案。王某的近亲属向法院起诉，追究四川成南高速公路有限责任公司和三名致害人及其监护人的侵权责任，承担连带责任。

6. 2008年11月某日上午11点，重庆市高新区某建材市场对面马路上，21岁的袁某和丈夫凌某正守在自己的百货摊前，一根晾衣服用的叉棍突然从临街楼上落下，正好插入袁某的头部。叉棍长约半米，整个"丫"字形铁叉已经陷入头颅内。医院急救车赶到现场后，医生将叉棍的竹竿部分取下，还剩下铁叉留在头中，并将袁某送至医院。经抢救，袁某脱离生命危险，但伤害严重，需要康复。事发后，派出所民警赶到事发地，封锁现场并提取证据，刑侦技术部门经过多次比对，无法找到破案线索，无法确定肇事人。自袁某受害后，肇事者一直未露面。凌某代理受害人向法院起诉，将涉嫌肇事的渝州新城2号楼97户共计126名业主集体告上法庭，请求赔偿。所有被告召集应急维权大会，奉劝肇事者主动投案，其他业主相互支招，寻求证明自己无责的证据。

第十三章 公关口才

第一节 公关口才概述

一、公关口才的基本概念

1. 公关的含义

公关即公共关系,是社会组织同构成其生存环境、影响其生存与发展的那部分公众的一种社会关系,是一个组织为了达到一种特定目标,在组织内外部员工之间、组织之间建立起的一种良好关系的科学。根据爱德华·伯尼斯(Edward Bernays)定义,公共关系是一项管理功能,通过制定政策及程序来获得公众的谅解和接纳。它是一种有意识的管理活动。组织中建立一种良好的公共关系,是需要良好的公共关系活动的策划来实施和实现的。

2. 公关口才的含义

公关口才是指社会组织人员在公共关系活动中,能够体现公关精神,遵循公关原则,取得良好公关效果的口语表达才能。需要注意的是,一般口才只要求"说得对、说得好、说得妙",因而一般口才不能替代公共关系口才,只能作为公共关系口才的基础。

二、公关口才应用的基本原则

公共关系口才在符合一般口才标准的基础上,还必须符合公共关系的基本要求,具体体现为:遵循公共关系的基本原则,体现公共关系的基本精神,服务公关活动的既定目标。公关口才在具体应用时,应遵循以下5条原则。

1. 公众原则

公众原则是指在运用公关口才时,必须尊重公众的人格地位,维护公众的知情权,服务公众的正当需求。公共关系口才必须具有价值和道德取向，体现公共关系的基本精神，完成服务公共关系的既定目标。

2. 恰当原则

恰当原则是指在运用公关口才时，所传播的思想和情感应当具有恰当性。衡量一个言语行为是否恰当主要看其是否有利于实现交际目的，即有利于实现交际目的语言表达为恰当。在特定语境中，口语表达的恰当性不一定要求必须正确，但必须与语境相协调。

3. 适宜原则

（1）传播方式适宜。

实际运用公关口才时，主要的传播方式包括交谈、辩论和演讲。根据场景和对象等的不同，选择的传播方式也要与之相对应，即遵循适宜原则。

召开民主生活会、调度会、工作例会、谈心谈话会、碰头会时，可使用交谈的方式，既拉近与谈话对象的距离，也方便工作的安排与开展。在正式的场合，可以选择辩论和演讲，表达自己观点，表明所代表的立场，捍卫集体的利益与尊严。

例如：在调度会上，领导说："同志们，当前工作进入了非常重要和关键的阶段，我们在这里召开本次调度会，就是谈一谈大家对近期工作开展情况的总结、看法，以及有什么值得借鉴的优秀经验，同时对下一阶段的巩固工作做一安排，同志们有什么想法都可以表达，大家各抒己见，保证工作目标顺利实现。"

（2）时间地点适宜。

公关口才的运用多体现在较为正式的场合，因而要选择合适的时间和地点。发言时间要恰当，不打断或插入别人的话，不过多表达无谓的想法，发言言简意赅、铿锵有力。发言地点要符合相对应的身份及所代表的立场，如外交场合使用公关口才，与朋友交谈则使用一般的交谈语言即可。

（3）通俗程度适宜。

通俗程度是指公关口才的运用应符合公众的理解与接受程度，不高谈阔论，也不注重显示自我，而是恰当地引经据典，高于一般水平又不脱离大众的审美与理解，符合时代特点，言之有理，逻辑清晰，语言优雅易懂。

（4）风格特点适宜。

一定程度上说，风格特点适宜与传播方式适宜相辅相成。在不同场合使用相对应公关口才形式时，也要有明确的风格特色，破除思维定式，不拘泥于特定的风格。交谈时随性友好，演讲时感情充沛，辩论时严谨准确。

4. 语境原则

语境原则是指公共关系口才在运用中要适应语境，并能做到积极控制和利用语境。如利用正面和反面两种类型达到公关目的，对语境进行引导、顺应、遏制，从而对语境消极负面的影响加以疏导、淡化，保证公共关系的建立与维护。

5. 诚信原则

运用公关口才，要保持真诚的态度和勇于承担责任的精神。如应对诚信危机的处理，要坦率承认错误，告知事情真相，采取切实行动，获得公关对象的信任。

三、公关口才的作用

公共关系的性质是公关口才的特有性质，因而公关口才的主要作用主要有5点，分别是畅通信息渠道、播撒人文关怀、融洽人际关系、维护组织形象、促进各项工作。其中，畅通信息渠道是公关口才中最为基本和最重要的作用。

1. 畅通信息渠道

传播与沟通是公关的构成要素，又是公关活动的主要任务。公关主体及其行为对公众的影响，就是依靠沟通、传播的媒介实现。在信息沟通出现障碍时，公众会对集体产生误会、不满，甚至影响集体的经济效益等，这时公关人员运用新闻发布会、视频媒体等平台，展现公关口才，可及时消除误解，畅通信息，挽回企业形象，弥补企业损失。信息时代的飞速发展，也意味着舆论的传播更广、发酵更快，危机公关口才就显得尤为重要。

2. 播撒人文关怀

"以人为本"的理念是任何一个组织在公关工作和公关活动中的核心议题。公关口才的运用要始终把人的感受与体验放在首位，公关工作者的讲话要时刻围绕尊重公众、善待公众、关心公众来展开，这是由公关活动的性质决定的。因为公关口才的实践运用多是跟公众的信息交流，向公众传达集体的关心爱护，获得公众的理解与支持、信任与拥护。这种心与心的沟通和交流，正是培育和检验公关口才、融洽和改进相互关系、播撒和彰显人文关怀的最佳时机。

3. 融洽人际关系

公关口才的运用是为协调集体与公众、上下级、单位间的相互关系，关系处理得当，促进和谐融洽，工作也事半功倍。合理运用公关口才能缓和矛盾，化解危机，升华情感。因此，公关人员只要合理恰当运用公关口才，就能使公关活动发挥融洽人际关系的作用。

4. 维护组织形象

维护和提升组织良好形象，是公共关系部门的重要任务，公关口才则是完成这项任务最主要、使用最频繁的工具与手段。在外交场合，良好的公关口才展现大国风范，彰显大国气概；在辩论场合，公关口才获得观众支持，赢得阵阵喝彩。公关人员或慷慨陈词，或据理力争，或从容应对，凭借的就是优秀的公关口才。

5. 促进各项工作

公共关系活动已成为企业、国家较为重要的沟通方式。在实际公关活动中，优秀的公关口才不仅可以促进公关任务的圆满完成，还可以在完成任务的目标激励下，极大限度地调动公关人员的积极性、主动性和工作热情，提升工作能力，从而促进各项工作的顺利开展。

四、公关口才的表达方式

公关口才最常用的表现方式有叙说、描述、抒情、论证和说明。

1. 叙说

根据叙说的内容，可将叙说分为顺叙、倒叙、插叙、引叙。叙说必须做到条理清晰，交代明白和详略得当，保障公共关系客体对公关内容的认可、理解和接受。例如：

在"雪糕刺客"成为大众讨论的话题之后，坚持13年不涨价，一直保持5毛钱的雪莲冰块却上了热搜，原因居然是被传出了生产车间环境的脏、乱、差。面对这样的质疑，雪莲也上演了一场公关语言如何助力品牌化险为夷的好戏。

在公开的"致消费者的一封信中"，雪莲冰块首先感谢了广大消费者的厚爱与偏爱，谢谢大家的袒护和帮助。其次，鉴于目前市场上销售的众多商标雪莲冰块，特此声明并非所有雪莲都是脏、乱、差的作坊生产的，强调食品安全关系到每一位消费者的身心健康。对于网上发现的带有污渍和残留物的雪莲冰块，雪莲将取证后联合当地市场监管局进行一次从严的治理，坚决打击脏、乱、差企业生产出来的问题冰块流向市场，另外雪莲也将针对商标侵权、专利侵权的企业，进行合作谈判或法律追诉。

信中还说道："雪莲冰块承载了许多人的童年的美好记忆，定将坚定地生产下去，不辜负网友在网络塌房事件后作为雪莲的强大后盾。雪莲不怕事，但也不会主动去找事，雪莲绝对会动用法律武器来维护这一抹和平。也请大家理性对待此次事件，不要再针对个人或企业发表不正当言论。好的雪糕贵是有道理的，作为平民解暑利器的雪莲也不会和他们争抢市场，有这么多为雪莲发声的人，我相信我们的品牌定将奋力前行，同时也请大家理性消费，避免铺张浪费。"

雪莲冰块的这封信通过叙说不仅鲜明地表达了企业对待此次事件的态度，也表明了自己的原则，更拉近了与消费者的关系，使品牌转危为安。

2. 描述

根据描述手法的不同，可分为直接描述和间接描述；根据描述的详略不同，可分为细致描述和简朴描述。在运用公关口才进行描述时，描述目的要明确，描述要自然贴切，描述要突出特点。例如：

近日，动作巨星甄子丹接受了某杂志的采访，谈到了即将上映的新片《疾速追杀4》、好莱坞选片标准、是否退休及个人国籍等话题。

采访中，甄子丹指出了好莱坞对亚裔演员的刻板印象，并称早年在好莱坞打拼的时光并不美好，对自己的中国人身份和中国所取得的进步感到骄傲。好莱坞对待中国电影人的态度在过去常常激怒自己，但现在的自己对此会表现得更加坦然。

3. 抒情

抒情有直接抒情和间接抒情两类。直接抒情常用句式有呼告、判断、感叹、反复、设问、反问等。间接抒情有借助叙说抒情，借助描述抒情，借助论证抒情。抒情的要求包括感情真挚、情趣健康。例如：

再也不回来的乞丐

泰国广告里有许多抒情性与故事化完美结合的精彩之作，他们将消费者的情感诉求拿捏得相当到位。搞笑广告让人忍俊不禁，感人广告又如同催泪炸弹，抒情的公关语言也使得品牌名称与形象深入人心，比如这则名为《再也不回来的乞丐》。

一家书店的老板每天开门营业时，总会发现门前躺着一个脏兮兮的流浪汉。由于担心他妨碍自己做生意，书店老板对他又是泼水又是打骂，想将他赶走，可第二天流浪汉还是会来。终于有一天，流浪汉没有出现。书店老板大为不解，他想到店门前安装有监控摄像头，于是调来视频查看究竟，结果发现，这个流浪汉在书店门前过夜时，会打扫门前的垃圾，赶走欲往门上小便的醉汉。后来，两个贼想撬开书店的门偷东西，流浪汉上前制止，被这两个恼羞成怒的家伙用刀捅死。

看到这里，书店老板泪流满面。这时画面上打出字幕："有些事实，是你的眼睛看不到的。"接着画面一转，出现了几款监控摄像头。

这则广告虽然最后落在宣传摄像头的点上，但也用动人的故事告诉我们做人做事，别只看表面现象，应该多了解背后的事实。

这则广告利用抒情的公关语言，不仅为品牌商带来很好的宣传效果，故事也触动人心，成为业界经典。

4. 论证

论证是确定某个说法、观点真实性或虚假性的思维过程，包括论题、论据和论证方式三个部分。在整个论述过程中，论题占主导地位，论据和论证为论题服务。论证时论题必须清楚、明确、始终如一，论据必须是真实的命题。

在举行演讲或辩论等公关活动时，公关人员大多采用论证的表达形式对论题进行多方位的阐述，通过举例子、摆事实、讲道理等方法，对自己的观点进行全面表达，以获得观众的支持和认可。

5. 说明

说明包括定义说明、分类说明、举例说明、比较说明、数字说明、引用说明。说明要求解说清楚、明白、深刻，能够表现事物的特点和本质。例如：

特斯拉的危机公关

2019年10月1日，一辆特斯拉豪华轿车在美国西雅图南部的公路上发生火灾起火，事故现场的图片传遍网络，引发一片质疑。面对突如其来的危机，特斯拉第一时间由其全球公关总监,在起火发生当天的股市收盘之前发表紧急声明,对本次事件进行详细说明。

在声明中,这位公关总监先是解释了车辆不是自燃,而是发生重大撞击才起火的。其次强调由于特斯拉的安全设计,大火仅仅局限在车头部位,所有迹象都显示火焰没有进入内部驾驶舱,同时特斯拉的警报系统显示车辆故障,智能地指引驾驶员靠边停车并安全撤离,避免了人员伤亡。

之后,由于收效甚微,特斯拉首席执行官马斯克在事件发生后的第三天再次向公众详细说明起火的原因。首先说明事故的发生是因为汽车在高速行驶中撞到路中央一个从半挂车辆上脱落的弯曲金属物体,该物体对汽车底部四分之一英寸厚的电池保护装甲施加了高达25吨的巨大冲击力,造成了直径3英寸的一个穿孔,之后详细解释了特斯拉底部特殊的电池仓结构,使火势只向下方蔓延,如果是传统的燃油车,整车早已烧成灰烬。

马斯克还用数据说明给公众吃下定心丸:在美国,平均每2000万行驶里程发生一起汽车火灾,而特斯拉则是每一亿行驶里程才发生一起火灾。详细的数据对比和信息公示,向公众解释清楚了前因后果,当天特斯拉股价强劲反弹。

第二节 公关语言特点

一、公关语言的界定

有学者将"公关语言"的定义为:一个组织(或其代表)为完成特定的公关目的而运用的语言。这种语言并非一种独立的语言,而是全民语言在公关领域中形成的一种言语体式。它不等同于一般的人际交往语言,而有其特定的公关目的性,具有鲜明的风格特点。

二、公关语言的特点

与一般人际交往语言相比,公关语言具有礼貌性、情感性、控制性和规范性的特点。

1. 礼貌性

公共关系是一个组织与公众之间的关系和联系。随着现代精神文明和物质文明的发展,公共关系事业开始兴起。公关事业是一种文明之行、礼貌之举,公关从业人员不但应该具备丰富的专业知识和技能,而且应该具有较高的文化层次和思想道德修养。公关人员要品行端庄,性格温和,举止文雅,善待他人,其语言要具有文明礼貌性,这是由公关实务本身的性质所决定的。

为了完成公关实务，达到预定的公关目的，公关人员要具备很强的公众意识，时时处处要表现出对公众的尊敬，一言一行既考虑本组织的利益，又考虑公众的利益。因此，公关人员对公众必须讲文明、有礼貌，言谈举止要做到"温、良、恭、俭、让"，在这一点上公关语言不同于一般的人际交往语言。

生活中的人际对话虽然也应注意文明礼貌性，但因属个人之间的交际，而常常缺乏自觉性和约束力，因而有时说话随意，甚至粗野无礼。公关语言则不然，它要求公关人员要用亲切的语调、温和的语气、谦恭的词语，乃至文雅的说法善对公众，从而给公众良好印象，以达到公关的目的。

面对恶意诽谤、中伤、损害公关主体形象的敌对公众，应在坚持原则、坚决斗争的同时，注意自身的公关形象，不可因怒不可遏而相互辱骂，可以通过论辩、对话或法律程序来解决问题。对于有轻微敌意的公众，公关主体则更要注意运用文明礼貌语言，摆事实，讲道理，耐心澄清问题，说服对方。

2. 情感性

这里所谓的"情感"，指诚恳、亲切和热情，故"情感性"也可称为"诚恳性"。与一般的人际交往语言相比，公关语言更具有情感性，即公关人员对公众说话要诚恳、亲切、热情。日常的人际交谈只影响个人之间的关系，而公关人员与公众的交际，却关乎一个组织的声誉和利益，因而一定要将心比心，以情感人，要用诚恳、亲切、热情的语言激发公众的情感，转变公众的态度，调动起公众的参与行为。

如交通广告："为了您和他人的健康，请遵守交通规则。""您的家人盼您安全归来。"这些公关广告语言动之以情，充满人情味，较容易获得听众认可。公关人员无论是在交谈、演讲、谈判，还是在所做的广告或书面文章中，都要注意用诚恳、热情的语言诱导并激发公众的情绪。下面的营销广告语言便很有情感，充满诱惑力。

金帝巧克力广告："问候每一个有情人，玫瑰荡漾馨香如歌，烛光映衬明眸如水，晶莹美酒溢满了心怀。还有金帝，瑞士最佳风味，只给最爱的人。"

购物中心广告："愿第一次邂逅，使我们成为永恒的朋友。"

前者以柔情蜜语，获取顾客的青睐；后者极力淡化买卖行为，强调情感的交流，以欢迎消费者的光顾。

3. 控制性

这里所说的"控制性"，也可称为"可控性"。这是由公关实务明确的目的性和预设性所决定的。与一般生活语言的随意性相比，公关语言具有自觉、可控的特点，即表现为事先有所准备，当事时审慎措辞，因为"一言既出，驷马难追"，公关语言尤其如此，一句不慎之词，可能给组织造成巨大损失。因此，公关人员必须根据公关策划的步骤，预先设计语言表达形式和内容，并根据临场语境的变化而灵活控制自己的语言，公关语言表现为预先性控制和临场性控制两个过程，具有鲜明的目的性和选择性。

所谓临场性控制，指公关人员在实施公关计划、进行公关活动时，根据现实语境变化的需要，灵活控制语言的表达。表现为掌握分寸，审慎措辞，准确传递有关信息，而避免语言失控，出现随意性，造成被动局面。特别是在答记者问、谈判、演讲等重大公关活动中，其语言的控制性表现得尤为显著。在重大公关场合，公关语言一字千钧，影响组织的声誉，关涉公众的利益，公关人员务必审慎选用词语，成功驾驭语言。

公关人员要学会应对突然的变故，学会控制未曾料到的被动局面。在这时候，运用模糊语、委婉语，或运用转移话题、避实就虚、因势利导等语言艺术手段，可助公关活动的成功。那些富有弹性的语言，可给自己留有余地，把握住说话的主动性，不致失言误事，这也是公关语言控制性的一种具体表现。

4. 规范性

与一般人际交往语言相比，公关语言具有很强的规范性。这指的是公关人员说出的话要符合普通话的规范，使用的汉字要符合国家的文字规范等。我国宪法明文规定推广全国通用的普通话。

公关人员与公众进行交际时，要使用普通话，这可以消除方言隔阂，有利于公共事业的发展。公关语言的规范性还表现在语言通顺、合乎语法规范上。结构混乱、词不达意、不合语法的公关语言既不能准确传递公关信息，也有损于公关主体的形象。公关语言必须合乎语法规范，合乎逻辑，语义通达，只有这样，才能起到沟通组织与公众的桥梁作用。

公关语言的规范还包括汉字字体、字形的规范，以及标点符号和书写格式的规范。新中国成立以来，国家推行简化字，废除繁体字和异体字，大大有利于文化教育和社会宣传等工作。今天，公众已习惯使用简化字和标准字体，在公关文书、广告、标语、口号中，就不应该再使用繁体字和异体字。至于乱写错别字、错读字音、错用标点符号及不注意行文的书写格式等，看起来事情不大，但影响很坏，它损害公共组织形象，不利于公关活动的开展。

以上所谈公关语言的礼貌性、情感性、控制性和规范性，是从不同角度对公关语言进行分析、归纳的结果。公关语言的礼貌性，是就语言的总体印象而言的，是公关语言的首要特点；公关语言的情感性，是侧重于语言的格调、色彩而提出的；公关语言的控制性，是侧重于语言表达内容而归纳的；公关语言的规范性，则是从语言的形式方面进行分析。这4个特点虽从不同角度提出，各有其特定的含义，但它们不是孤立的，而是相互联系的。比如礼貌性和情感性就有密不可分的联系，凡具有礼貌性的公关语言，都一定具有诚恳和热情的情感；而具有情感性的公关语言，则又必定是文质彬彬、富有礼貌性的。再比如，规范性的语言必然是根据语言规范原则，自觉控制使用语言的结果；而富有控制性的公关语言，则多半是规范性的语言。如此看来，公关语言的这4种特点是相互关联、相辅相成的，它们是从不同角度提出而又彼此密切相关的。

对于公关语言的特点，部分学者也提出公关语言具有"双向性""目的性""主动性""激励性"等特点，分析的角度各有不同，提法各有差别。

第三节 公关口才技巧

一、公关礼仪口才

礼仪口才是在公共关系活动中尊敬他人、讲究礼节和仪式所使用的语言技巧。在公关活动中善于运用礼仪语言会格外受到公众的欢迎和尊重，从而顺利地做好公关工作。礼仪一般包括举止方面的礼仪和口才方面的礼仪。下面专门介绍口才礼仪中常用的语言规范。

1. 介绍

介绍是使双方相互认识的言语行为。介绍分为自我介绍、介绍他人和被介绍给他人。

2. 称呼

称呼是指人际沟通中打招呼时用以表示彼此之间关系的称谓。在社交场合，自己如何称呼他人和他人如何称呼自己都是非常敏感和值得重视的问题。

3. 打招呼

打招呼又叫见面致意，是指与相识的人见面时表示问候、沟通情感的一种方式。

4. 拜会

拜会时应按照约定时间前去，不仅要同去见的人问好，也要同遇到的人打招呼。告辞应由拜访者提出，提出时态度要决然，不可嘴里说着"该走了、别送了"，身子却迟迟不动。与主人握手告别时，不应再开始新的话题。

二、公关接待口才

接待就是招待来自各方面的客人，这是公关部门的一项十分重要的常态化工作，也是非常琐碎和复杂的工作。

1. 迎客

见面是一切社交活动的开始，公关人员接待客人是关系本单位形象的大事，要尽可能地使语言热情和善，表现出对客人的欢迎和关怀。

2. 交谈

与客人交谈，是继迎客之后的又一重要内容。交谈的效果往往会直接决定着接待工作的成效，对此我们应予以特别重视。要注意谈话的态度应和善、积极，说话时的目光要真诚。聆听时也要认真主动，注意体察对方反应，不盲目下结论，同时把握住对方谈话的主要意思，及时进行有效的反馈。

3. 送客

送客是接待工作的最后一个环节，但也非常重要，必须注意做出留客的表示，做出希望客人以后再来的表示，做出依依不舍的表示。

三、公关谈判口才

谈判是人们出于某种需求，彼此阐述自我意愿，协调相互关系，为了取得一致、实现目标所进行的语言交流活动。谈判活动是一种普遍性、沟通性、合作性与竞争性相结合的人类理性行为。

谈判的本质是满足需求，为了满足需求就必须交换条件，在交换条件的问题上存在着智慧的较量。谈判的智慧较量是通过语言交流体现出来的。因此，学习和掌握公关谈判的语言技巧，对于增强公关谈判能力，提高公关水平，取得谈判成功具有重要作用。

1. 公关谈判的语言类型

公关谈判的语言类型包括外交语言、法律语言、文学语言和军事语言。

2. 公关谈判的说服技巧

公关谈判有以下几种说服技巧：（1）须在潜移默化中进行；（2）满足对方的基本需要；（3）设法取得对方的信赖；（4）需要权衡利弊得失；（5）尽量简化接纳手续；（6）先易后难，步步深入；（7）强调一致，先人后己；（8）重视谈判的开头和结尾。

四、公关推销口才

公共推销口才主要包括推销商品、推销自我时的口才。

1. 推销商品口才

（1）摸准心理，有的放矢。

消费者购买产品一定是基于自身的实际需求，或渴望得到某种精神需求，因而在推销商品时，要根据消费者的消费心理有针对地销售产品。顾客考虑实用性，推销时则应注重产品的功能多样、使用便利、物美价廉、效果显著；顾客若是为考虑美观或面子，推销时则侧重描述产品的外形特征、独特风格、高贵典雅等。

（2）以诚立言，以情感人。

商品是无情的，但人是有情的。在商品推销中更多地考虑消费者的真实感受，将产品优缺点实际展现，用真情打动消费者，反而会获得意想不到的销售成果。例如：

"招商银行，因您而变"这句广告语是中国银行业最为经典的广告语之一，早已深入人心，也让顾客感受到了银行全心全意的服务宗旨，提高了顾客对银行的信任度和满意度。这句广告语也清楚地表达了招商银行服务多样化，时刻为顾客需要的变化而改变，尽量让每位顾客都满意的服务理念。

（3）提供证据，以理服人。

在商品推销中要提供证据，以理服人，才能达到很好的效果。

（4）设身处地，为人着想。

在商品推销中，能设身处地为消费者着想，就会赢得消费者的信任与支持。

懂你说的，懂你没说的

  作为上海通用汽车引入中国市场的首个品牌，别克在中国精耕细作20多年，成为国内市场发展迅速的主流品牌，其成功的关键因素之一是别克能够始终细心聆听消费者的声音，读懂消费者的需求，汇集优势资源满足需求，设身处地为消费者着想。可以说，"懂"是贯穿别克发展历程的主旋律，这在品牌发展的每一个阶段、别克向前迈进的每一步足迹都得到映现。

  以别克英朗的广告词为例，细节处体现了产品设计者和公关推销人员的体贴与细心，赢得了消费者的信任与支持。"你说要好看，其实是要成为他们的骄傲；你口口声声的安全，其实是因为所有重要的都在车上；你强调动力，其实是想要跑赢时间；你觉得安静很重要，其实是偶尔需要回到个人世界；你说空间要大，其实是你喜欢一家人挤在一起；你说储物要多，其实是要放下每个人的爱好；我们懂你，懂你说的，懂你没说的。全新英朗，与进取者共鸣。"

2. 推销自我口才

推销自我要保持自信、真诚和充足的热情，以及恰到好处的幽默。能力是需要表现出来的，对公关人员来说，就更是如此。抓住机遇，勇敢地表现出自己与众不同的优秀品质，多多展示自己的能力，让公众对自己产生信赖，这样才容易达成目的。例如：

唐代诗人陈子昂

  唐代诗人陈子昂初到京城长安时，并不为人们所知。一天，他遇到有人在卖一把极名贵的古琴，出价千金。因为价贵，无人问津，陈子昂却断然买下。旁观众人惊问原因，他说："我精通其道。"众人便请他弹一曲，他说："明日请到我的住所那里去听吧。"次日，陈子昂等人们到齐后，不是弹琴，而是突然将古琴摔碎，众人惊愕。他大声说："蜀人陈子昂，有文百轴，驰走京毂，碌碌尘土，不为人知。此乐贱工之役，岂愚留心哉？"说罢，将文章散发于众人，由是"一日之内，声华溢都"。

五、答记者问口才

举行记者招待会，是一个组织搞好与新闻媒介关系的重要工作之一，也是传播各类信息、谋求新闻界客观报道的行之有效的手段。记者招待会"招待"给记者的是"新闻事实"，而其中一种重要的方式就是"答记者问"。掌握答记者问的语言技巧对一个公关人员来说是很有实际意义的。

1. 答记者问的特点

答记者问主要有3个特点：（1）交际场合的正规性，（2）形式的正规性，（3）双向对话。

正规性使之有别于一般的人际传播中的个别随意交谈，而接近于演讲的方式。双向对话的特性又使它有别于演讲，而与个人间的交谈更接近。所以从交际形式看，答记者问是一种特殊的交际方式。正是上述这种特殊性，才形成了对答记者问中的答方，即社会组织的新闻发布人（公关人员）语言运用上的一些特殊性要求。

2. 答记者问的要求

（1）对话题多变、问话内容广泛的适应性。

演讲一般有主题，谈话及答记者问也有明确的话题，但记者的现场提问往往是漫无边际的。为了得到想要的答案，或者获得期待的热度，记者的提问会从轰动全球的国际事件，到不足为外人道的生活细节，每一件都是记者关注的。因而在答记者问时，一定要做好心理准备，对多变的话题及时适应，才能保证公关活动的有序进行。

（2）对突发问题迅速、及时地鉴别作答的能力。

记者的提问往往是突然和带有跳跃性的，为了利用公关人员反应思考的间隙，得到想要的答案，两个问题之间可能毫无关联。这就使得公关人员刚回答上一个问题，就要迅速反应，及时地鉴别下一个问题的性质和态度，并组织合适的语言回答。答记者问的现场性不允许公关人员有过多的思考时间，因而公关人员应反应敏锐、逻辑清晰、语言恰当，回答要及时、准确。

3. 答记者问的环节

（1）鉴辨问话。

首先明确记者的提问主题、提问内容、对方态度、对方期待得到的答案，以及公关人员可以回答的具体内容和范围。在明确这些基本信息的前提下，对相关信息及语言进行组织。

（2）决定态度。

根据提问的内容，以及记者提问的真实意图，选择合适的态度对问题进行回答。若关乎国家利益，则坚定立场、绝不退让；若刺探个人隐私，则灵活应对、微笑置之。

（3）确定内容。

在鉴别问题主题和决定态度后，要迅速从不同角度对公关语言进行组织，不仅要表明立场，更要言之有理、逻辑清晰，做出恰到好处的回答。

（4）选择形式。

面对记者的提问，可以选择正式作答，也可以选择幽默跳过，或者保持沉默。不同形式的选择，根本目的是保证公关活动的有序进行，获得预期的公关效果。

4. 值得注意的问题

除了上述几点，还有两个值得注意的问题：（1）选择适当的回话形式，（2）重视词语、语气、语调和风格的选择运用。

六、公关协调沟通口才

1. 提问的口才技巧

（1）开门见山。

这是在公共关系处理中运用最广泛的提问方式，即直接进入正题，有的放矢，进行高效率的提问，不纠缠于细枝末节。如某公司的公关人员按照公关部经理的要求到销售部了解一些信息，她对销售部部长说：

部长，您好，我是公关部小王，我部受公司领导旨意，对全公司各部门的工作经验做一个总结。我部部长派我来您这里了解一些情况，希望您能帮助我。请问你们部今年在社会上推销公司的产品的情况是怎样的？有哪些特殊的经验呢？

（2）启发诱导。

当对方对某些问题比较敏感、有所忌讳而不便直接询问时，就需要迂回曲折、委婉含蓄地提问。例如：

一位顾客坐在一家高级餐馆的桌旁，把餐巾系在脖子上。这种不文雅的举动让其他顾客很反感，经理叫来一位侍者说："你要让这位绅士懂得，在我们餐馆里，那样做是不允许的，但话要说得尽量含蓄。"怎么办呢？既要不得罪顾客，又要提醒他。侍者想了想，走过去很有礼貌地问："先生，您是要刮胡子呢，还是理发？"话音刚落，那位顾客立即意识到自己的失礼，赶快取下了餐巾。

（3）因势利导。

因势利导是指为紧紧吸引对方思考自己的问题、劝对方接受自己的观点或找出解决问题的最佳方案。例如：

由于对沙皇仇恨很深，十月革命之后，成千上万的农民来到莫斯科，坚决要求烧掉沙皇住过的房子。列宁得知这件事之后，指示干部们对农民进行说服教育，但接二连三的劝告均宣告无效。列宁亲自和农民对话："烧房子可以，在烧房子前我要问，是什么人给沙皇造的房子？"农民回答说是农民自己造的，列宁又问："我们自己造的房子，不让沙皇住是理所当然，那让我们农民代表住，好不好？如果好的话，那要不要烧掉啊？"农民觉得列宁讲得很对，就再也不说烧房子的事了。列宁让农民在温和的谈话气氛中接受了自己的意见，也教育了大家。

（4）明知故问。

提问者明明知道自己所提问题的答案，但为了达到自己的目的而故意提问。

（5）反问作答。

反问实际上是用问句表达自己确定的思想，反问就相当于否定对方的问题。

(6) 限制选择。

这是一种目的性很强的提问技巧，它能减少被提问者说出拒绝的或提问者不愿接受的回答，帮助提问者获得较为理想的回答。

(7) 含蓄委婉。

这种提问的意图是为了避免对方拒绝而出现尴尬局面。

(8) 协商提问。

如果我们要别人按照自己的意图去做事，就应该用商量的口吻向对方提出。例如：

领导要下属起草一份文件。下属在把起草的文件意图讲清之后，应该问一问："您看这样写怎么样？"这样既及时向领导汇报了工作进展，又提高了效率，使工作成果得到领导的指导与肯定。

2. 说服的口才技巧

说服，是在一定的情境中，个人或群体运用一定的战略战术，通过信息符号的传递，以非暴力手段去影响他人的观念、行动，从而达到预期目的的一种交际表达方式。

(1) 理喻法。

理喻，即以理服人，用正确的道理向对方说明情况，使其合乎常规、合乎常情，得到对方的理解与认同。

(2) 情感法。

说服他人一定要真诚、富有感情，从情感的角度出发，让对方感到温暖，从而产生信任感，使说服成为可能。例如：

某啤酒生产厂得罪了一家餐馆的经理，对方就改换销售另一个品牌的啤酒。在直接和负责人谈判无效的情况下，销售人员每天晚上都去这家餐馆里帮忙搬运货物，甚至包括竞争对手生产的啤酒。他总是说："你是我的老顾客了，为你做些服务是应该的，我也为之前的事感到抱歉，让我用实际行动来表达我的谢意和歉意吧，即使你不销售我公司生产的啤酒。"他的诚意和真实的情感打动了经理，最终争取到了这家餐馆的独家销售权。

(3) 以退为进。

以退为进，即表面上为退，实则上以退待进。在说服别人时，如果后退一步，再与对方进行理论，以求进一步，这样做会容易让对方接受自己的建议，从而达到说服目的。

七、公关危机应对口才

语言对于公共关系的传播有着重要的意义。危机发生后，组织必须快速反应，慎重决策，积极处理，以图尽快消除危机，并尽量将危机转化为组织建设的契机。

在危机出现后，危机公关预案应立即启动，公关人员立即介入危机应对和处理。按照承担责任、真诚沟通、速度第一、系统运行和权威证实的五大原则处理危机。例如：

光纤被挖断事故中的支付宝

5月27日晚上6点左右,杭州、上海、武汉等地的用户纷纷反映支付宝PC端和移动端均无法使用支付转账功能,余额宝也不能显示余额,众多用户纷纷表示不满,并对支付宝的发展产生怀疑和抵触情绪,发表诸如"支付宝是不是被黑客攻击了""在把用户当猴耍""转账无法到账,以后究竟还能不能用"等言论。

事件发生半小时后,支付宝在微博上发消息进行回应说,由于杭州市萧山区某地光纤被挖断,造成目前少部分用户无法使用支付宝,运营商正在抢修,并正在紧急将用户请求切换至其他机房,受影响的用户正在逐步恢复。您的资金安全并不会因此受到任何影响。如果出现交易信息不同步的情况,在修复后会恢复同步。请大家放心。

随后的时间内,支付宝在微博上通报抢修进程,并在晚上7:30再发官微表示系统恢复正常服务,支付宝目前也已恢复正常使用。之前由于杭州萧山某地光纤被挖断导致部分支付宝用户无法正常使用,目前已经恢复正常服务,欢迎继续使用,如果出现交易信息不同步的情况,会逐步恢复。您的资金安全并不会因此受到任何影响,请大家放心。

整个系统瘫痪时间2.5小时,事故结束后,支付宝发布官方声明,再次解释整个事件起因,对用户表示歉意,对用户关心的问题一一进行解答,并表示会推进技术的升级改造。

在整个事件中,支付宝处理得冷静、有序。事发后半个小时即做出回应,在140个字的限制下,在微博中对事故原因、修复措施、用户资金等关键问题一个也没落下,事故中持续回复,保持用户信心。事件解决后再次通过官方进行详细解释,使得危机迅速平复,遏制流言产生。

八、公关宣传策划口才

公关活动的宗旨是建立和保持社会组织与相关公众之间的良好联系,谋求公众对社会组织的信赖与支持,从而塑造有利于社会组织存在和发展的外部环境。公关宣传策划口才对公关商品和活动获得公众支持信任具有重要的作用。例如:

英语学习软件的宣传

很多人都期望自己一天能记住成百上千的单词,因而对提供这种可能的产品有着十分浓厚的兴趣。某英语学习软件的公关人员小李说:"想要省时省力记住单词的人大有人在,但实际上一次记住再多的单词也没用,您总会出于本能而迅速遗忘,购买我们这款软件,就可以帮助您通过形象的记忆和复习,不断与遗忘做斗争,这样您记住的单词就越来越多了。"公关人员小刘说:"我们这款软件,不是帮助您一天记数量庞大的单词,而是帮助您轻松地记住单词,并且根据艾宾浩斯遗忘曲线的原理，进行了科学的规划设计，让您不用担心记忆和复习的时间与词汇安排，保障您所有的时间都用在学习上，其余琐事就交给我们这款软件来为您解决。"如果你是消费者，你喜欢小李的宣传还是小刘的呢？

公关口才训练

一、公关礼仪与公关接待口才

每4人组成一个小组，成员分别扮演不同角色，角色体验结束后，相互进行点评与总结，并将个人心得在课堂上与大家分享。

1. A企业有意与你们公司进行合作与业务往来，于是准备了企业资料与合作意向书，由A企业的总经理和秘书到你们公司访问，你代表公司总经理进行接待。请问你如何进行问候，并如何将其身份及到访意图向你公司领导进行介绍？

2. 你公司向B企业订购了5万套布料纺织设备，但因公司近期经营状况不佳、货物滞销、资金周转困难，设备款未及时交付。B企业负责人带领律师到你公司，宣称要起诉，你作为公司秘书该如何接待？

二、公关谈判口才

天津某公司欲改善其办公条件，需要采购相关办公设备（电脑、打印机、档案柜等），适合该厂的供应商经筛选后只留下了两家。你作为A供应商公司的代表人，将从哪些角度对自己公司的办公设备进行介绍，并在谈判中赢得该公司的青睐？

三、公关推销口才

1. 你公司最新研发了一款电动牙刷，颜色多样，功能齐全，并且有不同的刷头可供使用。请问你如何进行推销？

2. 你公司是新成立的美妆产品研发公司，在开业典礼上，你作为企业公关部的人员，如何对企业产品及企业形象进行宣传，扩大企业知名度？

四、答记者问

1. 在一场记者招待会上，记者提问："作为××职业技术教育中心的校长，您将从哪些方面提高学生的专业技术能力和实训能力？您会采取怎样的措施保障学生的听课率和作业完成率？"

2. 在校园安全记者招待会上，记者提问："作为学校的校长，您认为校园安全中哪方面的安全是最重要的？学校当前的安全保护措施是否完善？如何提高学生的安全意识？"

五、公关危机应对口才

1. 你公司新研发了一款口红，产品销售初期，打出的宣传口号是"淡妆浓抹总相宜""你素颜也很美",但有消费者反馈该口红不上色,用了和没用一样,产品存在欺骗消费者的现象。作为企业的公关人员,你将如何应对舆论,扭转公司形象?

2. 某乡镇化工厂污水没有及时处理,流入附近渔民的鱼塘,导致渔民的鱼大量死亡,经济损失严重。该事件被村民们联合发布到网上,引发了网民的激烈讨伐。如果你是该化工厂公关部的经理,面对如此危机,你要如何安抚渔民和网民的情绪?

第十四章 营销口才

第一节 营销口才概述

一、营销口才的含义和作用

1. 营销口才的含义

营销,指营销人员发现或发掘客户的需求,让客户了解该产品进而购买该产品的过程。

营销口才是指营销人员在从事营销工作时所具有的说话能力和艺术,是营销活动中的特殊技能。

2. 营销口才的作用

(1) 建立良好的客户关系。

从接近客户,到营销洽谈的开始,一直到合作关系的建立,以及与客户良好关系的建立,都需要营销人员创造良好的沟通氛围,并具有良好的口才。

(2) 准确地传递产品和服务信息。

在营销过程中,只有通过很好的产品介绍和展示,才能让客户知晓和接受产品和服务的价值。

(3) 巧妙处理客户异议,消除客户顾虑。

当客户提出异议,营销人员通过良好的口才消除客户的顾虑,从而促进与客户合作关系的达成。

(4) 激发客户合作意愿,促成合作。

营销人员通过良好的口才让客户产生合作的兴趣和意愿,从而让成交成为可能。

二、营销口才运用的原则

1. 倾听共鸣原则

人际沟通是双向的沟通，绝不是你一方面的滔滔不绝。只有学会倾听，才能了解对方的想法、需求和期望，才能有针对性地采取下一步的沟通和行动。在人际沟通当中，要试图寻找双方能产生共鸣的东西。人都有一个特点，愿意与自己观点相同或接近的人成为知己，从而产生更加深入的沟通和交往。

2. 谦虚原则

营销人员在面对客户时，一定要遵循谦虚真诚的原则，正所谓"精诚所至，金石为开""不信不立，不诚不行"。切勿趾高气扬、自以为是，这样很容易让客户反感。在营销活动中，最忌讳的是当营销人员得知营销活动失败时对客户流露出讥讽、不耐烦的语气，这样做一是在营销人员与客户之间画了一道鸿沟，二是反映营销人员的专业素养不过关。反之，当营销人员慢条斯理、平心静气地和客户进行交流时，往往能收获意想不到的效果。多用敬辞、谦语，如"您""请""再见"等，来表现出自身文化修养水平。营销过程中，营销人员的微笑也有着重要的作用，恰当的微笑让人如春风拂面，拉近人与人之间的距离。当客户抛出疑问时，营销人员需要耐心地倾听，并看着对方的眼睛，与客户有眼神上的交流，毕竟眼睛是心灵的窗户，这样才能体现出营销人员对客户的谦虚真诚。

3. 清晰易懂原则

每个行业都有自己专业的语言，营销行业也不例外，其他行业未必能够理解营销语言的含义，由此可见营销语言清晰易懂原则的重要性。营销人员在销售的过程中，面对的客户的文化水平与理解能力参差不齐，不应该使用晦涩难懂的专业术语，否则客户会有种云里雾里的感觉，这样不仅不会达到营销的目的，而且还会无形地拉大营销人员与客户之间的距离。因此，营销人员在面对不同行业、不同层次的客户时，一定要避免语言太过书面、太过专业，需要讲究语言的通俗化，用所有行业都能听得懂的语言来进行营销活动。营销人员的语言通俗易懂，是营销活动中的一个重要细节，也是营销活动最终取得成功的一个非常重要的因素。

4. 生动有趣原则

生动有趣就是要绘声绘色、惟妙惟肖地表达出自己的所思所想。但是生动不等于油腔滑调、贫嘴滑舌。营销活动，归根到底就是一种劝说对方的行为，如果劝说语言机械刻板、枯燥无味，使人感到兴趣索然，即使商品的质量再好，也无法吸引购买者。因此，在销售的过程中，把话说得生动有趣比直来直去要好得多。例如，一位营销人员在市场上推销蟑螂药，突然有人大声地问他："你能确保这个蟑螂药把所有的蟑螂都消灭掉吗？"这位营销人员想了想，机智地回答："不能，在你没放蟑螂药的地方，蟑螂照样逍遥法外。"就是这句玩笑话，让人们相视而笑，蟑螂药很快被一扫而空。营销人员在进行销售的过程中，多多使用生动有趣的语言，不但可以活跃气氛，而且会给人留下深刻的印象，促成销售目标的达成。

5. 诚信原则

练口才，首先应该从品德培养开始，而诚信就是其中的一项重要内容。时刻记住自己对客户、对公司讲究诚信，这样的营销人即使语言沟通能力欠缺一点，也是可信赖的。营销人员在进行营销活动时，应该使用切实的、与事实相符的营销语言，千万不要用浮夸的、不切实际的语言，让客户觉得你在用花言巧语蒙骗他。当然，营销人员可以讲究语言表达的技巧，比如用一些修辞或者表达方式，来提升语言的表达效果，但是也要把与事实相符作为前提。

第二节　营销语言特点

营销语言与其他语言有很大的不同，主要体现在营销行业的专用语上。营销人员不仅需要直截了当地把自己的观点说出来，还要听取客户的建议，才能找到突破口，不断交流，把对方说服，达到把商品卖出去的目的。浓缩性、灵活性、艺术性和辅助性是营销语言的主要特点。

一、浓缩性

浓缩即简洁。俗话说，言不在多，而在于精。浓缩性语言表达的内容简洁明了，具有高度的概括性；表达要条理清晰，且主要内容突出；句式力求简洁，多使用短句式或浓缩句式。在如今的营销语言中表现最为突出的是广告用语。企业的产品在借助宣传形式进行营销时，由于受时间、版面等方面的限制，一般要求在有限的范围内介绍出产品的特点、功能及企业文化等方面的特征，从客观上要浓缩出简洁的语言来进行有效的宣传。例如：

　　① 美特斯邦威，不走寻常路。　　　　　　　　　　　——美特斯邦威休闲服
　　② 一切皆有可能。　　　　　　　　　　　　　　　　——李宁服装
　　③ 羽西生机之水，我的未来掌握在我的手中。　　　　——羽西化妆品

上面的例子都使用了简洁清晰的语言和句式，体现出了营销语言的浓缩性。例①和例②介绍了企业所宣传的文化，让客户从中体味出一种独有的产品理念；例③着重介绍产品的特点，让客户，特别是女性客户产生一种心理的共鸣。

二、灵活性

灵活即敏捷，善于随机应变。在营销场合使用灵活性的语言，有利于更为准确地宣传产品，达到更好的营销效果。灵活性的营销语言要求在尊重客观事实的基础上，从有利于沟通的角度来应用语言。

例如，营销时客户说："我先考虑一下吧。"营销人员一般情况下可能只会回答："好的。"这时营销就很可能不会成功。但如果灵活运用以下两种应变方法去回答，可能会达到完全不同的效果。

（1）询问法："是我刚才哪里没有解释清楚吗？我再跟您详细介绍一下，您再做决定。"

（2）假设法："看来您对我们的产品或者服务还是很感兴趣的，如果您现在购买，还可以获得我们的限量赠品，而且活动也是一年才有一次的，只持续一周的时间，目前限量赠品已经所剩无几了。建议您早做决定。"

三、艺术性

艺术即顺畅自然、悠然风趣、巧妙和谐的有机结合。在营销语言中加入适当的艺术效果，会提高人们对产品的兴趣，生动活泼的营销语言是赢得客户感官的有效方式之一。生动活泼的语言会产生艺术魅力，能吸引客户。

优秀的营销人员口才都是非常出众的，在宣传过程中再加上适当的艺术技巧会使语言变得生动自然，将概念化的产品形象化，这样更容易被客户接受，也更容易打动客户去使用你所宣传的商品。例如：

（咱这衣服）美丽不冻人，你不要动（冻）人不美丽哟！

这句营销用语使用了谐音双关、回环往复的修辞手法，体现了艺术性的特点。这是因为营销人员抓住了年轻女子爱美的心理，从而达到了非常好的效果。但是，在营销语言的运用上要注意以下两点：第一，不要夸夸其谈，要做到有伸缩性，重要的是要建立客户对营销人员的信任，不要对任何人都使用一样的语言。因为人们的性格是不同的，有的人健谈，有的人比较含蓄，所以要针对不同的人恰当地使用营销语言。第二，要注意科学性。没有科学性的营销语言是没有说服力的。

四、辅助性

在产品营销过程中，人们应该充分使用辅助性营销语言来推荐产品。例如，在销售某一种商品的柜台或橱窗中常常陈列一些带有特征性的标志性实物，以此表示所营销的产品类别。营销羊毛制品的商家在柜台的最明显位置摆放一只毛茸茸的山羊；营销民族产品的商家总是把营销人员和柜台打扮得富有民族特色；营销体育用品的商家常常在店面的设计上体现出动感、现代、运动、健康的形象。这些都具有营销的效果。

在广告拍摄过程中运用辅助性营销语言也具有代表性。在拍摄洗发露的广告时，演员要有一头乌黑飘逸的头发，并且要在一种相对温馨的环境中体会到愉悦的心情，反之则起到相反的效果。

第三节 营销口才技巧

在营销活动中，营销人员要在不同场合面对不同类型的客户。如何在营销中展现自己，面对不同客户的时候如何介绍，营销禁忌语和专业术语有哪些，这些都是营销人员应该掌握的。

一、如何接近客户

营销能否取得成功，关键在于客户能否接受营销人员的营销风格和为人。大多数客户在与营销人员见面的短短几秒钟的时间里就能对其做出评价，而这也是决定营销人员顺利营销并取得成功的关键。有经验的营销人员在和客户首次见面时，就会想尽办法给客户留下真诚、专业、可信赖的印象。

1. 如何获得面谈的机会

如果客户能够答应与营销人员面谈，那说明客户对你是比较信任的，对你所营销的产品是比较感兴趣的。可以借鉴以下的语言技巧去获得面谈的机会。

第一种情况

客户：我没有时间听你的讲解。

营销人员：我非常理解。我也老觉得时间不够用。不过我只需要2分钟……

第二种情况

客户：我现在没空。

营销人员：是的，你们这个行业的人都很忙，但越忙越需要有好身体、好心情，我这次是专门针对您的这个问题给您送解药来了。我现在正好在您公司附近，我把资料送给您就走，行吗？

第三种情况

客户：我没兴趣。

营销人员：我完全理解，对一个谈不上相信或者手上没有什么资料的事情，如果我是您也不可能立刻产生兴趣，有疑虑、有问题是十分正常的，让我为您解说一下吧，您看星期几合适呢？

第四种情况

客户：我没兴趣参加！

营销人员：我非常理解，刘教授，要您对不晓得有什么好处的东西感兴趣实在是强人所难。正因为如此，我才想向您亲自报告或说明。星期三或者星期四过来看您，行吗？

第五种情况

客户：我没有钱！

营销人员：我了解。要什么有什么的人毕竟不多。正因如此，我们现在需要选择一种方法，用最少的资金创造最大的利润，这不是对未来的最好保障吗？在这方面，我愿意贡献一己之力，可不可以下星期三或者周末来拜见您呢？

第六种情况

客户：你把资料发到我邮箱就行了。

营销人员：罗总，我们的资料都是精心设计的纲要和草案，必须配合专业人员来说明，而且要针对每一位客户进行量体裁衣。所以最好当面讲解，您看明天上午或下午去拜访您，好吗？

第七种情况

客户：我们明年的预算没定。

营销人员：预算没定没关系，了解多家供货商的产品情况，可以进行全方位对比。我本周都在本市，您看哪天我去拜访您比较合适？

以上的方法不是在任何时候、任何地点都有效的，只是指引一个方向，要针对不同的客户采用不同的策略，灵活处理。

2. 接近客户的步骤

（1）微笑。

微笑是人际关系中最佳润滑剂，它表示友善、亲切、礼貌和关怀。美国连锁企业沃尔玛公司的创始人沃尔顿生前用一句话概括了他成为亿万富翁的秘诀：低买低卖，微笑攻势。营销人员在客户面前要真诚友好地微笑，这样可以缩短双方的距离，使客户有一种亲切感，减少抗拒心理。

（2）注视。

营销人员眼睛要正视客户，用眼神传递正直、诚恳、自信、热情等情感，绝不能眼神飘忽或左顾右盼，使客户感到营销人员心不在焉，或不诚实、不热情。但要注意，注视并不是凝视，否则无法正常交谈。

（3）问候。

简单的一句问候语是展开话题的最好题材。营销人员应该根据不同的人、不同的时间、不同的环境来选择问候的方式。例如：

"刘总，很高兴见到您！"

"刘总，您好！终于有机会见到您真人了，您看起来比电视上还神采奕奕。"

"刘总，您好！听说您儿子考上清华了，恭喜恭喜！"

"刘总，您好！你们公司的新产品我已享用，太棒了！"

（4）握手。

握手是社会交往中常见的礼节，在见面、告别等很多场合都需要使用。握手时的位置、用力的轻重、时间的长短、是否用目光注视等，都可以反映出一个人的修养和态度。有时从与对方握手的一瞬间就可以感到对方是热情还是冷淡，是谦恭还是傲慢，是自信还是自卑，是真心实意还是敷衍了事。因此，握手时的一些礼仪规定应引起营销人员的重视。

（5）准确的称呼。

戴尔·卡耐基曾说过，一种简单但又重要的获取别人好感的方法就是牢记他或她的名字。在销售中也是这样。谁都喜欢被别人叫出自己的名字，所以不管客户是什么样的身份，与你关系如何，你都要努力将他们的容貌与名字牢牢记住，这会使你的营销畅通无阻。如果你一开始就叫错了客户的名字，那接下来可能无法继续交谈。想牢记客户的名字并准确称呼客户，可以参考下面 4 种方法。

① 用心听记。每当认识新客户时，一方面要用心注意听，另一方面要牢牢记住。若听不清对方的大名，可以再问一次："您能再重复一遍吗？"或："不好意思，您能告诉我如何拼写吗？"

② 用笔辅助记忆。在取得客户的名片之后，将他的特征、爱好、专长、生日等写在名片背后，以帮助记忆。

③ 联想式记忆。利用其特征、个性及名字的谐音产生联想，也是帮助记忆的一种好方法。

④ 重复加强记忆。在很多情况下，当客户告诉你他的名字后，不超过 10 分钟你可能会忘掉。这个时候，如果你能多重复几遍，就会记得更牢。因此，在与客户进行初次谈话中，应多叫几次对方的称呼。如果对方的姓名或职务少见或奇特，不妨请教其写法与取名的原委，这样更能加深印象。

（6）自我介绍。

在握手时很自然地互道姓名，自我介绍，说明来意。同时也可以递上自己的名片，让对方记住自己的姓名。自我介绍的第一句话不宜太长。

（7）话题。

营销人员要迅速提出寒暄的话题，营造比较融洽、轻松的会谈氛围。寒暄的内容题材丰富，此时寒暄的重点是迎合客户的兴趣和爱好，让客户进入角色，使对方对你产生好感。寒暄的目的是营造气氛，让客户接受你，只要目的达到了，其他的工作也就好开展了。话题可以谈对方的爱好、工作、家庭、时事问题等，也可以谈影视及体育运动、对方的家乡及所读的学校、健康、理财技术及街谈巷议。

3. 如何接近客户

营销人员与客户交谈之前，有一个接近客户的过程。接近客户的顺利与否，几乎可以决定这次访问的成败，换言之，好的开场就是营销人员成功的一半。营销高手常用以下几种方法接近客户。

（1）赞美接近法。

俗话说："良言一句三冬暖。"每个人都喜欢听好话，客户也不例外。因此，赞美就成为接近客户的好方法。赞美客户必须找出别人可能忽略的特点，而让客户知道你的话是真诚的。赞美要先经过思索，不但要有诚意，而且要选定既定的目标。例如：

比恩·崔西是美国一位图书营销高手，他曾经说："我能让任何人买我的图书。"他的秘诀只有一条：赞美顾客。

一次，他遇见一位非常有气质的女士。当那位女士听说崔西是营销人员时，脸一下子阴了下来："我知道你们这些营销人员很会奉承人，专挑好听的说，不过，我不会听你的鬼话的。"崔西微笑着说："是的，您说得对，营销人员是专挑那些好听的词来讲，说得别人昏头昏脑的，像您这样的顾客我还是很少遇见，特别有自己的主见，从来不会受到别人的支配。"细心的崔西发现，女士的脸已由阴转晴了。她主动问了崔西许多问题，崔西都一一耐心做了回答。最后，崔西开始高声赞美道："您的形象给了您很高贵的个性，您的语言反映了您有敏锐的头脑，而您的冷静又衬出了您的气质。"

女士听后开心地笑出声来，主动提出要看看崔西手中的图书。

（2）求教接近法。

这是利用向客户请教问题的机会来接近对方的方法。从心理学角度讲，人们一般都有好为人师的心理。总希望自己的见地比别人高明，以显示自己能力胜人一筹，尤其是自视较高的人更是如此。对于这样的人，采取虚心请教的方法，以满足其高人一等的自我心理，十分有效。营销人员可通过给客户提供这样的机会来接近客户，在向对方讨教某一方面的问题，引起对方的话题和兴趣之后，再提出营销要求，进行营销宣传，往往会收到较好的效果。

（3）利益接近法。

营销人员迅速地告诉客户商品或服务会给他带来哪些重大利益，也是引起客户注意，达到接近目的的一个好方法。采用这种方法时，营销人员应把商品或服务给客户带来的利益放在第一位，以引发客户兴趣，增强其购买信心。例如：

"张经理，我们的机器比您目前使用的机器速度快，耗电少，更精确，能降低您的生产成本。"

"王总，您愿意每年在毛巾生产上节约 5 万元吗？"

利益接近法迎合了部分客户的求利心态。有时客户不明真相，认识不到营销给自身带来的利益，营销人员抓住这一要害问题予以点明，突出营销重点和产品优势，有助于很快达到接近客户的目的。采用利益接近法时必须实事求是，不要夸大，更不可无中生有，欺骗客户。

（4）问题接近法。

营销人员直接向客户提出问题，利用所提的问题来引起客户的注意和兴趣。例如：

"张厂长，您认为影响贵厂产品质量的主要因素是什么？"

产品质量自然是厂长最关心的问题之一，营销人员这么一问，无疑将引导对方逐步进入面谈环节。在运用这一技巧时应注意，营销人员所提问题应是对方最关心的问题，提问必须明确具体，不可言语不清楚、模棱两可，否则很难引起客户的注意。

（5）提供信息法。

营销人员向客户提供一些对客户有帮助的信息，如市场行情、新技术、新产品知识等，会引起客户的注意。这就要求营销人员能站在客户的立场上，为客户着想，尽量浏览最新信息，掌握市场动态，充实自己的知识，把自己训练成为这一行业的专家。客户或许对营销人员应付了事，可是对专家则是非常尊重的。例如，你对客户说："我在某某刊物上看到一项新的技术发明，觉得对贵厂很有用。"营销人员为客户提供了信息，关心了客户的利益，也获得了客户的尊敬与好感。

（6）提及他人法。

告诉客户，是第三方要你来找他的。这是一种迂回战术，因为每个人都有"不看僧面看佛面"的心理。因此，大多数人对熟人介绍来的营销人员都很客气。例如：

"何先生，您的好友张某先生要我来找您，他认为您可能对我们的印刷机械感兴趣，因为这些产品为他的公司带来了很多好处与方便。"

"唐经理，您好！您的班主任介绍我过来找您。她告诉我您是一个值得深交的朋友。"

二、促使客户成交的语言技巧

所谓成交，是指客户接受营销人员的营销建议，认可其营销过程，最终购买营销商品的行为过程。促使客户成交是整个营销过程中最重要的一环。这犹如踢足球，经历了抢球、传球、过五关、斩六将，好不容易将球带到对方的门前，就差那临门一脚，如果踢不进去，所有的努力都将白费。因此，成功地运用营销技巧，解除客户的犹豫和顾虑，抓住当前时机促成交易，是营销过程中的关键环节。通常有以下几种成交法。

1. 请求成交法

请求成交法又称为直接成交法，是营销人员向客户主动提出成交要求，直接要求客户购买营销产品的一种方法。例如：

"该说的我都说了，您应该同意购买了吧？"

"我可服了您，折腾了近三个小时都没下定决心。我求您了，别再折腾自己了。"

"您得帮帮老同学，我给您的价格是全球最低价。"

注意，请求成交不是强求成交，也不是乞求成交，使用时要做到神态自然，语言从容，语速不快不慢，充满自信。但不能自以为是，要见机行事。

2. 假定成交法

假定成交法是指营销人员在假定客户已经接受销售建议，同意购买的基础上，通过提出一些具体的成交问题，直接要求客户购买营销产品的一种方法。例如：

"黄总，既然您很满意，那么就这样定了，我明天给您送货。"

"刘姨，这是今年最流行的款式。您要哪件？"

3. 选择成交法

选择成交法就是直接向客户提出若干购买的方案，并要求客户选择一种购买方法。选择成交法的特点，就是不直接向客户提问易遭拒绝的问题"要不要"，而是让客户在买多与买少、买这与买那之间选择，不论客户如何选择，结果都是成交。例如："先生，您是喝蓝带啤酒还是青岛啤酒？""我们是周二见面还是周三见面？"此种"二选其一"的问话技巧，只要客户选中一个，就是你帮他拿主意，下决心购买了。

4. 小点成交法

小点成交法以假定成交法作为理论基础。营销人员假定只要小点成交，就会促成大点成交。小点成交法是一种试探成交，要求营销人员直接促成小点成交，间接促成大点成交。例如：

某办公用品营销人员到某办公室去营销碎纸机。办公室主任在听完产品介绍后摆弄起样品来，自言自语道："东西倒挺合适，只是办公室这些小年轻毛手毛脚的，只怕没用两天就坏了。"营销人员一听，马上接着说："这样好了，明天我把货运来的时候，顺便把碎纸机的使用方法和注意事项给大家讲讲，这是我的名片，如果在使用过程中出现故障，请随时与我联系，我们负责维修。主任，如果没有其他问题，我们就这么定了？"办公室主任很快地接受了营销人员的建议。

5. 想象成交法

想象成交法是指通过营销人员语言上的暗示，引导客户将选购的商品在脑中进行想象，设想使用这样的商品后带来的物质和精神上的享受的一种方法。例如：

"我们银行最近和世界著名的××银行共同推出了一个新的基金。这个基金风险小、回报率高。"

"可是我们从来没有买过，也不知道有什么用处。"

"您可以设想一下，如果您现在有一笔小的投资，过几年或者10年后，您那笔资金的收益足以支付您孩子的教育费用，您说呢？"

6. 举证成交法

通常有些客户在选购商品的时候小心翼翼，不太轻易相信营销人员所描述的产品，遇到这种情况，营销人员可以列举大量的事实令客户信服。例如：

夏天到了，空调销售异常火爆，一些营销人员通常会向客户介绍："我们的产品销量在全国名列前茅。"

客户不屑一顾："你说名列前茅就是名列前茅吗？我们消费者并不知道！"

这时，营销人员可以不慌不忙地将权威统计公司的统计数据以及知名报纸上的报道展示给客户，这时客户就会信服。

7. 对比处理法

如果你的产品有价格优势，那么你就可以自信地利用对比方法，告诉客户你的产品与同类产品相比非常优惠了。例如：

"您可以到大商场看看，同样的产品他们的价格是多少。"

"我们现在搞店庆活动，两天后价格恢复原价，您如果将我们的产品与同样的其他品牌对比，就知道我们产品的价位是比较低的。"

8. 穷追成交法

穷追成交法需要牢牢抓住客户所说的话，促使洽谈成功。这种成交方法对成交有很大的好处。例如，客户说："你这里的产品还不错，价格也实惠，但是我希望购买一辆经济实惠、款式时尚、安全性能高的小排量轿车，好像你这里没有这样的产品。"这时，你可以马上接过客户的话："那好，假如我推荐另一款满足您需求的产品，并且价格同样实惠，您会考虑购买吗？"

9. 无可奈何法

在你费尽口舌，使出浑身解数都无效，眼看着生意做不成时，不妨试试无可奈何法。例如：

"黄主任，虽然我知道我们的产品绝对适合您，可我的能力太差、嘴太笨，无法说服您，我认输了！不过，在我告辞之前，耽误您几分钟时间，请您指出我的不足，让我有机会改正，好吗？"

像这种谦卑请教的话语，不但很容易满足对方的虚荣心，而且会消除彼此之间的对抗情绪。这时，你们仿佛已不是营销与被营销的关系，他会一边指点你，一边鼓励你，为了给你打气，有时会给你一张意料之外的订单。

三、营销语言禁忌

营销工作是与人打交道的工作，语言是营销人员的重要工具。在营销过程中，要在短时间内获得客户的好感不是件容易的事情，因此，要特别注意语言的艺术。以下几种语言方式是营销人员的大忌。

1. 令客户不愉快的口头禅

在营销过程中，每一位营销人员的表达方式和语言习惯都不同，或多或少都会出现一些常用的口头禅，而自己在工作中又不易发现。如果录音后再听，就会发现这些口头

禅非常令人不愉快。例如:

"我觉得您应该考虑购买我们的产品,我们的企业是一流企业,产品是一流产品,服务是一流服务。您如果购买,肯定不会后悔。"

检查一下以上的讲话,有什么问题吗?这位营销人员完全没有考虑客户的感受,一直在用"一流"去强调自己的企业、产品及服务,"我觉得"也暴露出这位销售人员以个人为中心。而且用词比较绝对,如"应该""肯定"。营销人员在与客户对话时应尽量减少这些口头禅,多从客户的角度考虑,让客户愿意与你对话,愿意与你交往,从而最终购买你推介的产品。

2. 令人反感的说话方式

营销人员在与客户交流的过程中,要注意客户的情感,使客户乐于接受。首先,对客户的称谓要恰当、准确。例如,可称同辈为先生、小姐、女士、朋友等,对中老年客户用长辈的称呼。其次,要把握住客户情绪的变化。如果忽视了客户的想法和情感,即使营销技巧再熟练,专业知识再扎实,也会事倍功半。以下是营销过程中令客户反感的几种说话方式。

(1) 反驳客户。

理智型的、对产品较熟悉的客户在接受营销时往往会对营销人员的介绍提出自己的看法和意见,其中有对的也有错的。有些营销人员就对客户说的话一一进行反驳,并直接指出错误之处,这样不仅会令客户尴尬,还会伤害客户的感情。

(2) 伤害客户的自尊心。

一部分营销人员喜欢指出客户的小错误,从而炫耀自己的知识,丝毫不在乎是否伤害到客户的自尊心。如果伤害了客户的自尊心,营销就无法再进行下去。

(3) 说话以自我为中心。

在商场,有时会遇到这样的营销人员:从开始到结束都是他自己一人在唱独角戏,拼命地说个不停,客户连插嘴的份儿都没有。这样的做法是很愚蠢的。例如:

客户:"请问这块手表多少钱?"

营销员:"这是世界名牌呢!"

客户:"我知道,现在的价钱是多少?"

营销员:"这块表比较贵,要9800元。"

客户:"好的,麻烦你拿给我看一下。"

营销员:"可以,不过若不买,最好不要看!"

在客户看表的同时,营销人员滔滔不绝地介绍起来:"这块表是我们最新推出的,在不锈钢壳中有熠熠发光的宝石。表链的四边形不锈钢链条,镶嵌在类似抛光蓝色大理石的合成的钢质四边形宝石。盘面与表链的嵌入物对应,呈浅蓝色。浅蓝色圆点标记所有的钟点,在表盘外围形成一个环形,反光的金属时针和分针指示时间。"

还没等客户开口,营销人员马上又说:"你已经了解那么多了,也看了那么久了,决定现在买吗?若买的话,我立即给你开票。"

设想一下,结果如何呢?不用说,大家都会想到结果。

3. 令客户感到疲劳的说话方式

营销洽谈的主要方式是语言的沟通和交流,说话的语言必须是轻松愉快的,客户才乐于接受。以下几种说话的方式都会令客户感到疲劳,营销人员应尽量避免。

(1) 声音过小。

营销人员说话的音量过小,客户会因为听不清楚而变得不耐烦,从而不愿意继续倾听营销人员的介绍。

(2) 语言啰唆。

营销人员在介绍过程中,发现客户没有出现期待中的那种利于销售的反应时,会反复重复刚才说过的话;或者在客户出现有利于销售的反应时,也会因兴奋而重复同样的话题。

(3) 口若悬河。

营销人员说话过快、过于流畅,客户没有时间去思考营销人员介绍的内容。

营销人员在与客户洽谈时需要注意以下几点。

① 表达重要的内容时,应尽量重复客户名字,表示对其重视。

② 在讲解过程中,尽量使用通俗易懂的语言,避免使用专业性很强的术语。

③ 语言要具有亲和力,尽量多说"您""你""我们",少说"我"。

④ 理解并会总结客户的话语,并加以重复。

营销口才训练

一、自由训练

1. 善于用眼。

训练目的:掌握不同情境下的眼神运用,发挥眼神的魅力。

训练内容:

(1) 倾听客户倾诉时的眼神。

(2) 向客户介绍商品时的眼神。

(3) 当客户讲到一件有趣的事时的眼神。

(4) 下列动作的眼神:微笑地注视着、好奇地看着、欣赏的目光。

2. 主动表达。

训练目的:大胆发言,大声说话。

训练内容：

（1）自我暗示。每天清晨默念10遍："我一定要最大胆地发言，我一定要最大声地说话，我一定要最流畅地演讲。我一定行！今天一定是最幸福快乐的一天！"

（2）每天至少与5个人有意识地交流思想。

（3）每天大声朗诵或大声演讲至少5分钟。

（4）每天给同学或朋友至少介绍一个产品。

二、学会友好热情地欢迎顾客

训练目的：掌握欢迎顾客时正确的动作和恰当的表情。

训练内容：扮演商场的服务员和顾客，练习从顾客进入商场那一刻开始到选购商品再到顾客离开时的每一环节，要求表现出热情友好、自然大方。

三、串词成句

训练目的：训练语言表达能力。

训练内容：训练前做好100个词语卡片，将其打乱，从中随机抽取3张卡片，不超过10秒即用一句或几句话来包含这3个词，并进行推销。当顺利完成后可增加难度，将卡片抽取数量从3张增加到5张等。

四、成语接龙

训练目的：训练语言表达能力，丰富词汇。

训练内容：与同伴进行成语接龙。第一位先说一个成语，如"大庭广众"，第二位紧接"众望所归"，下一位接"归心似箭"，以此类推。要求前一个成语的字尾和下一个成语的字头相接。

五、朗诵

训练目的：锻炼口齿伶俐、语音准确、吐字清晰。

训练内容：选择一篇产品介绍，朗读的时候刚开始速度较慢，然后逐渐加快，最后达到所能达到的最快速度。读的过程中不要有停顿，发音要准确，吐字要清晰，要尽量将每个字音都完整地发出来。可以把朗读录下来，回头找不足，进行改进。

六、记忆训练

训练目的：锻炼记忆能力。

训练内容：

（1）记忆训练。由同伴或教师展示写满产品名称的挂图，10秒后收起挂图，回忆名称。

（2）记忆故事。一位学生或教师介绍一个产品的性能，其他学生复述。

（3）记忆事件。请几位学生一个接一个地说出自己喜欢的产品品牌和主要功能，然后请受训者复述。

七、学会赞美

训练目的：学会赞美技巧，养成赞美别人的习惯。

训练内容：

（1）找出本班的优点。

（2）找出同桌的优点。

（3）找出班主任的优点。

（4）找出任课教师的优点。

（5）说出父母最值得赞赏的地方。

（6）给大家讲讲自己最敬重的人。

八、学会幽默、赞美、批评

训练目的：掌握一定的幽默、赞美和批评技巧。

训练内容：互相讲笑话，并相互做出评价。

九、学会道歉

训练目的：学会道歉的语言技巧。

训练内容：面对众人进行自我批评。

十、与陌生人交谈

训练目的：掌握与陌生人交谈的技巧。

训练内容：尝试在5分钟内交个朋友。例如，在某次聚会或乘车旅行时，选择一位对象与之交谈，要有勇气、信心，并运用沟通技巧。

十一、提问与应答

训练目的：掌握提问与应答的语言技巧。

训练内容：

（1）如果要在校园内开家小店，你想要经营什么？如何经营？

（2）讲解开店方案，其他人就方案本身进行提问，方案设计者一一解答。

十二、电话约见

训练目的：锻炼用电话约见客户的能力。

训练内容：自由选择一名客户，利用电话约见，其余人聆听和观察受训者的表现并点评。

十三、接见客户

训练目的：恰当使用推销用语。

训练内容：根据约见客户的信息，进行拜访，以合影为完成任务的标准，最后进行过程分享。

十四、召开产品推荐会。

训练目的：灵活运用营销口才。

训练内容：与某企业联系，申请一个实训场地开展产品推荐。

第十五章 医护口才

第一节 医护口才概述

世界医学之父、古希腊的希波克拉底曾说,医生有"三大法宝",分别是语言、药物和手术刀。我国著名健康教育专家洪昭光教授认为,语言是医生最重要的法宝。医生一句鼓励的话可以使病人转忧为喜、精神倍增,病情立见起色;相反,一句泄气的话也可以使病人抑郁焦虑、卧床不起,甚至不治而亡。医生和患者之间的沟通不同于一般的人际沟通,语言在医患沟通中有其重要和独特的地位。随着现代语言研究领域的日益扩大,医护语言问题也引起了语言学界的关注。所谓医护语言,指的是医护人员在医疗工作中,尤其是与病人交谈时所使用的话语。从1977年起,美国著名社会语言学家拉波夫和范舍尔开始研究医患之间的谈话。他们认为,医生应培养一种感受病人特点的能力,应当懂得病人一旦对医生建立了信任感,其力量往往可以超过医术,效果将是神奇的。而这种信任关系的建立,主要依靠医生的言和行。因此,巧妙地发挥语言艺术与患者进行沟通,应该是广大医务工作者与医学专业能力密切相关的一项基本功。中医诊断疾病的四种方法——望、闻、问、切,其中的"闻"和"问"更是语言沟通的经典概括。医护人员要更好地学习如何进行医患语言沟通。

一、医护口才的含义

医护口才是医护人员在治疗、护理患者的过程中,与患者进行口头交谈沟通时所表现的一种语言才能。医生询问病情、了解病变、进行治疗及健康指导都是通过交谈来实现的。良好的沟通能力是广大医护工作者必须具备的一项基本能力。医护人员具备一定的口才,可以为病人卸下思想包袱,减轻心理负担,树立战胜病痛的信心,取得良好的治疗效果。

二、医患语言沟通的重要性

1. 医患沟通不同于普通的人际沟通

普通人际沟通的内容广泛和随意，话题繁多，但医患沟通的内容往往围绕着对疾病的征兆、感受、探查与判断来进行的。这些内容必须通过语言来沟通。医学科学的专门用语即医学"行话"在医患沟通中有独特的作用，这也是无可替代的，完全不同于普通的人际沟通。例如，有位患者口腔内长了一个大血泡。医生问："这个泡有多久了？"患者当时口腔肿得很厉害，难以张口说话，便用笔写了"刚不久"三个字。医生立即反问道："这么大的血泡能是刚刚长出的吗？"并一边检查一边对其他医护人员说："快来看啊！这个病真新鲜。"听了医生的话，病人又生气又害怕。气的是医生那生硬的态度和唐突的话语，怕的是从医生讲的"大"和"真新鲜"几个字中，足可断定这个血泡的严重性和异常性，同时也表明那位医生缺乏治疗这种血泡的经验与把握。试想，当医生无把握地在患者身上进行"首次试验"时，患者能不担心和害怕吗？可见，医护人员的谈吐非同于一般人的说话，它既是医务职业道德的有机组成部分，又是衡量良好医德修养和全心全意为病人服务思想的试金石，还是赢得病人信赖、提高服务水平和治疗效果的重要手段。

2. 医患语言沟通可以辅助医生治病

语言是医患沟通的主要手段和工具。希波克拉底说，语言也是医生治病的手段之一。在医疗过程中，医生和护士用药及通过语言与患者进行沟通，都是在调节、激活患者自身的抗病能力。现代医学心理学证实：医护语言能够影响病人的生理活动，病人的大脑皮质会依据不同语言的刺激促使病情好转或者恶化。医护人员恰当地使用语言，不仅可以给病人以温暖，扶助病人"精神不倒"，增强病人战胜疾病的信心，激励病人毫无顾虑地吐露衷肠，而且有助于调动病人机体的积极因素，增强抵抗疾病的能力，使机体处于接受治疗的最佳状态。在中外历代医案中，"一言治病""一言伤人"的事例颇为多见。据说，著名化学家法拉第年轻时因工作紧张，精神失常，身体极为虚弱，久治无效。后来请了一位名医诊治。名医全面、详细检查后并没有开药方，只说了一句"一个小丑进城，胜过一打医生"便走了。法拉第仔细琢磨医生的话，觉得很有道理。从此他经常在工作之余安排到野外和海滨度假，观看滑稽表演、马戏和戏剧等文艺演出，注意调剂生活的情趣，保持心境愉快，身体很快得以康复。真可谓"听君一席话，胜服十付药"。

相反，不恰当、不得体，甚至恶性的语言，则往往成为一种不良刺激，使病人感到气愤、苦恼、心神不安、悲观失望，从而加剧病情，乃至引诱旧病复发，以致死亡。有位长期患腰痛病的老工人要求拍一张 X 线片子，医生竟不满地训斥道："你是医生还是我是医生？这里是医院，不是照相馆，要拍照到照相馆去！"气得老工人愤然离开医院，拒绝接受治疗。有位重病患者，曾多次询问医护人员他何时能够康复出院，一位护士被问得"无奈"，便实话实说："你就不要总是着急出院回家了，住在这个'单间'特护病房里的人，很少有活着出去的！"一句话使病人感到求生无望，当夜坠楼身亡。

3. 语言沟通是患者的强烈愿望和需求

一个人不幸感染疾病后会有诉说痛苦和了解疾病的需求。病人不单需要肉体上的治疗，更需要情感上真诚的关注和抚慰。医生不仅要为病人祛除疾病，更应该通过交流来理解患者的愿望，消除患者的心理阴影，让病人对自己的病情有一个正确的认识，对医生治疗也有一个正确的期望值，而不是将医生看成无所不能的"神"，能治愈所有疾病。

4. 语言沟通有利于建立良好的医患关系

从根本上讲，医患之间没有利益冲突。为患者治病是医生的天职，治好患者的病是医患双方的共同愿望。然而，由于所处的地位不同，医患各自考虑问题难免发生分歧。医生往往从整体上考虑，做出某些使病人暂受痛苦而可长久受益的安排。某些病人接受治疗时常处于自相矛盾的复杂心理之中：一方面期望医护人员能帮助他解除病痛，愿意在他们的安排下接受治疗；另一方面却又顾虑重重，唯恐自己被"误诊"，或担心被确诊为重病，更害怕是某种"不光彩"的疾病，因而在一定程度上表现出讳疾忌医。这种医患关系上的各有苦衷有时表现得极为细腻、复杂。要改善这种局面，主要依靠医患之间的相互尊敬、相互理解、相互信任、相互配合，即良好的医患关系，而良好医患关系的建立在相当大的程度上又取决于医护人员的言和行。

一般说来，文明、得体、谦和的语言，能促使病人心平气和、思想乐观、信任医生，并积极配合治疗。相反，出口不逊、言辞粗鲁，乃至恶语伤人，常会使病人气愤、苦恼、伤心，丧失对医生的信赖，甚至会牺牲自己的健康亦在所不惜。一位神经衰弱患者问医生："大夫，您说我的病能治好吗？"医生很不耐烦地说："我又不是算命先生，打不了你的保票。"患者说："这个我知道，您说我今后应注意点什么呢？"医生竟用讽刺、挖苦的口吻说："少胡思乱想，别总这么娇气。"这种冷嘲热讽，怎能不令病人觉得如冷水浇身、寒到心里呢？病人生气地将处方一扔，愤然离去。可见，医护语言在医患关系的建立过程中发挥着重要作用。

三、医患语言沟通的内容和类型

1. 医患语言沟通的内容

医患语言沟通的主要内容是信息。对于病人来说，看病就是去看医生，看医生是想通过跟医生的沟通了解自己的病情和病因，以及如何治疗。这些都是病人想急切获取的重要信息。因生命与健康是人们关心的切身利益，医护人员应高度重视信息沟通这一环节。医患沟通涉及的信息主要有以下几种。

（1）环境信息。

环境信息包括医院的环境，如门诊、住院部、药房、检验室、B超室、CT室等，以及住院的规章制度，如陪伴制度、探视制度、订餐制度等。医护人员应通过跟患者的交谈帮助其尽快熟悉医院的软硬环境。

（2）病情信息。

病情信息主要指病人的病情及病因、治疗方案、治疗效果、主管医生的医疗水平、用药情况及治愈率和复发率等。这是病人最为关心的信息，往往是通过向医生的询问获取的。医护人员应该尽量满足病人的要求，将病情如实告知患者，并耐心解释。但也要谨慎行事，不该说的话切忌乱说，避免加重病人的心理负担。

（3）知识信息。

新媒体时代，人们获取医学知识更加便捷，但网络媒体往往缺乏可信度，除非是权威性高的媒体，人们更愿意相信医务工作者，因为他们是医学专业人士。医务工作者是普及医学科学知识的宣传员，在与患者交流时可以讲医学领域里的新知识、新进展、新技术等。医护人员也可以通过与患者的交谈将新的健康观念潜移默化地传递给病人，宣传疾病的预防措施和治疗方法，对病人进行健康教育，使病人重视身心健康，采取积极的生活方式和乐观的生活态度，提高生命质量。

2. 医患语言沟通的类型

（1）询问式沟通。

医生通过询问病人，收集信息资料，以确定病人现存的和潜在的健康问题。这种沟通方式表现为医生的询问和病人的回答，交谈涉及的主要是与病情相关的问题。主要包括：病人的既往健康问题和目前的健康问题、家族史、遗传史、心理与精神状况、自理能力、生活习惯等。例如，医生问："您哪里不舒服？"病人说："近来我肠胃不太好。"医生追问："平时大便规律吗？大便如何？"病人回答："排便有规律，但大便有血。"经过医生进一步询问，原来病人曾经患过痔疮，疾病可能跟痔疮出血有关。因此，在与病人交谈时，医生应该通过询问多方了解信息，认真分析病因，正确估计病情，以便为疾病诊断提供可靠的依据。

（2）指导式沟通。

指导式沟通指医护人员在病人问诊时解答病人提出的问题，或者是医护人员围绕病人病情所要阐明的观点，说明病情和病因，以及与治疗有关的注意事项和治疗的措施等。指导式沟通需要医护人员具备较为全面的医学基础知识和临床护理知识，医护人员占主导地位，病人属于倾听者。这种沟通方式比较省时，信息量大。

（3）探讨式沟通。

这种沟通方式是医患之间探讨问题的交谈，医患双方处于平等关系，就病人的病情进行讨论。例如，遇到针对病情可以采取几种治疗方案的情况时，医生需要告知患者各种治疗方案的优劣，并跟患者商量采用哪种治疗方案。探讨式沟通旨在鼓励病人积极参与治疗和护理过程，改变过去不健康的生活方式和行为，获得更为广泛的信息，为找出病人现存的健康问题和潜在的健康问题提供依据。这种沟通方式有利于提高病人的参与度，但比较费时。

第二节 医护语言特点

医护语言是医护人员在医疗工作中，尤其是与病人交谈时所用的话语，它有以下几个特点。

一、礼貌性

语言文明与礼貌性语言是思想的衣裳，谈吐是行为的羽翼。医护人员从事的是服务性的行业，其语言具有服务行业用语礼貌的特点。礼貌性要求医护人员在与患者沟通中要时时处处尊重病人的隐私，不伤害病人的自尊心，回答病人询问时要同情、关切、热忱，语言要有礼貌，避免冷漠粗俗地对待病人。进行护理、治疗时，避免用命令式的口吻。绝不可训斥、顶撞或刺激患者。说话要文明，不要粗野。在医疗过程中，有的护士语言生硬，患者难以接受，影响了护患关系。如病人就诊时未能听清叫号，护士就高声讲："你耳朵哪儿去了？你耳朵里塞东西了？"有的病人对未能一次注射成功很有意见，有的护士不但不虚心接受，反而说："这算什么，连打三四次的也有，嫌我打得不好可找别人打去。"又如产妇在待产期间，由于疼痛难忍大喊大哭，不配合医护人员，这种现象比较常见。优秀的护士只要耐心讲解分娩知识，给予安慰、鼓舞，产妇就能安静下来，积极配合医疗、护理，为顺利分娩创造条件。这就为建立良好的护患关系奠定了基础。相反，如果护士听到产妇哭喊不是用温暖的话语安慰她，而是大声训斥："你嚷什么，只有你一个人会生孩子吗？"那么，效果将截然不同。患者来到医院，常常带着陌生、抑郁、焦急、期待的心情，如果护士多用诸如"您""请""谢谢""别着急"等亲切礼貌的语言来表示对病人的同情与体贴，会使情绪沮丧、焦急不安的患者振作起来，配合治疗，护患关系就会处于良好态势之中。

二、通俗性

虽然医护人员为了表述科学、准确，需要使用一定的医学术语，但为使病人更好地遵循医嘱，配合治疗，还必须使用通俗易懂的语言对他们进行必要的解释。语言要朴实、明白，且口语化，尽量避免使用专业术语，尽量使用通俗易懂的医用语。病人常常不能理解医护人员习惯使用的行话，有些学术语言可能对病人毫无意义或者被错误理解。例如，一位家属听到医师说"探查"，并不懂得是要给病人进行手术。虽然医护人员和患者的理解分歧可归咎于许多因素，但是医务人员使用专业术语也是主要原因之一。如医用语"畏寒""纳差""呃逆"等，这些词语对多数病人来说专业性太强，患者很难理解，但是"怕冷""胃口不好""打嗝儿"则明白易懂。因此，为了更好地配合治疗护理，医护人员必须使用通俗语言，用通俗易懂的语言向患者解释病情，不要用专深的医学术语同患者进行交流。

三、针对性

医护人员在与病人的沟通中必须根据病人的不同年龄、不同性别、不同职业、不同文化层次，以及不同疾病和不同的性格，用不同的谈话方式，有针对性地交谈，通过言语、行为来启发、诱导、安慰病人。例如，从年龄上看，同年轻人交谈时应以工作、学习、理想、前途为中心，对中年人可以家庭、事业、成就为话题，对儿童要以讲故事等作为交谈的开始，再由浅入深涉及正题，达到沟通目的。

四、委婉性

委婉性是指以婉转的方式表达语义。常言道："良药苦口利于病，忠言逆耳利于行。"但从医疗治病的角度看，有时"忠言顺耳更利于病"。例如，面对得了急性肝炎的病人，医护人员如果直言相告，肝炎以后必然会向肝硬化转变，最后可能转化为肝癌，将会导致病人整天忧心忡忡、精神不振。如果医护人员说："急性肝炎不可怕，只要积极治疗，痊愈的概率是很高的。有许多这样的病人，经过治疗完全康复，继续工作了。"这些鼓舞性和委婉性的语言，对患者身心能起到很好的治疗作用。此外，有时医护人员需要对某些病人的病情保密。医患关系是真诚的，患者有权了解病情，但医护人员要从利于治疗的角度考虑，尤其对一些尚不能有效治愈的疑难病，更应慎重对待。在早期，可根据患者的文化程度、性格、气质等情况酌情告之，以便配合治疗；对于晚期患者可不讲明真相，让患者多些希望，在有限的生命时间里活得愉快些，提高生命质量。这不是欺骗和不真诚，而是体现了人道主义精神，这种善意的谎言也是美的。

第三节 医患沟通技巧

医患沟通的常用技巧主要有因人施语、巧用语言暗示、善用安慰语和表述恰当。

一、因人施语

1. 根据病人的求医动机与之沟通

医学服务的对象包括各行各业的男女老少。他们求医的动机、要求、目标及心态往往因人而异。有的要减轻痛苦，有的要彻底治疗；有的想跟医生谈谈家庭、生活及工作中的问题，寻求同情；有的则是为了预防得病，防患于未然；个别的甚至已对自己的健康感到绝望，求医只不过是"自我安慰"……医护人员要识别病人的求医动机，满足病人的期望，真正做到对症治疗。因此，医护人员必须讲究说话艺术，力求通过亲切、美好、富有感染力的话语，启迪病人的智慧，调动病人的情感，诱发病人畅叙衷肠。在交谈中了解病人烦从何来、忧在何处、愁有多深、病有多重。希波克拉底有句名言："了解什么样的人得了病，比了解一个人得了什么样的病更为重要。"因此，了解病人的求医动机、心理状态、气质性格，以及社会、人际关系等因素与其疾病的产生、发展、康复的内在联系，是全面、准确地收集病情和做出正确诊断的前提。

2. 根据病人接受语言和理解语言的能力与之沟通

古人云："文如其人，人如其文。"语言好像一面镜子，反映一个人的年龄、职业、文化水平、道德情操。反过来，一个人的年龄、职业、文化水平等，也在一定程度上限制并影响着其语言表述能力和理解能力。同样一句话，不同特点的人可能有截然不同的认识和反应。有位母亲问："大夫，我孩子是啥病啊？"大夫说："缺钙。"那位母亲忙说："不对呀！晚上睡觉时，我总是给他盖得严严实实的。"有位护士给一位70多岁的老大爷打针时说："往臀部注射。"老人愣了半天，问道："哪儿是屯部？"护士解释说："就是屁股。"老人笑了笑说："你说屁股不就行了，俺老头子哪懂得你们文化人讲的什么'屯部'哩！"所以医护人员与病人沟通，首先要注意对象，注意根据病人接受语言和理解语言的能力，因人施语。

3. 根据病人的表述特点与之沟通

病人千差万别的特点必然会从客观上影响他们的表述能力和说话方式。例如，老年患者的支配欲相对较强，特别希望别人尊敬他、服从他。表现在语言上，就是说话喜欢使用祈使语气，倾向于认为自己掌握、习惯或熟悉的词语是好的，并希望他人效法。农民患者说话喜欢直来直去，习惯使用大众化、口语化的词语和省略句。主诉时通常难以将自己的感受和想法全部讲出来，容易出现条理不清、顾此失彼，甚至前后矛盾、不能自圆其说的现象。知识分子患者的显著特点是文化水平高，观察、理解、概括、推断能力强。他们大多说话委婉、含蓄，言辞有度，语义明确，条理分明，并喜欢发表自己对疾病和治疗的见解。女性患者说话一般比较文雅、客气，表达自己的要求或愿望时，多比较含蓄。只有这样，医护人员才能与病人和谐、有效地沟通。

二、巧用语言暗示

医护人员往往可以通过语言去暗示、影响或改变病人的感受、认识、情绪、态度和行为，从而减轻或消除导致病人痛苦的各种紧张心理、消极情绪和异常行为，帮助病人增强战胜疾病的信心和力量，以达到减轻疾病和治疗疾病的目的。常言道："心病须靠心药治。"医护语言就是一帖理想的"心药"。医护语言的使用贯穿于说理、开导、鼓励、安慰、保证、暗示等最常见心理治疗方法的始终，起到语言治疗的作用。历代医家都十分重视运用语言这一"心药"医治"心病"，并留下许多流芳万世的典型范例。

清代《冷庐医话》中记载了一个医疗轶事。一名江南书生入京应试，考中状元，因为过于高兴而发狂，大笑不止，此乃乐极生悲。一位名医看后对他说："你的病治不好了，不超过10天就会死的，赶快回家吧，迟了就来不及了。你回家路过镇江时，一定要找一位何先生再看一下病。"同时写了封信叫书生带给何先生。书生到镇江后，病却好了。原来那位名医叫书生带往镇江的信中说："这位书生因喜极而发狂，喜则心窍开张，不可复合，非药物之能治，故以危言惧之以死，令其惊恐忧郁，则心窍闭，至镇江当已愈矣。"这里并没有使用特效药物，而是利用"以情胜情"的心理治疗方法，"以恐胜喜""以危言惧之"，并取得理想之效。

三、善用安慰语

病人患病后，都有不同程度的性格改变。他们缺乏对疾病的认识，加之舆论的影响，极易产生恐惧心理，出现紧张、悲观、失望等不良心理反应，以致影响抗病能力，加速病情恶化。故安慰病人及家属是护理人员一项不可推卸的责任。和病人交谈，切不可使用挖苦式的语言、命令式的语言、预言式的语言。如某些急性病的患者处在疾病痛苦时，医护人员应耐心安慰，让病人安静休息，告诉他坚持治疗，痛苦是暂时的，通过治疗，病一定会好的。对慢性病人也一样，安慰病人："慢性病慢来慢去，不要急，经过治疗一定会慢慢好转。"病人听了护理人员亲切的开导，消除疑虑，就会自觉地配合治疗。安慰，是一种常见的心理治疗方法。当病人情绪低落、思想悲观、心情处于低谷时，医护人员及时地使用亲切、美好的话语予以安慰和鼓励，帮助病人振作精神，鼓足勇气，树立信心，克服暂时性的情绪障碍，提高与疾病斗争的能力，无疑是"雪中送炭"。人们常可以看到，一些躯体软弱、失去精神支撑的病人，经过医护人员一番耐心细致的劝慰之后，精神状态即刻发生明显好转，心理上更感到莫大的温暖和满足。

但是，安慰绝非意味着专挑"好听的"话说，它要求做到有的放矢，恰到好处，根据病人的"心病"，投以相应的"心药"。有位姑娘谈了几个朋友都未成功，因而情绪悲观，精神恍惚，食欲不振，身体逐渐消瘦下来。到医院就诊时医生说："别着急，何愁未来无知己。"这种安慰固然能为姑娘平添一份追求的勇气，但尚未触及她忧愁和烦恼的要害，因而效果不佳。有的医生经常以"吃得好些""休息得舒服些""不要多操心""放宽心思安度晚年"等安慰老年病人，其结果却往往是"费心不讨好""好心办坏事"，原因就在于忽视了老年人"老骥伏枥""壮心不已"的精神和心理状态，违背了医护语言艺术的灵活性原则。可见，恰当、得体的安慰，是沟通医患心灵的桥梁和纽带，是医治患者心灵创伤的良药。但要使安慰取得良好效果，医护人员必须讲究安慰语的艺术。

四、表述恰当

医护人员与病人沟通，除了语言运用要得体之外，表述也一定要恰当。有一位精神科医生，为了诱导病人充分暴露自己的内心活动，问病人："听说马路上有人盯你的梢，想要害你，请告诉我原委，我来帮助你。"结果适得其反，问了半天也得不到病人只语片言。有时妇产科医生对正处于分娩过程中的产妇说："不要用力，不要用力。"产妇却好像没有听到似的，继续向下用力。有的护士给儿童打针时常说："听话，不要哭。"结果往往是针头尚未扎进去，小朋友早已先哭了。为什么这些正确的要求在实际工作中常起不到应有的作用呢？原因就在于要求的方法不够正确。当说"不要用力"时，首先使产妇体会到的是"用力"的感受，当说"不要哭"时，其实已经给病人提示了一个"哭"的概念。这种反面建议常会产生相反的效果。但如果医生从正面建议"当您感到紧迫想用力时，就呼气""小朋友，要勇敢、坚强些"，则容易得到病人的合作。

在工作中因表述不当、说话"失误"，导致病人曲解误解甚至引起不良后果的例子屡见不鲜。例如，有些医护人员平时不注意自己的言谈话语，说话不假思索，更不考虑可能引起的后果，见到危重病人便惊慌失色，脱口而出："怎么搞的，这个病为什么不早点来看啊？""你知道你的病到了何种地步哇！""像你这样年龄，还是仔细查查好。""你到肿瘤科检查检查吧。"结果常常是"说者无意，听者有心"，对病人产生意料不到的影响，使病人一蹶不振，丧失信心，最后导致病情恶化。

苏联一位临床医生查房时在疑诊为癌症的患者床前停留，并用拉丁语对其他医生说："这是一例不治之症。"他本以为病人听不懂拉丁语，不会引起什么问题，却没想到自己的言谈举止已经使病人顾虑重重，狐疑满腹，病人在得知实情后自杀身亡。但在解剖尸体时，却没发现任何恶性肿瘤，这是多么令人痛心和悔恨啊！可见，平凡的医患谈话中包含着深奥的学问和艺术。

医护口才训练

1. 患者，女，42岁，因身体不适就诊。医生询问病情后，认为是营养不良，劳累过度。于是对患者说："别去上班了，在家好好休息，做点好吃的，再给你开点药，就不用再来看了。"此言一出，患者立即昏厥。待抢救醒过来，仔细了解原因，方知患者母亲患癌症去世不久，疑心太重，故对医生的话进行了最坏的理解。分析并指出医生话语的不妥之处。

2. 一位18岁的女学生就诊，一中年女医生接过病历，一边填写，一边问："怎啦?"女学生瞅了在场的男医生一眼,红着脸不说话。女医生不耐烦了:"说呀,害什么臊呀?我们都是医生,有什么没听过、什么没见过呀。"女学生更是面红耳赤,跑出门去,不看病了。分析并指出医生话语的不妥之处。

3. 面对一位身患绝症的病人,你如何与患者沟通?

4. 阅读材料,分析并指出医生话语的不妥之处。

下面的两段对话是来自某县中医院的医护人员和患者家属的对话。

对话1:

背景:患者由于轻微脑出血住进了某县中医院,由几个家人陪床。患者肺部感染发烧了,于是患者的家属去咨询医护人员,正好医生在护士站前和护士聊天:

患者家属:"您好,大夫。"

医生:"怎么啦?"

患者家属:"××床发烧,肺部有点感染发烧,可否使用一些诺氟沙星?"

医生:"用诺氟沙星?谁说的?"

患者家属:"我听我的家人说诺氟沙星治疗肺部感染效果比较好。"

医生:"你家人是做什么的?"

患者家属:"也是医生。"

医生:"那你去你们家治疗去吧!"

患者家属:"大夫,你不要介意,我没有别的意思。"

旁边的护士帮腔:"每个医院有每个医院的治疗方法,每个医生有每个医生的治疗方法,这个你不知道吗?"

医生:"病人的治疗方案都是我们经过周密的研究制定的,不是你说怎么治疗就怎么治疗。"

患者家属:"对不起,你们误会了,我只是提个建议,没有干涉你们的治疗方案的意思。"

对话2:

背景:患者由于排尿困难,医生让护士放了尿管。过了没几天,主治医生过来检查。

医生:"尿管该拔了。"

患者家属:"能不能再多放几天?如果排尿不行,再次插尿管对尿道可能损害不小。"

医生:"再放几天,你不能把尿管带到你们家去吧?"

患者家属:"这……"

第十六章 带货主播口才

第一节 带货主播口才概述

一、带货主播口才的含义

"直播带货"是从 2016 年兴起的,它是指通过互联网直播平台,使用直播技术以拉动消费为目的,进行近距离商品展示、咨询答复、引导购买的新型营销服务方式。直播带货带出的一个个飙升的交易数据,功劳最大的莫过于带货主播。带货主播指在直播平台上通过对商品的试用和经验分享为消费者提供商品展示,进而促进消费者点击购买商品的群体,该群体可分为职业带货主播、非职业带货主播(艺人、企业领导和助农干部等)和虚拟带货主播。2020 年 7 月 6 日,国家发布的"互联网营销师"的职业下新增了"直播销售员",由此从事电商直播的主播们有了正式的专业职称。带货主播口才是指带货主播在遵守直播平台规则的同时输出符合用户价值的口语交际才能。带货主播的口才在很大程度上决定了直播间的热度和销量。

二、口才在直播带货过程的作用

1. 消除影响成交的障碍

对顾客来说,网络直播中的商品摸不着,难免会对产品不放心、猜疑不定等,况且每一个顾客的个性需求和购买动机各有不同。那些不分对象、时机,千篇一律的话语让顾客反感、厌烦。这就要求带货主播的语言要随时调整,有所侧重。有效的语言艺术表达使得带货主播可以洞悉顾客心理,了解不购买的原因,有针对性地使用话术技巧,促成顾客的购买行为。

2. 销售过程中掌握主动权

在线上直播带货过程中，带货主播通常扮演"发号施令"的角色，包括宣布信息、挑选幸运观众、开放购买链接、要求观众在屏幕上输入特定文字等，以便能让顾客顺着他们的语言进行思维，进而行动。如：（1）我们一年一度的×××感恩节终于来啦！（2）大家将"×××零食节"这句话打在公屏上，让新来的朋友们能看到。（3）准备好，3，2，1，上链接！

3. 赢得顾客，增加黏性

在线上直播带货过程中，主播们要一边推销介绍商品，一边通过文字聊天与观众进行实时的交流，解答大家的疑问。线上直播带货的主播们为拉近与顾客的距离运用了亲切的称呼，如"宝贝""姐妹""所有女生""美眉们"等。很多主播懂得站在顾客的立场，时不时与大家交流一些选品心得，劝大家理性消费，选择适合自己的产品，等等，从而获得顾客更高的信赖，也让观众更加沉浸在线上直播带货的消费环境之中。

第二节 带货主播语言特点

带货主播语言具有以下特点：语言表达专业化、内容描述场景化、情感表达强烈化。

一、语言表达专业化

时代发展给人们带来了多元化的审美，带货主播的多元化也让主播的语言表达显得专业化。专业不仅指语音的专业，还指表达内容的专业。

首先，主播需要长时间在直播过程中讲解产品、销售产品，这就要求主播语言基本功扎实，有声语言和态势语言的运用要非常专业。在介绍产品信息时，主播字音的不准确将会产生歧义，气息不稳定将无法长时间地进行语言的表达，语调的单调容易造成观众听觉上的疲惫，语速过慢则无法在有限的时间内与观众互动和销售更多的商品。在直播过程中，主播需要强调重音，强调产品特性，这样可以让人迅速识别关键信息，提升变现效率。主播在态势语言运用上因商品类型不同而表现各有不同，有的是站立式，多以服装品类主播为主；有的是坐式，多以电子产品、珠宝等须近距离展示的商品为主；有的是综合式，根据商品类的不同，调整身体姿势。

其次，主播需要以专业的知识对不同观众进行产品的推荐，在极短的时间用精准、简练的词语概括产品的特性。主播在介绍各类商品过程中，不需要过于使用文艺或严谨的语言，反而需要运用通俗易懂的语言将商品解释到位。例如，某带货主播在形容口红产品时，常常用到"非常小众""必买色""真的很漂亮""美炸"等词语，在解释观众不易理解的商品成分时，能够用简单的口语表达其中的意义。另一位带货主播在直播中推荐×××牌时尚控温杯时，用非常生活化的语言，如"颜值高""350 mL和450 mL两种容量""随身移动饮水机"等关键信息。在介绍该产品时，又通过宣传品牌方销售数据"卖了20亿元"这一方式为品牌加持，增加观众对品牌的认知，从而促进观众的消费。由此看出，主播必须对商品的专业性知识进行介绍，并发表自己独到的见解。

二、内容描述场景化

观众在消费时，有时购买的并不仅仅是产品本身，而是附加在产品上的情怀、情绪、场景、价值。主播的工作性质决定了他们不能对产品进行完整的描述，因此，主播在介绍产品过程中，需要选择最能打动观众的细节信息进行描述。例如，某带货主播在推荐一款口红时，给它预设了使用场景："你的朋友见到你就会问的口红色号""女明星走红毯时会涂的颜色"，这些描述使观众产生强烈的代入感，并产生画面感，联想自己在使用时会出现的效果，激发观众的潜在需求。

三、情感表达强烈化

与传统的广播电视主播字正腔圆的要求相比，带货主播们可自主发挥的空间非常大，主播的情绪状态、语言表达不仅能够传递信息，还能带动观众的情绪。有些带货主播语言的明显特点就是情感强烈，通过感性夸张的方式直抒胸臆，表达对商品的赞美之情。他们对商品具有丰富的感受，从而激发语言的情绪，进而产生强烈的表达欲望，如"我真的一定要给大家推荐""所有女生这辈子一定要用的"。有时还使用情感强烈的祈使句，如"买它""一定要买这个""都给我买"，具有一定的指令性的心理暗示作用。机智风趣的带货主播会在适当的时机有意识地暴露自己的缺陷，如身高、长相等，压低自己的姿态，换取观众的笑容，从而获取信任度。另外，主播还会一起参与自己频道的秒杀、抢红包等环节中，并展现"欣喜""懊恼"等情绪。在追单时，主播常常会说："这款数量有限，如果看中了一定要及时下单，不然等会儿就抢不到啦！""这次货品折扣仅限本次活动进行时间，错过了，我们就不会再给这个价格啦！抓紧时间哦！"从而去营造紧张、抢不到的失望等情绪。

第十六章　带货主播口才

第三节　带货主播口才技巧

口才是带货主播的制胜法宝。一名优秀的带货主播就像是一位无所不能的魔术师，能够用巧妙的语言吸引观众的注意，用精彩的示范赢得观众的信任，用热情的态度打动观众的心灵。带货主播有一些常用的语言技巧，但是也需要注意一些语言方面的禁忌。

一、带货主播常用的语言技巧

1. 分享人生经历，激发互动热情

人们因为有相似点从而相互吸引，有相同的经历和感受更容易产生情感共鸣。带货主播们在直播间愿意向观众展示他们最真实的一面，并用生活中最常见的方式来展示商品，甚至毫不在意形象。例如，在卖牛肉酱时，带货主播们就会把好几种口味一一打开，现场掰开馒头，配上酱，吃一大口。有个主播在直播中分享了他的宠物狗去特殊的宠物学校学习，成为一条治愈犬，去帮助一些自闭儿童和孤寡老人，营造出一种在和朋友聊天对话的轻松氛围。

2. 注意分寸感，观点不强加于人

在直播行业里，没有分寸感的主播大多过分热情，常常出于本能大夸特夸产品的优点，期望观众快速下单，这就是没有考虑顾客的真实需要和情感诉求了。有的主播甚至在顾客问了几个关于产品的问题而没有购买之后，依然想要再次说服顾客，一再强调顾客就应该购买他的产品，似乎人家不买他的东西，就对不住他之前说了那么多的话。每个人都有选择的权利，无论是做事情还是购物都是如此。在直播中，要尊重观众的选择权。因此，即使再着急带货，再着急卖出手中的东西，也一定要注意分寸感。

3. 找准话题切入，杜绝尴尬冷场

当直播出现尴尬或者冷场时，聪明的主播就会找准谈话切入点，转移话题以缓解气氛。方法一：找观众的兴趣点。对于一些女性而言，感兴趣的是衣、食、住、美妆等相关产品；对一些男性而言，他们会对电子产品、游戏、健身等更感兴趣。方法二：直接谈关乎观众自身的利益。比如：某直播间的"送送送"，除了直播开始时抽奖外，每隔一段时间，当直播间人气不太高的时候，主播就会说来一次抽奖。抽完奖之后，再接着说刚才那个人气不太高的商品会有一张优惠券可以领，通常在这种情况下又会带动一波订单。

4. 真实待人，敢于承认说错

说到"直播翻车"事故，网上有一些炒得沸沸扬扬的事件。某主播卖锅翻车之后，他的团队采用"主播没有按说明书来操作,没有先放水煮一下新锅"这样的解释来答复网友,算是勉强过关。另一主播在直播某品牌产品时,品牌方表示会送某明星的手办赠送粉丝,直播过程中出现有喜欢其他明星的粉丝提出想要自己偶像的手办,该主播直接把粉丝的愿望念了出来并示意工作人员找其他明星代言的品牌,能否也送手办回馈粉丝,由此引发了认为品牌要换代言人的闹剧。第二天该主播发文道歉,并还原整个事件的真实过程。冷静面对危机,若是自己的责任就大方承认,用真诚去面对,才能够让观众感受到诚意。

5. 提炼卖点,简洁明了

直播带货最终的落脚点就是要把商品卖出去,成功的销售不外乎告诉消费者这个产品物美价廉,买到就赚到了。例如,某主播在带货一款小众饮品,短短3分钟的介绍内两次开售,销售几万瓶。该主播先举着该饮品的瓶身介绍产品的特点,说:"纯正的杏皮茶,采用西北敦煌的原料,古法熬制。"然后把饮品的瓶身配料表对准镜头,来一个近景特写,让观众看得更清晰,接着介绍:"配料只有杏干、老冰糖、红枣、水,真的没有其他配料了!"然后大口喝饮品。最后还补充了一句:"晚上吃得太油腻了,喝了饮品感觉胃里很清爽。"一下子就把该饮品润燥解渴、解油、解腻、解辣的特点凸显了出来。在沟通交流时,越直奔主题,越容易让人接受。将复杂的问题简单化,透过表象直击问题本质,从问题的根源着手,那么问题也就能迎刃而解。

6. 善用态势语言和眼神,增强说服力

直播不只是说话,还要配合面部表情及肢体动作。观众不仅可以通过主播的肢体语言来领会主播的言外之意,还能借此感知主播们的情绪。一些主播直播时很少坐着,为了展示各种商品,他们一直处于动的状态。他们会面带微笑看着镜头,很坚定地告诉观众,这件商品他们已经试用过了,觉得好用才推荐给大家的。在销售外套时,他们会在距离直播镜头比较近的地方,很自然地穿上要销售的衣服,从正面、侧面、背面展现这件衣服的试穿效果,助播也会穿上同款另一个颜色同步进行对比。主播的动态展现,加上他们的解说,主播就完成了模特、导购、形象设计顾问这三重角色,其中包含的信息十分丰富。集三位于一体的主播,一边试穿、试用,一边在走动和转动中抓人眼球,再加上详细的解说和建议,就能牢牢抓住观众的注意力,让观众继续看下去、听下去,从而完成润物细无声的说服。

二、话术编写技巧

一场成功的直播带货,不单看销售业绩、观众浏览量,带货主播在直播过程中的话语也很重要。按照直播的流程,可将带货主播的话术划分为6大块,即宣传话术、带货话术、活动话术、催单话术、互动话术和感谢话术。

1. 宣传话术

主播进入直播间之后,要想让更多的观众熟悉、了解自己和直播间,成为自己和直播间的忠实粉丝,需要一定的宣传话术。

（1）欢迎仪式话语。

① 传达直播内容。比如："欢迎×××来到我的直播间,很多人说因为我的歌声/舞姿/幽默感留下来的,你也是吗？"

② 解读观众名字。"欢迎×××进入直播间,咦,这名字有意思啊。"

③ 找共同点。比如："欢迎×××进来捧场,看名字应该是老乡/喜欢旅游/玩×××游戏的,是吗？"

④ 称赞贵客来访。比如："欢迎×××的到来,我直播间少有的这么高等级的号,真是蓬荜生辉呀！"

⑤ 运用感动话术。比如："欢迎×××回来,每一场直播都见到你来,特别感动,真的。"

（2）播报宣传话语。

① 直播时间预告。比如："非常感谢所有还停留在我直播间的粉丝们,我每天的直播时间是××—××,风雨不改,没点关注的记得点关注,点了关注记得每天准时来玩哦。"

② 才艺宣传。比如："新进来的粉丝还不知道主播是播什么的吧？我现在要宣传一波啦,你们听好了！主播唱跳俱佳,擅长××类型的歌,喜欢跳古典/爵士/民族舞。现在给各位表演一段,欢迎点赞、关注哦。"

③ 个人宣传。比如："我是一个明明可以靠颜值吃饭但偏偏还要唱歌唱到肺裂/跳舞跳到腿断的小主播,感谢你们欣赏我的直率,包容我的粗心,认可我的努力。我希望你们都能一直陪我成长起来,我会记住,会努力,会坚持。"

④ 希望粉丝得到什么。比如："我做直播呢,除了想得到别人的认可之外,也希望大家在忙碌完一天之后在我的直播间能够得到片刻放松,真正笑一次。点关注的粉丝们,谢谢你们的认可。"

2. 带货话术

通过带货类直播话术的合理运用,可以在无形中拉近主播与观众的距离,建立信任感,影响消费者购买决策,从而拉动产品销售。带货话术主要有以下3种。

（1）展示型。出示产品可信的证明,证明产品靠谱。包括但不限于销量截图、网友好评、网红推荐、官方资质和专家评价等。比如："我们直播间59元包邮,他们已经卖了14万把了,（具体销量）累计卖了14万把,评分4.9分,（具体评分）……"

（2）信任型。直播带货的弊端是观众不能触摸到真实产品,难以感受产品品质,只能通过主播的描述来认识产品,因此,主播要使用让观众对产品建立一定信任感的信任型话术。通常主播会用"我亲自吃过,口感非常不错"等话术来为产品做宣传,打消观众对产品的顾虑。需要强调的是,主播在使用信任型话术之前,一定要亲自体验产品,向观众说出使用产品的真实感受,切忌夸大对产品的描述。

（3）专业型。主播从专业的角度出发,针对一款产品与其同类产品做讲解和比对,并指导观众根据自己的情况选择适合的产品。例如，主播可以分析不同产地的榴莲口感和价格的区别，甚至是大米品种和口感的区别，适合煮饭还是煮粥等，这些专业讲解话术很容易吸引观众下单。

3. 活动话术

低价好物是大部分观众观看直播的主要动力，因此，直播的优惠力度是影响观众在直播间购买产品的最直接因素。主播可多次在直播间中使用"低价""买2送1""优惠套餐"等一系列活动话术去吸引观众下单。例如："直播间的粉丝们，12点整的时候我们就开始抽免单了啊，还没有点关注的粉丝，请在上方点个关注，加入我们的粉丝团，12点整就可以参与抽免单了，还可以去客服处领10元优惠券……"

4. 催单话术

大多数消费者"怕失去""怕错过"的想法远远高于该产品"有没有用""划不划算"这类的理性思考，这是人性的弱点，饥饿营销也是这个原理。因此，催单话术的关键是要调动观众"抢"的心态，采用"限量""限时"这样的词汇，激发观众下单。

例如："我数三二一，准备好了啊，能抢5盒抢5盒，明白不明白，能抢4盒抢4盒，你千万别只抢到一盒，三二一，准备了吗？助理，上好了吗？我数三二一，上架！"

5. 互动话术

想要促进粉丝流量转化，就得让直播间粉丝参与进来，与主播互动、聊天。互动还包括直播间内关注、评论、点击购物车、点击商品、送礼物、加入粉丝团等。以下是几种主要的互动技巧。

（1）提问式互动。例如："这款口红你们用过吗？"

（2）选择题互动。例如："想要A款的扣1，要B款的扣2。"

（3）刷屏式互动。例如："想要的粉丝在评论里扣'想要'。"

（4）回应式互动。例如：

粉丝问："主播能把这条裙子和刚刚的小西装配一下吗？小个子能穿吗？微胖星人能穿吗？"主播答："@###（粉丝账号昵称或昵称简称）小姐姐，可以先关注主播，稍等一下，马上为你试穿哦！"

粉丝问："有什么优惠吗？有秒杀吗？那个××（产品名）多少钱？有优惠券吗？优惠券怎么领？"主播答："提问优惠券的那位小姐姐（最好直接说ID名），××有优惠券×元，×点可以有秒杀。"

最后很关键的一点就是"关注、点赞、加粉丝团"，大概5—10分钟（甚至更短）提醒一次。例如："××点我们有限量秒杀活动（重复福利活动），但是仅限关注主播和加入粉丝团的人员参与，还没有点关注的粉丝，请在上方点个关注，加入我们的粉丝团。"

6. 感谢话术

无论是与主播积极互动的观众，还是默默观看直播的观众，哪怕是只看了10秒钟就退出直播间的观众，都是直播流量的来源。因此，主播在直播过程中和下播之前一定要表达对观众的感谢,这能够延续与观众的某些潜在情感。感谢的话语不需要华丽矫情,抒发主播真实的感情即可,语速一定要慢,态度一定要诚恳。

三、与粉丝沟通技巧

1. 欲擒故纵

欲擒故纵,即先抛出问题,待对方回应,表明自己的观点,掌握主动权,再释放疑问点,激发对方回应,这样能够勾起对方的好奇心。例如:

你:如果我没猜错,你在国外留过学,对吧?(引诱)

对方:是啊。你怎么知道的?

你:哈哈,因为我以前在法国待过两年。留过学的人都很有气场,我一眼就能看出来。不过你是唯一一个我不太肯定的人。

这样为了证明自己留过学,对方就会跟"你"说一堆留学的经历。这其实就达到"你"的目的了。

2. 开放式套路

开放式套路,可以解释为话里有话,话里的个人想法、故事、情绪或感觉能够引起别人的兴趣。例如:

她:"你今天过得怎样?"

你:"真是一言难尽。"

她:"怎么了?"

你:"太恶心了!你不会想知道的。"

这样"她"就会对其中的故事非常感兴趣,好奇心成功被激发了。

3. 关键字联想法

通过对方有限的内容,找关键字展开新的话题。例如:

"我平常就在家里待着看看电影什么的。"(电影)

"你平常都看些什么电影?"/"喜欢看电影的人通常都很感性。看来你也是这样咯。"

4. 联系感

(1)浅层联系感(共同的话题)。例如:

你和我原来是同一所高中毕业的呀。

原来你也喜欢吃芥末啊。

在相处初期,主播和观众依靠这种联系感来熟络对方。这样的联系感越多,成为好朋友的概率就越大。

(2)深层联系感。深层联系感通常和情感挂钩,一段关系由浅入深都离不开深层次联系感。

四、带货主播的语言禁忌

1. 多用肯定语，少用否定语

这里所说的肯定语一方面是指对观众的赞美肯定，对商品质量和价格的肯定，对售后服务的肯定，以此来坚定观众的购买信念。比如：肯定商品质地，对服装可用质地优良、做工考究、色泽华丽、款式新颖、老少皆宜的肯定语言；对水果可用果大、皮薄、肉厚、香甜、可口等质量可靠的语言。另一方面是常用肯定句式。例如，"这个款式不太适合您"不如说"您换一个款式试试"，"这款产品是目前最好卖的，不能降价"不如换成"这个产品价格有点偏贵，但是它非常好用，您买回去试一下就知道了"。

2. 多用征询语，少用命令语

主播态度谦虚，说话和气，用商量的口吻征求观众意见，观众一般都会乐意接受的。如果用命令式语句，就会让观众产生主播居高临下、态度生硬、强制性消费的感觉。比如，"你到这里来吧！"就不如"您能到这里来吗？"，"我来帮你挑选！"不如"让我来帮您选一件合适的，好吗？"，"这个产品卖光了，您明天再来吧！"不如"这个产品暂时缺货，您明天再过来一趟，可以吗？"

3. 多用礼貌语，不用粗俗语

服务行业常用的文明用语"请""谢谢惠顾""对不起""不好意思""让您久等了""欢迎下次再来"等应常挂嘴边。通过礼貌语言的魅力、影响、感染、引导观众，触发其购买行为。

4. 多用柔和语，不用过激语

在遣词用句、声调语气上运用柔和的语言方式，有利于表示尊重对方的感情和人格，引起观众好感。生硬的、过激的语言表达会引起观众的不满。

带货主播口才训练

1. 根据直播的流程，选择你熟悉的产品，设计直播话术脚本（可参考表1）。

表1　单品脚本样式

产品名称	产品图片	产品卖点	日常价	直播活动价	核心卖点	主播话术

2. 根据你设计的直播话术脚本，通过腾讯会议、钉钉等平台进行模拟网络直播售卖。

主要参考文献

[1] 曹卫东. 网络直播带货的口语传播特点探析[J]. 新闻采编, 2021 (3): 46-49.

[2] 岑琳, 吕宗明. 演讲与口才[M]. 合肥: 安徽大学出版社, 2017.

[3] 陈睿. 浅析电商主播李佳琦语言的特色与内容要点[J]. 新闻研究导刊, 2020, 11 (12): 56-57.

[4] 高薇. 演讲与口才[M]. 北京: 电子工业出版社, 2018.

[5] 高雅杰. 实用口才训练教程[M]. 北京: 清华大学出版社; 北京交通大学出版社, 2008.

[6] 高原. 朗读教育功能论[M]. 北京: 中国传媒大学出版社, 2018.

[7] 何文辉. 辩术: 律师语言设计[M]. 桂林: 漓江出版社, 1991.

[8] 江彩, 刘娟萍, 程逊. 演讲与口才 [M]. 2版. 北京: 人民邮电出版社, 2018.

[9] 蒋红梅, 张晶, 罗纯. 演讲与口才实用教程 [M]. 4版. 北京: 人民邮电出版社, 2021.

[10] 赖华强, 杨国强. 教师口才训练教程[M]. 广州: 暨南大学出版社, 2000.

[11] 李红梅, 罗生芳. 市场营销口才训练 [M]. 5版. 北京: 电子工业出版社, 2019.

[12] 李秀然. 诵读艺术技巧与训练 [M]. 2版. 北京: 中国传媒大学出版社, 2018.

[13] 李彦迪. 语域理论视角下电商主播言语社区语言特征探析: 以淘宝主播薇娅和李佳琦为例[J]. 视听, 2021 (2): 117-118.

[14] 刘伯奎, 王燕. 口才与演讲: 技能训练[M]. 北京: 中国人民大学出版社, 2002.

[15] 刘慧芳. 论营销活动中语言表达的原则及运用策略[J]. 现代营销(经营版), 2020 (12): 168-169.

[16] 刘家敏, 赵莉. 医护人员应注重语言修养与沟通技巧[J]. 中国卫生资源, 2006 (5): 205-207.

［17］刘淑娥. 演讲与口才［M］. 北京：首都经济贸易大学出版社，2014.

［18］刘维娅. 口才与演讲教程［M］. 武汉：华中师范大学出版社，2007.

［19］刘羿辰. 直播时代带货主播的有声语言特点［J］. 新媒体研究，2020，6（12A）：106－108.

［20］罗杰文. 从"直播带货"谈推销语言技巧的应用［J］. 大众科技，2020，22（7）：140－143.

［21］孟瑾，王梦帆，王玉茜. 网络带货直播的语言特色研究：以湖北爱心公益专场直播"小朱配琦"为例［J］. 汉字文化，2021（19）：18－19.

［22］苗邯军，陶晓辉. 职业口才训练［M］. 武汉：武汉大学出版社，2014.

［23］欧阳友权，朱秀丽. 口才学教程［M］. 3版. 北京：高等教育出版社，2013.

［24］潘桂云. 口才艺术［M］. 北京：旅游教育出版社，2006.

［25］庞安. 演讲口才技巧与实例［M］. 北京：中国纺织出版社，2017.

［26］秦甫. 律师实用口才［M］. 北京：法律出版社，1996.

［27］曲殿宇，陈丽伟. 试析市场营销语言的方式及特点［J］. 齐齐哈尔大学学报（哲学社会科学版），2008（3）：113－114.

［28］全国导游资格考试统编教材专家编写组. 导游业务［M］. 7版. 北京：中国旅游出版社，2022.

［29］宿春礼. 随机应变的口才艺术［M］. 北京：中国社会出版社，2005.

［30］王芳. 电商主播的语言特色探析［J］. 视听，2019（12）：145－146.

［31］王桂青. 加强医护人员的语言技巧能力教育的探讨［J］. 中国校外教育，2017（24）：69＋74.

［32］王国章. CCTV主持人的超强口才［M］. 北京：新世界出版社，2014.

［33］王孝军. 医护语言研究说略［J］. 河南师范大学学报（哲学社会科学版），1990（4）：75－80.

［34］吴春来，谢放明. 学生口才一本全［M］. 北京：石油工业出版社，2004.

［35］邢文晓，方习国. 论医护人员提高语言艺术的途径［J］. 淮海医药，2005（1）：81－82.

［36］杨晋. 医护学生的语言修养［J］. 语文教学与研究，2008（2）：73.

［37］于鸿博. 主持人在普通话推广中应起到的作用探究［J］. 新闻研究导刊，2017，8（21）：133.

［38］张倩奕. 关于主持人口才的思考［J］. 中国广播，2011（5）：69－70.

［39］郑江义. 教师口才与教学艺术［M］. 贵阳：贵州人民出版社，2020.

［40］祖丽菲娅·阿马努拉，阿里木江·阿西尔. 论节目主持人的语言表达艺术［J］. 当代传播，2006（6）：99－101.